建築の環境

－ 基礎から学ぶ建築環境工学 －

小松義典・渡邊慎一・石井仁・岡本洋輔・石松丈佳 著

理工図書

はじめに

　私達の暮らし方は大きな変化を求められています．
　1980年代の終わりに地球環境問題への認識が広く共有されることで，暮らしの土台となる建築物にもこれまで以上に環境と向き合うことが求められるようになりました．そしてコロナ禍の2020年は，新たな日常に対応する新たな建築環境の始まりの年になったのかもしれません．
　この本は，建築にかかわる環境の基礎を学び，これからみなさんが関わっていく建築が環境とうまく付き合っていけるようになることを願って執筆しました．皆さんが日々利用し，これからは提供していく側になっていく建築とその環境の捉え方を知ることで，実際に建築を見たり，体感したりするときに新たな体験をできるようになって欲しいと考えています．この本で学習した知識を基にして，身の回りの建築とその環境を観察し，どのようにして建築環境が調整されているのかを考えていきましょう．皆さんがより良い建築環境の創り手になることにつながれば筆者らの意図は達成されます．

　本書は，建築系の大学での建築環境工学の教科書としての利用を想定して執筆しました．
　本文はなるべく難しい表現は避け，各頁には本文に関わる補足説明を脚注として掲載し，すぐに参照できるようにしています．空いているスペースはメモ欄としてどんどん書き込みをしていって下さい．また，たくさんのイラストを用いることで，内容を直感的に理解でき，やわらかく建築の環境を学習していけるようにしました．しっかりと学習していただきたい内容には"ポイントくん"による指示もしています．

ポイントくん

　建築環境工学は建築の設計に活用されるものです．積極的に環境を考慮した設計事例やトピックスも掲載しています．環境に興味をもち，より深く学習していきたいと思われた皆さんには，各章末に参考となる専門書や文献の紹介をしています．本書が建築の環境を学ぶ基礎となり，専門書への橋渡しとなることを願っています．

2021年12月

小松義典

はじめに

もくじ

Think globally, Act locally.
－地球規模で考えて，足もとから行動せよ－

この標語は地球環境問題に取り組む上で重要な考え方として
有名ですが，建築にもよくあてはまる言葉だと思います．建
物とその周辺から，都市・地域・国と空間的に広がり，大き
く地球環境までの影響を考えることで，建物を建てることや
建物に住まうことの持続可能性を高めることができるからで
す．
"鳥の目で考えて，虫の目で行動する"ということもスケー
ルの違いこそありますが，建築の環境計画では大切なことで
す．室内を快適な環境にするときに，少し広い範囲の外部環
境をうまく活用していきたいものです．建物を取り巻く環境
のポテンシャルを活用することで，快適性の向上と環境負荷
の低減が両立された建築を実現できるでしょう．

1章　パッシブデザイン

1.1 建築と環境

1.1.1 建築の基本性能

私達が求めている良い建築とはどういうものでしょうか？

住み心地が良く，デザイン性に優れ，費用が抑えられた建築でしょうか．これらの一つひとつが建築の評価軸になります．評価軸は，この他にもたくさんあり，建築の基本性能を構成します．建築に求められる基本性能を図1.1にまとめます．

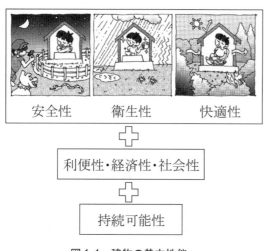

図1.1 建物の基本性能

[参考]

日本住宅性能表示基準

住宅の品質確保の促進等に関する法律（平成十一年法律第八十一号）

① 構造の安定に関する

② 火災時の安全に関する

③ 劣化の軽減に関する

④ 維持管理・更新への配慮に関する

⑤ 温熱環境・エネルギー消費量に関する

⑥ 空気環境に関す

⑦ 光・視環境に関する

⑧ 音環境に関する

⑨ 高齢者等への配慮に関する

⑩ 防犯に関する

[参考]

官庁施設の基本的性能基準（平成25年版）

官庁営繕の技術基準・国土交通省

① 社会性：地域性，景観性

② 環境保全性：環境負荷低減性，周辺環境保全性

③ 安全性：防災性，機能維持性，防犯性

④ 機能性：利便性，ユニバーサルデザイン，室内環境性，情報化対応性

⑤ 経済性：耐用性，保全性

私達の生活にかかわる安全性や衛生性は，建築に求められる最も基本的な性能です．これらは，よい建築の土台となります．しっかりとした土台の上では，心地よい生活がおくれる快適性も求められるようになるでしょう．建築物が建てられるようになった最も古い時代から求められてきたものと考えられます．

住居とは異なる用途を持つ建築物が建てられるようになると，美しさや象徴性を主にする建築も現れてきます．主流ではありませんが，建築作品と称される建築は現在もあり続け，多くの建築に影響を与えています．

主流に戻ると，都市のように建築が集まり互いに影響を与えたり，生活に加えて生産の役割を持つようになったりすることで，利便性，経済性，社会性などの評価軸も重視されるようになってきました．現在の建築に最も近いものです．

永く続いてきたこれらの建築の評価軸に，近年新たに加えられたのが持続可能性です．持続可能性の高い建築を創るには，これまでの建築が目指してきた流れとは大きく異なる考え方が必要になりそうで

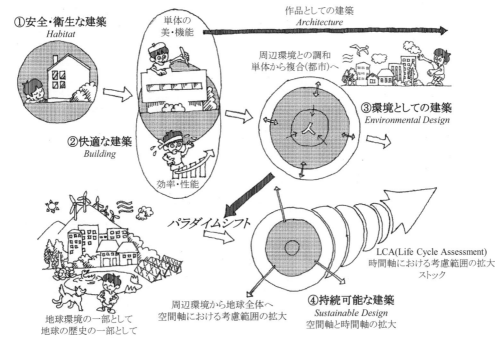

①安全・衛生な建築
Habitat

②快適な建築
Building

単体の
美・機能

効率・性能

作品としての建築
Architecture

周辺環境との調和
単体から複合（都市）へ

③環境としての建築
Environmental Design

パラダイムシフト

地球環境の一部として
地球の歴史の一部として

周辺環境から地球全体へ
空間軸における考慮範囲の拡大

LCA(Life Cycle Assessment)
時間軸における考慮範囲の拡大
ストック

④持続可能な建築
Sustainable Design
空間軸と時間軸の拡大

図 1.2　持続可能な建築

パラダイムシフト
（paradigm shift）
　ある時代に多くの人々が共有しているものの見方や考え方をパラダイムといいます．これが劇的に変化することがパラダイムシフトです．

地球環境・建築憲章
（2000 年 6 月 1 日　建築関連5 団体制定）
　持続可能な循環型社会の実現への取り組みとして以下が挙げられています．
　1. 長寿命
　2. 自然共生
　3. 省エネルギー建築の創造
　4. 省資源・循環
　5. 継承性

建築のライフサイクル
　建物が企画・計画・設計されることに始まり，建材や設

す．こうした大きな変化は，**パラダイムシフト**と呼ばれます．図 1.2 に現在の建築に至る流れをまとめます．

　建築環境は，独立してあるものではなく，周辺環境や地域環境に取り囲まれて，互いに影響を与え合う入れ子状の構成をしていることは古くから知られていました．ただし，私達の生活がさらに大きな地球環境までにも影響を与えていることが共有されたのは，つい最近のことです．

　地球温暖化やオゾン層の破壊といった地球環境問題は，私達の生活の変化によってもたらされており，建築と住生活に起因する影響が少なくないことが認識されたのは 1980 年代のことです．2000 年には，建築関連 5 団体から**地球環境・建築憲章**が宣言されました．こうした建築を取り巻く社会の変化は，パラダイムシフトといえる大きな変化です．

　これまでの建築に求められてきた基本性能は，評価をされる期間が，建築の寿命に対して短いことが多かったことも挙げられます．竣工時に備えている性能，あるいは，20 〜 30 年の期間に維持されている性能が対象とされてきました．空間的には，単体の性能や隣近所のような狭い範囲への影響で捉えてきました．しかし，持続可能性は，長寿命化された**建築のライフサイクル**全体で，地球環境にまで至る広大な空間への影響を考えていく必要があります．つまり，建築の性能を評価する時間軸と空間軸が大きく拡大されたことになります．

【トピック】 SDGsとは？

　持続可能な開発目標（SDGs）とは，2001年に策定されたミレニアム開発目標（MDGs）の後継として，2015年9月の国連サミットで採択された「持続可能な開発のための2030アジェンダ」に記載された2030年までに持続可能でよりよい世界を目指す国際目標です．17のゴール・169のターゲットから構成され，地球上の「誰一人取り残さない（leave no one behind）」ことを誓っています．SDGsは発展途上国のみならず，先進国自身が取り組むユニバーサル（普遍的）なものであり，日本としても積極的に取り組んでいます．

（出典：外務省 JAPAN SDGs Action Platform）

1.1.2　建築環境工学

　本書で学ぶ建築環境工学は，衛生性，快適性，持続可能性に大きくかかわる分野です．建築環境工学は，建築と人をとりまく物理環境を分析的に捉えようとする**建築計画原論**と技術的に制御しようとする建築設備工学が融合した学問分野です（図1.3）．

　建築環境工学では，光・音・熱・空気・水の**5つの物理要素**を対象にして，快適な住環境をデザインするための研究が行われています．建築計画，建築構造，建築史などと比較すると新しい分野になります．これまでに室内空間での5つの要素の物理面の知見は概ね明らかにされてきています．現在は，私達居住者の生理面の反応が明確な要素から，心理面の検討が進められています．物理量・生理量・心理量がそろい，環境の把握と人間側の要求が関連づけられることで，より良い建築の環境計画・設計に活用されています．

備の製造・運搬，現場での施工，竣工後の運用期間における複数回の修繕・更新を経て廃棄に至るまでの一連の流れと期間を指します．竣工後の運用期間は，法定耐用年数，物理的・経済的・社会的耐用年数により決まります．

建築計画原論
　室内環境の問題を取り扱う建築学の一領域（渡辺要編：建築計画原論，丸善1962）．設計計画において，環境計画的事項のうち物理および生理衛生的問題を扱っていました．

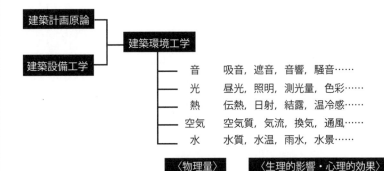

図1.3　建築環境工学の構成

　これからは，たくさんの要素が複合している実際の居住環境に近い状態で，居住者がどのように環境とかかわっているのかが明らかになっていくでしょう．こうして得られた成果を実際の建築設計へ適用していくシンプルな方法や，住まい手が適切に環境を調整できるようにするための情報の整備や，人工知能（AI）を活用した自動化などが今後の大きな課題となっていきそうです．

　さらに建築設計で考慮すべきことに，持続可能性に関連する時間軸と空間軸の拡大が加わったことになります．室内から外部空間，地域，都市，国，地球という対象の空間的な拡大や，計画から設計，施工，維持管理，解体，再利用という対象とする時間軸の拡大などにより，明らかにしていかなければならない課題はますます増加しています．

1.2　パッシブデザインとアクティブデザイン

パッシブデザイン
（passive design）

アクティブデザイン
（active design）

　建築デザインによって，居住環境を構成する5つの物理要素をどのようにコントロールして快適な空間を作っていくのか，以前に建築計画原論と呼ばれていた分野が，現在では**パッシブデザイン**と呼ばれています．これにエアコンなどの設備機器を用いた**アクティブデザイン**が加わって，現在の建築環境工学となっています（図1.3）．

　パッシブ(passive)の意味を辞書で調べると，「受身の，消極的な，活気のない，無抵抗の」という意味が出てきて，どうも，あまり良いイメージではありません．しかし，建築分野におけるパッシブデザインとは，大辞林[*1]によると「特別な機械装置を使わずに，建物の構造や材料などの工夫によって熱や空気の流れを制御し，快適な室内環境をつくりだす手法」と説明されています．例えば，庇を設けて夏の日差しを遮り，室内に入ってくる熱を少なくすれば，エアコンに頼らなくても快適に過ごすことができます．このような考え方や設計手法

[*1] **大辞林**（第三版），三省堂，2006

は，古臭いどころか，建築設計の基本であり，今後さらに重要になっていくでしょう．

　パッシブデザインと対になる言葉がアクティブデザインです．アクティブデザインとは，実用日本語表現辞典 [*2] によると「冷暖房機器や照明などの人工物を効率的に組み合わせることにより，快適な居住空間を確保することを目指した設計手法」と説明されています．専門分野としては，建築設備工学がこれに該当します．

　パッシブデザインとアクティブデザインは，**化石燃料**に由来するエネルギー利用の点でも大きく異なります．パッシブデザインは，電気などのエネルギーに頼らず，**自然のポテンシャル**を活用して快適な空間を作り出す設計手法です．地域の気候風土に合わせた建物自体のデザインによって，熱や光や空気などの流れを制御し，快適な環境を作り出すとともに，地球環境への負荷を極力少なくしようとするものです．

　しかし，パッシブデザインだけで常に快適な環境が得られるかというと，そうではありません．私達の多くは経済性や利便性の高い都市に集住しているために，自然のポテンシャルを利用するだけでは快適な環境が得られない季節や時間帯があります．また，当然，天気にも左右されます．例えば，風があれば通風によって快適になる状況でも，風がなければそのメカニズムは機能しなくなります．

　そこで，アクティブデザインである建築設備の出番となるのです．エアコンなどの設備機器は，電気などのエネルギーを使って，居住者が必要なときに必要な環境を作り出すことができます．現代の建築は，パッシブデザインとアクティブデザインを上手に組み合わせることに

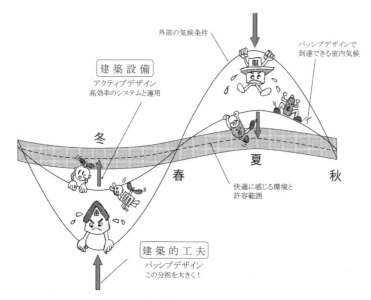

図 1.4　パッシブデザインとアクティブデザイン

[*2] **実用日本語表現辞典**
（http://www.practical-japanese.com/）

化石燃料（fossil fuel）
　石油・石炭・天然ガスなどのこと．太古の昔の動植物などの遺骸が地中に堆積し，何億年という時間をかけて化石となった有機物のうち，私達人間が燃料として用いるものの総称です．
　同じように木材などの生物由来の資源であるバイオマス（biomass）は，再生可能資源とされています．
　化石燃料もバイオマスも燃やせば二酸化炭素が排出されますが，バイオマスは生物が成長する過程で光合成により大気中から吸収した二酸化炭素を戻しているだけで，大気中の二酸化炭素は増えません．一方，化石燃料は何億年も前の二酸化炭素を現在の空気中に排出することになるので，二酸化炭素の量が増えてしまうのです．

自然のポテンシャル
　自然に存在する太陽の光や熱，風，水，樹木や緑，地中熱などのことです．

図 1.4 の出典
V. Olgyay, Design with climate, Princeton Univ. Press, p.11, 1963　日本建築学会編：資源・エネルギーと建築，彰国社，p.133, 2004

『Design with climate』の表紙

よって，快適な室内空間を作っているのです．その2つの役割分担を図1.4に示します．

　例えば，温暖な地域の気温を考えてみましょう．自然の状態では，冬の気温は低く，夏の気温は高くなります．当然，室内の気温も冬は低く，夏は高くなって不快な状態となります．これを，まず建築的な工夫（パッシブデザイン）で，冬の室内気温を高くし夏の室内気温を低くします．

　例えば，冬は太陽の日差しが室内にたくさん入るように窓を大きくします．一方で，夏は太陽の日差しを遮るように庇を設置します．このような建築的な工夫によって，室内の一年を通した気温変化を小さくすることができるのです．しかし，これだけではまだ一年を通して，室温を快適範囲内にすることはできていません．そこで，次のステップとして建築設備を利用した工夫（アクティブデザイン）をするのです．例えば，エアコンを使って，冬は室温を上げ，夏は室温を下げて，年間を通じて室温を快適な範囲内におさめます．

　このとき，エネルギーを使わないパッシブデザイン（建築的工夫）の分担をできるだけ大きくして，エネルギーを消費するアクティブデザイン（建築設備）の分担を小さくすることが大切です．そうすることにより，エネルギー消費を抑さえた環境への負荷が小さな建築にすることができるのです．現在，建築に用いられる設備も多種多様な製品が売り出されています．建物に合った適切な設備を選び，効率的に運用することによって，持続可能性の高い建築となるのです．

　このように光・音・熱・空気・水の5つの物理要素を，パッシブデザイン（建築的工夫）とアクティブデザイン（建築設備）の組み合わせにより，少ないエネルギー消費で快適な状態に制御していくことが環境的に優れた建築となるのです．しかし，環境的に優れているだけでは真に優れた建築とはいえません．真に優れた建築は，環境の視点だけでなく，計画・構造・材料・歴史の視点でも十分に配慮されていなければなりません．これが建築の難しいところでもあり，また面白いところでもあるのです．

1.3　建築のエンベロープ

エンベロープとは，一般的には封筒や包装紙のように何かを包むモノ自体のことをいいます．エンベロープには手紙や物品などの内容物をある目的に応じて包むという機能が求められます．例えば，内容物を他人に見られないように包み隠す，内容物が壊れないように包み保

エンベロープ
（envelope）

護する，贈り物を包み開ける楽しみ与える，などが目的として挙げられます．一方でパッケージデザインという言葉もあることから，エンベロープには包む機能だけでなく，美しさという側面も求められることがあります．

　では，建築におけるエンベロープを考えてみましょう．建築にとって包まれる何かは内部空間になります．ですから内部空間と外部の環境との間にある，外壁，開口部（窓，扉），屋根，床などの外周部分の構造体が建築のエンベロープといえます．建築ではエンベロープのことを**外皮**ともいいます．建築におけるエンベロープの目的は何でしょうか？　居住者にとって安全・衛生・快適に過ごすことができる内部空間とすることが建築のエンベロープの主な目的となります．また他に，工場など生産の役割を担う建築物，美術館など保存の性能を要求される建築物では，その用途に適した内部空間にすることもエンベロープの目的となります．

　居住者にとって安全・衛生・快適な内部空間とするためにエンベロープに求められる性能を考えてみましょう．図1.5はエンベロープに作用する各種要素を示しています．図中の矢印は，要素ごとの各項目に対してエンベロープに求められる性能を示しています．エンベロープを通過している矢印は，その項目の流れを妨げない，あるいは緩和・調節する性能が求められていることを示しています．通過していない，あるいは方向転換している矢印は，外部または内部において，その項目の流れを遮断する性能が求められていること

外皮
(envelope, building skin)

外皮性能
　「建築物のエネルギー消費性能の向上に関する法律」では，エンベロープ（外皮）に求める性能は，熱の流れを遮断する性能（断熱性能）と夏に日差しを遮る性能（日射遮熱性能）としています．詳しくは2章で解説します．

図1.5　エンベロープに作用する各種要素

を示しています.

　これらのうち光・音・熱・空気・水は,先ほど述べたように建築環境工学が対象とする5つの物理要素です.図1.5をみると建築のエンベロープに作用する要素は多岐に渡り,各項目に求められる性能も単純ではありません.建築環境工学は,建築の計画・設計や維持管理においてエンベロープの5つの物理要素の各項目に求められる性能について,建築のエンベロープ全体に求められる性能と調和した最適な解を導き出すことに応用されています.

　エンベロープの5つ物理環境に関して求められる性能は,自然環境によって異なります.寒冷な地域や暑く乾燥した地域では,主に熱や空気の流れを遮断する性能が求められます(図1.6).そのため屋根や壁を堅固な材料で固め,熱や空気の流れを少なくします.温暖な地域では,主に季節に応じて熱や空気の流れを調整する性能が求められます(図1.7).そのため日差しは,冬に暖かく住むためには積極的に取り入れ,夏は涼しく住むために遮ります.また夏は積極的に風を取り入れ涼感を得ます.それらは**ヴァナキュラー建築**と呼ばれる伝統的な建築物が気候・風土によって大きく異なることからも見て取れます.現代では,エンベロープの物理環境に関して求められる性能を,エネルギーを必要とする機械(建築設備)で対応することも可能です.持続可能な建築にとって,エンベロープはヴァナキュラー建築で培われた手法を発展させたパッシブデザインを基本として,効率の良い建築設備を利用(アクティブデザイン)することにより,求められる性能を満たしていく必要があります.

ヴァナキュラー建築
(venacular architecture)
　風土的または土着的建築物のこと.
　自然環境(地形,材料など)を活用して,気候に適応した地域固有の建築物.

図1.6　熱や空気の流れを遮断する(寒冷な地域の住まい)

図1.7　熱や空気の流れを調節する(温暖な地域の住まい)

都市で住む場合と自然豊かな郊外で住む場合では，音や空気に関して求められる性能は異なります．都市の工場や商業施設，建設現場などで発生する不必要な音（騒音）を遮ることが快適な住まいでは求められます．一方，波の音や鳥のさえずりは自然や季節の変化を楽しむことができるので，それらの音を感じることで豊かな暮らしになるでしょう．爽やかな風や新鮮な空気は，積極的に取り入れたいですが，汚染された空気は健康を害するので，内部への侵入を極力抑える必要があります．また，窓や扉など開口部を工夫することで空気の調節を行うと，光や視線を調節することもできます．エンベロープに求められる性能は，立地により多種多様です．また居住者により，求める性能の重要度も異なります．エンベロープの5つ物理環境に関して，画一的ではなく柔軟な対応も必要といえるでしょう．

エンベロープには包む機能だけでなく美しさの側面もあることを，はじめに述べましたが，建築のエンベロープにも同じことがいえます．建築のエンベロープ（**ファサード**）には，美しさや象徴性といった審美的な要素も作用します．審美的な要素は，その文化が培った伝統に基づいており，エンベロープに求められる機能的な性能をすべて満たしていたとしても，その地域や都市に調和しないデザインでは景観を損ない，また伝統を継承することはできません．機能性と美観の両方を兼ね備えたエンベロープが建築には求められます．

ファサード
（façade：フランス語）

　建築物の正面部分のデザインのこと．通りや広場に面しているため建築物のデザインで重要視される．

1.4　環境を理解する

私達は外界の環境情報を感覚器官から取り入れ，それらの情報を統合・処理することで環境を理解したり評価したりします．この情報処理過程を表現する言葉として，**感覚**，**知覚**，**認知**という言葉がよく用いられます．これらを明確に区別することは難しいですが，大まかには処理過程の段階によって区別されます．感覚とは，外部の環境情報を**感覚器官**が刺激として受け取ることで生じるものを指します．皆さんも聞いたことがあると思いますが，人間の感覚を分類したものとして古くから「**五感**」という言葉があります．これは**視覚**，**聴覚**，**触覚**，**味覚**，**嗅覚**の5つの感覚を指していますが，それぞれを担当する感覚器官としては，眼，耳，皮膚，舌，鼻になります．それぞれの感覚器官が外部からの物理的刺激を受け取り，脳でその情報が処理されることでそれぞれの感覚が生まれるのです．例えば，眼が光を受け取ると見えるという感覚が生じるということになりますし，耳が音波を受け取ると聞こえるという感覚が生じることになります．当然ですが，五

感覚（sensation）
知覚（perception）
認知（cognition）

感覚器官（sensory organ）

五感（five senses）
　人間の感覚を分類するため，あるいは感覚全体を表すために古くから用いられてきた概念．現在でもよく使用される．

視覚（sense of vision）
聴覚（sense of hearing）
触覚（sense of touch）
味覚（sense of taste）
嗅覚（sense of smell）

体性感覚
（somatosensory system）

温度覚
（sense of temperature）

感という言葉は簡単化しすぎているところがあり，皮膚を感覚器官とする感覚は**体性感覚**と呼ばれ，触覚の他に**温度覚**や痛覚があります．

　感覚器官は，外部環境の物理的刺激を受け取ってその情報を脳に送るという役割を果たしています．ただし，それぞれの感覚器官は担当する物理的刺激の全ての範囲に反応できるわけではなく，種類や強さにおいて，ある限定した範囲内でしか反応できません．例えば，視覚を担当する眼は，電磁波のうち限られた範囲の波長を持つものにだけ反応することができます．その範囲以外の波長の電磁波には反応できないため，感覚は生じず，この場合は見えないということになります．また物理的刺激の強さについても同様で，刺激の強さがある範囲よりも弱い場合には，感覚器官が反応できないため感覚は生じません．反対に物理的刺激の強さがある範囲を超えて強い場合には，感覚に痛みなどの不快感が伴ったり，感覚器官の機能が損傷して，一時的あるいは継続的に視力や聴力などが低下したりすることもあります．このことからも，環境の快適性や安全性を高めることを目指すにあたっては，物理的刺激に対する感覚器官の反応特性を理解しておくことは重要だといえます．

　それでは，物理的刺激の大小とそれによって生じる感覚の強弱との間にはどのような関係があるのでしょうか？　ご想像の通り，刺激量が大きくなればそれによって生じる感覚も強くなる（感覚量が大きくなる）ことは間違っていません．ただし，刺激量が大きくなれば単純に感覚量もそれに比例して大きくなるというわけではありません．

　物理量と感覚量との関係については，以下に示す**ウェーバーの法則**があります．

ウェーバーの法則
（Weber's law）
　ドイツの生理学者エルンスト・ウェーバー (Ernst Heinrich Weber, 1795–1878) は，重りを持ち上げる実験を行い，重さの感覚が変化するために必要な重さの変化は，重りが軽い場合に比べて重い場合により大きい必要があることを明らかにしました．もう少し詳しく言うと，重さの違いが区別できるようになる最小の変化（増加または減少）量は，重さに対してある一定の比の値となることを見つけ出しました．

$$\frac{\Delta S}{S} = K \quad \text{または} \quad \Delta S = KS$$

（式1.1）

ΔS：違いを区別できる最小の刺激 (stimulus) 変化量

S：元々ある刺激の量

K：定数

　この式が示していることは，物理的刺激がある刺激量 S から ΔS だけ変化すると感覚量も変化する（つまり，変化したと感じる）場合，これらの比が一定になるということを示しています．例えば，質量と重さの感覚との関係を考えてみましょう．手のひらに質量が100 gの重りが載っているときに，重りを徐々に重たくします．そして重りが

10 g 増えると初めて重たくなったという感覚が生じたとします. では, 手のひらに質量が 200 g の重りが載っている場合には重りが何 g 増加すれば, 重くなったと感じるでしょうか? (式1.1)と合わせて考えると, 感覚が変化するには, 元々の質量と変化量の比が 1/10 になる必要がありますので, 重りの質量が 20 g 増加しなければ感覚に違いが生じないということになります. このように, 人間の感覚は, 物理刺激量の差ではなく, 比に依存して変化するということです. そのため元々の物理刺激量が大きい場合は, その変化量も大きくなければ感覚は変化しません. このウェーバーの法則は人間の様々な感覚に当てはまることが知られています.

また, ウェーバーの法則を発展させたものとして, 以下に示す**フェヒナーの法則**があります.

$$R = c \log S \qquad\qquad (式1.2)$$

R:感覚量(反応 (response) 量)

c:定数

S:刺激 (stimulus) 量

ウェーバーの法則は感覚の変化が生じ始める物理量の変化について考えています. 一方, フェヒナーの法則は, 刺激量によって生じる感覚の強さを量的に表すことを考えています. 図1.8 は縦軸に感覚量をとってフェヒナーの法則を表したものです. 左の図は横軸を物理刺激量そのもの(例えば物理測定機器の値)とした場合, 右の図は横軸を物理刺激量の対数とした場合です. 左の図から分かるように, 感覚量が大きくなってくると感覚量が変化するにはより大きな刺激量の変化が必要になります. そして右の図からは物理量の対数をとった値が一定量増加すると感覚量も一定量増加することが分かります. このようにフェヒナーの法則は, 感覚量は物理量の対数に比例することを示し

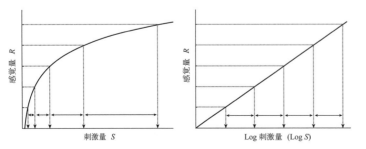

図1.8 感覚量と刺激量との関係性

フェヒナーの法則
(Fechner's law)

ウェーバーの生徒であったグスタフ・フェヒナー (Gustav Theodor Fechner, 1801–1887) はウェーバーの実験結果を定式化し, ウェーバーの法則と名付けました. さらに, 研究を発展させて, 物理刺激の変化と感覚の変化との関係性を定量的に表すフェヒナーの法則を導き出しました. この法則をウェーバー・フェヒナーの法則と呼ぶこともあります. 彼らの研究成果はその後の心理学や物理学, 生理学に大きな影響を与えています.

スティーブンスのべき法則
(Stevens' power law)

物理量と感覚量との対応関係を表す法則として, その他にもスティーブンスのべき法則があります. これはアメリカの心理物理学者のスタンリー・スティーブンス (Stanley Smith Stevens, 1906–1973) が, 多くの感覚次元において, 感覚量と物理量の間に以下の式が良くあてはまるとして提案しました. 感覚量は刺激量のべき乗に比例するということを表しています. べき指数 n は, 例えば感覚次元が純音の大きさであれば 0.6, 点光源の明るさであれば 0.5 とされています.

$$\Psi = kS^n$$

Ψ:感覚量

k:定数

S:物理刺激量

n:刺激や感覚の種類によって決まる指数

錯覚（illusion）

外部環境の物理的情報を実際とは異なって知覚してしまう現象．不思議さや面白さを感じさせるとともに，知覚メカニズムの解明に役立ちます．「4.8.3　色彩の知覚と効果」に出てくる対比効果は錯視の一種ですし，以下のように環境のデザインに錯視を利用したものもあります．

京急電鉄羽田空港国際線ターミナル駅の錯視を利用したサイン

ています．

現在では，ウェーバーの法則にもフェヒナーの法則にも成立しない刺激範囲や感覚があることが分かっていますが，人間の感覚と物理的刺激との間に，量的対応関係が存在することを示したことには非常に意義があり，今でもその関係性を考える上での基本的概念となっています．例えば，5章で取り扱う音環境においては，音の物理量は感覚と一致しやすくなるように対数をとって表現します（詳細は「5.1.4.レベルとその合成」を参照）．また4章の光環境では，光の量の表現自体に対数値は用いませんが，明るさの基準値（推奨値や推奨範囲）は段階に合わせて対数的に変化するように設定されています（詳細は「4.2.3　推奨照度」を参照）．

外部環境の物理的刺激の情報は感覚器官から脳に到達した後，様々な処理を経ますが，この過程において生じるもののうち，処理過程の段階が早いものから順に感覚，知覚，認知と呼ばれます．視覚を例に，光の下である対象物を見た場合を考えてみると，まず明暗や色という感覚が生じ，引き続いて形や大きさ，模様などが知覚されます．さらに，すでに持っている知識や記憶，概念などと照らし合わせて対象物が何であるのかといったことが認知されます．私達はこのような情報処理過程に基づいて周囲の環境を理解しているとともに，さらにはその環境が良いのか悪いのか，あるいは快適なのか不快なのかを判断しているわけです．

建築環境工学は，人間にとってより良い環境を計画することを目的としています．そのために環境の物理的特性を制御・操作するのですが，その際に指標とするのが，環境の物理的要素と人間の感覚・知覚・認知あるいは判断との対応関係になります．これらの間にどのような関係性にあるのかを知り，環境がどうあるべきかを考え，計画に活かすことが求められます．

これまでに環境の物理的要素と，人間の反応との対応関係について多くのことが明らかにされており，それらを本書で学んでいきます．しかし，決して環境と人間との関係の全てが明らかになっているわけではありません．人間の反応として定量的に抽出しにくいものや人による違い（個人差）が大きいもの，環境要素が複合された場合の反応などは課題として残されています．例えば個人差は感覚の段階から存在しますが，一般的に情報処理過程が進むほど大きくなる傾向があります．今後これらの必要性が高まるかも知れませんし，時代とともに求められるものも変わってくるかも知れません．建築環境工学を学ぶ

皆さんには，これまでの知見を基礎として，新しい環境の在り方を模索しその実現に挑戦をしてもらいたいと思います．

そのために環境を実際に体験する機会を多く持ってもらいたいと考えています．レイチェル・カーソンは著書『**センス・オブ・ワンダー**』で "I sincerely believe that for the child, and for the parent seeking to guide him, it is not half so important to know as to feel." と，知ることは感じることの半分も重要ではないと説いています．さらに，感覚や感情が引き起こされた対象についてはもっと知りたいと思うようになると述べています．皆さんにも環境を感じ，考えることを通して環境をより深く理解してもらいたいと思います．そのことが建築環境をより良くすることにきっと役立つはずです．

1.5 環境とデザイン

1.5.1 アフォーダンスについて

「アフォーダンス」という言葉は，**生態心理学**，ギブソン学派の祖として著名な**J.J. ギブソン**がつくりだした造語です．語源は英語の「afford (提供する, 与える)」を名詞化したものです．三島らは，著書「複雑系の科学と現代思想 アフォーダンス」のなかで，「アフォーダンス」について以下のように定義しています．

「特定の有機体（群）が特定の環境内に生息しているとき，その環境の中の特定の対象（群）・事象（群）が，その特定の対象（群）・事象（群）との関係で特定の有機体（群）に対して提供する『行為の可能性（opportunities）』」

有機体（群）とは認識する主体，すなわち生物や人間のことです．ここでは生命と呼ぶことにします．例えば，体重を支えるだけの十分な強度があって極端に傾いていない地表面があったとき，それは私達のような地上環境で生活する生命に対して身体を支えること，移動することをアフォードしていると例示しています．定義や例からもわかるように，アフォーダンス理論は，それまでの認識の理論が，認識する生命の能力を重視してきたのに対し，その生命の活動を支える環境の重要性を強調し，環境と認識主体としての生命との関係を考える立場なのです．

私達は，マングローブの森を見ればそこがどのような自然環境であるかを特定できます．逆に例えば「熱帯」など環境について特定するとその地域にどのような生物が生息しているかについて概ね特定することができます．このことは，生命と環境が相互に深く関係していて

『センス・オブ・ワンダー』
（*The Sense of Wonder*, Joanna Cotler Books, 1965）
アメリカの海洋生物学者レイチェル・カーソン (Rachel Carson, 1907–1964) の著書．化学薬品による環境汚染問題について記した著書『沈黙の春』(*Silent Spring*) も有名．

生態心理学
（ecological psychology）

J. J. ギブソン
James Jerome Gibson
(1904-1979)
アメリカ合衆国の心理学者．生体心理学の領域を開拓．

『複雑系の科学と現代思想 アフォーダンス』
佐々木正人，松野孝一郎，三島博之，青土社，1997

一体となった状態を形成していると考えられます．アフォーダンス理論はこの関係性の上に立脚しているといえます．

このように考えると，私達の身の周りの環境には，行為の可能性としてのアフォーダンスが溢れていて，我々の活動が支えられ，両者の関係が眼前に表象していると考えられます．こうしたアフォーダンスの考え方をデザインの世界で展開したのが D．A．ノーマンです．彼は，よく J．J．ギブソンと語り合い，ほとんど意見が合わなかったと語っていますが，その通り「増補・改訂版　誰のためのデザイン？　認知科学者のデザイン原論」に示すようにアフォーダンスの定義についても彼なりの解釈が加わったものになっているようです．

「アフォーダンスとは，モノの属性と，それをどのように使うことができるかを決定する主体の能力との関係のことである．」

彼らの相違は，環境に存在する行為の可能性を生命が取得する際，知覚によるのか，解釈によるのかの違いであったようです．ともあれいずれの定義とも行為の可能性をもつ環境と，それに支えられて活動する生命の関係性を重要視している点では共通しています．

現代において，生活者は，こうしたアフォーダンスを充分に活用しているといえるでしょうか．この問題は，**マズローの欲求の5段階説**のように，様々な段階を想定して整理する必要があるようです．例えば，私達は階段の形状から登り，あるいは降りることをアフォードされているといえます．この例は，生活者が安全を担保するためのアフォーダンスといえるでしょう．では，風鈴はどうでしょうか．風鈴は，風によって風受けが反応し動くことで，舌と呼ばれる部分に鳴子が衝突し音が鳴ります．このことは音が風の存在を知らせてくれるわけですが，さらに涼感や美観を感じる生活者も多いのではないでしょうか．階段も風鈴もアフォーダンスにおける環境側の一要素として考えらえますが，前者は安全性，後者は快適性に応える点が異なります．アフォーダンスの観点からデザインの可能性やその広がりについて考える時，環境について工学的視点から深く学ぶことは，人間という生命の安全を担保するデザインや，快適性に応えるデザインといった多様なデザインを実現する可能性を拡張することだと考えられます．

また先述の J．J．ギブソンは，アフォーダンスにおける不変性について次のように述べています．

「ある対象のアフォーダンスは，観察者の要求が変化しても変化しない．観察者は自分の要求によってある対象のアフォーダンスを知覚したり，それに注意を向けたりするかもしれないし，しないかもしれ

マズローの欲求5段階説
　米国の心理学者アブラハム・マズローが「人間は自己実現に向かって絶えず成長する生きものである」と仮定し，人間の欲求を5段階に理論化したものです．人間には5段階の「欲求」があり，1つ下の欲求が満たされると次の欲求を満たそうとする基本的な心理的行動を表しています．

自己実現欲求
尊厳欲求
社会的欲求
安全欲求
生理的欲求

ないが，アフォーダンスそのものは，不変であり，知覚されるべきものとして常にそこに存在する．アフォーダンスは，観察者の要求や知覚するという行為によって対象に付与されるものではない．」

　つまりアフォーダンスは，環境に常に存在し，しかも観察者の行為によって変化するものではないと述べているのです．またそうであるならば，環境には不変的で，かつ様々な観察者がそれぞれに異なった行為の可能性を見出す多様な側面が存在すると考えられます．例えば，路傍に1つの切り株があるとします．切り株の切断された平面は，歩行者には座ることをアフォードしているし，鳥にとっては道路に落ちている落ち穂を捕食するための着地台であることをアフォードしているのです．

　これらのことから，アフォーダンスという視点から環境とデザインの関係を考えるとき，次のようにまとめることができます．第1に環境について工学的視点から深く学ぶことにより，人間の様々な要求に答えるデザインの可能性を拡張することができます．第2に，アフォーダンスは不変的で多様な行為の可能性の宝庫ですが，観察者がすべてを気づくことは困難です．そこで観察者にこれらの可能性のうちのいくつかの項目に対する気づきを与えることがデザインのひとつの役割だと考えられます．

1.5.2 アフォーダンスとデザインの質

　デザインに求められることとして，アフォーダンスに対する気づきを与える方法の質という問題も重要です．写真1.1，写真1.2は，いずれも桂離宮の飛び石，敷石と呼ばれるものです．飛び石，敷石とは庭園内を渡り歩くために地面に配された石であり，密度によって呼称が変わるようです．これらは，もちろん歩行者の安全を確保することが第一の目的ですが，さらに経路をアフォードする側面もあります．先述のデザインに求められる方法の質という観点からすれば，写真1.1，写真1.2は大きく異なります．写真1.1の御輿寄前庭畳石は，かなり明確に経路を示しているのに対し写真1.2の古書院への七五三石は，大変緩やかに行く手をアフォードしているといってよいでしょう．前者のデザインを極端にすると写真1.3のような道路サインとなるでしょう．　このようにアフォーダンスに対する気づきを与える質はデザインによって多様に変化させることができるのです．

桂離宮

　京都市西京区桂にある皇室関連施設．江戸時代の17世紀に皇族の八条宮の別邸として創設された建築群と庭園からなる．総面積は約69000㎡．

　参観には事前申し込みが必要．

写真 1.1　御輿寄　　　写真 1.2　古書院への七五三石　　写真 1.3　道路標識
　　　　前庭畳石
　　　　　　　　　　　　　　　　　　　　　写真 1.1 〜 写真 1.3 は石松丈佳撮影

ナッジ理論
2017 年に，シカゴ大学の行動経済学者リチャード・セイラー教授がノーベル経済学賞を受賞したことで世界的に広まりました．企業のマーケティング戦略で利用される他に，イギリスやアメリカでは公共政策にも使われています．

　この気づきを与える点は昨今注目されている**ナッジ理論**に類似する印象があります．ナッジ（nudge）とは，直訳すると「肘でちょんと突く」という意味で，何かを対象者に提示するだけでなく，行動に至るきっかけを提供しようとするものです．もう少し詳しく説明すると，ナッジ理論のベースにあるのは，「人間は情報や感情に流されて動く」という原理です．つまりある状況で「肘でちょんと突く」ようなデザインがあれば，対象者はそのデザイン（情報）に促されて行動するというものです．アムステルダムの空港で小便器に 1 匹のハエを描いた事例は有名です．その結果，トイレの床を汚す人が少なくなり，清掃費は 8 割減少したそうです．これは「人は的があると，そこに狙いを定める」という分析結果に基づいて，小便器を正確に利用させたナッジ理論です．

　ナッジ理論がアフォーダンスにおけるデザインとどう違うのでしょうか？　ナッジ理論とアフォーダンスにおけるデザインは「気づきを与える」点で共通していると思います．しかし重要な違いのひとつは，これまで述べてきたように，アフォーダンス的観点から見たとき，環境は可変的で多様な行為の可能性の宝庫であり，行為の可能性の元となる環境要素について認識し深く学ぶことが肝要であるという視点です．本書では，この点を深く意識し，工学的視点から環境に対する知識と理解を深め，人間の様々な要求に答えるデザインの可能性を探り，さらにデザインを通して環境における多様なアフォーダンスに対する気づきを与える契機としていただきたいと思います．

■建築家に聞く，環境と建築デザイン

米澤隆 (1982-)

建築家，大同大学准教授．名古屋工業大学 博士後期課程修了，博士（工学）．一級建築士．主な作品：『公文式という建築』(2011)，『福田邸』(2013) など．『JCD デザインアワード 2012 金賞』，『日本建築学会作品選集新人賞 2015』など，受賞多数．

第一線で活躍する建築家の米澤隆さんは，建築を設計する際に，環境をどのように捉え，そしてどのようにデザインに活かしているのか聞いてみました．

『福田邸』(2013)

所在地／岐阜県関市，家族構成／夫婦＋子ども 1 人，構造／木造 2 階，敷地面積／ 181.82 m², 建築面積／ 71.01 m², 延床面積／ 109.10 m²

Q：この住宅の設計で重視した点は何ですか？

A:「家族一人ひとりの空間として 2 階の東西南北それぞれに面した個室を作り，それらを大きな屋根で 1 つに結び付けて，家族の一体感を感じられるようにしました．1 階は周辺に住んでいる人達との交流が生まれるように開放し，日本の伝統的な空間を意識して，庭，土間，縁側が連続する空間にしました．実は，この住宅にはちゃんとした玄関はないんです．周囲に廻らせた縁側から，どこからでも入れるんです．すぐに近所の子ども達が遊びに来るようになり，そして，子供に連れられて親御さん達も来るようになって，自然に地域との交流が始まったそうです．」

Q：では，この設計で環境の視点から配慮したことはありますか？

A:「はい，この建築の特徴である大屋根は，一階部分への日射のコントロールを意識しています．大屋根は夏の日差しは遮り，冬の日差しは取り入れるように軒の高さや出を設計しています．逆に，大屋根から突き出た個室は，自然の太陽や景観をそのまま感じられるように計画しました．4 つの個室それぞれが，東西南北の各方位に面することで，光や日差しの入り方が変わりますし，部屋からの眺めも変わります．各部屋の環境に応じてご家族に好きなように暮らしてもらおうと考えました．実際に，夏は朝日が入る東側の部屋，冬になると日差しがたくさん入る南側の個室を寝室にしているそうです．季節によって部屋を変えて住むことで自然に寄り添った暮

らしを楽しんでいらっしゃるようです.」

Q:日差しの他には何か考慮したことはありますか?

A:「風の流れ,というか,気流もデザインしようと考えました.東西南北を向いた4つの個室は中央の階段室に繋がり,この階段室は大屋根を突き抜けています.大屋根の上に飛び出した階段室の屋上部には窓を設けています.暑いときに屋上の窓と1階の窓を開けると,室内で暖められた空気は屋上へと上昇します.屋上部では日射が当たることによって空気が暖められて上昇効果が促進されます.これはソーラーチムニーと呼ばれているパッシブデザイン手法です.この住宅でも,奥様の髪がなびくほどの心地よい風が吹くそうです.1階のリビングにはエアコンを設置してあるのですが,風が通るのでほとんど使っていないそうです.」

Q:パッシブ手法をうまく取り入れて設計されているんですね?

A:「パッシブデザインによって,環境をどのように活かすのか,あるいは制御するのかは,建築設計の基礎であると共に必要不可欠な視点です.そして,その環境が住む人にどのような感覚や感情をもたらし,どのような行動に結びつくのか,それらを十分に検討し,そして統合していくのが建築設計だと考えています.」

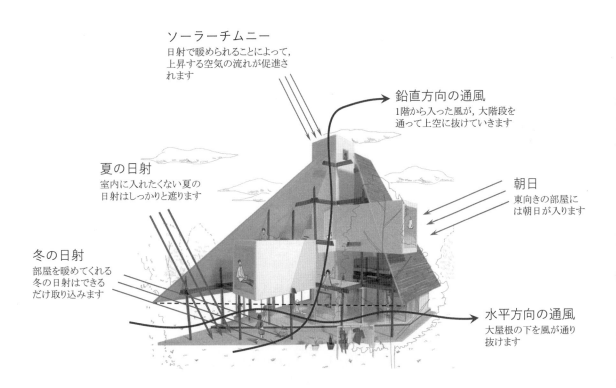

図1.9　環境ダイアグラム

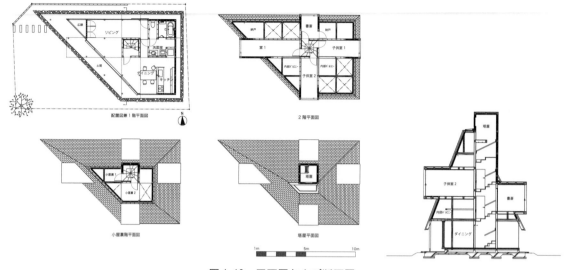

図 1.10　平面図および断面図

　米澤先生のお話しにもあるように，建築環境工学と建築設計は別々のものではありません．さらに，建築学には材料・構造・歴史・設備など様々な専門分野があります．良い建築とは，これらを総合的に考えて生み出されるものなのではないでしょうか？

演 習 問 題

【問題 1.1】

1. 建築物の最も基本的な性能を 3 つ挙げなさい．また，近年加わった基本性能を答えなさい．

2. 建築分野からの持続可能な循環型社会の実現への取り組みとして掲げられている 5 つの事項を挙げなさい．

3. 持続可能性の高い建築を実現するために留意する事項を簡潔に説明しなさい．

【問題 1.2】（二級建築士　平成 30 年出題）

省エネルギー・省資源に関する次の記述のうち，**最も不適当**なものはどれか．

1. 空調エネルギーを低減するため，夏期の夜間や昼間期において自然換気による冷房を行った．

2. 使用電力量を低減するため，自然採光と人工照明を併用した．

3. 雨水利用システムにおける雨水の集水場所を，集水する雨水の汚染度を考慮して，屋根面とした．

4. 冷房負荷を低減するため，屋上・壁面緑化や屋根散水を採用した．

5. 窓システムにおいて，日射による窓部からの熱負荷低減を図るため，ダブルスキン方式に比べて日射による熱負荷の低減効果が高いエアバリア方式を採用した．

【問題 1.3】

持続可能性に配慮した建築設計に関する次の記述のうち，**最も不適当**なものはどれか．

1. アクティブデザインとは，電気等のエネルギーを使って，冷暖房機器や照明等の設備機器を利用して快適な空間を作り出すデザイン手法である．

2. パッシブデザインとは，化石燃料に由来するエネルギーを使わずに，建築周辺の自然のポテンシャルを活用して快適な空間を作り出すデザイン手法である．

3. 建築を設計する際，冷暖房機器を使用すれば窓の配置や庇の出は考えなくてもよい．

4. 地球環境への負荷を少なくするために，消費電力量の少ない LED 照明を採用した．

5. 持続可能性に配慮した建築を設計するためには，パッシブデザインとアクティブデザインを適切に組み合わせることが必要である．

【問題 1.4】

建築のエンベロープの物理環境に関する性能について，次の設問に答えなさい．

1. 煉瓦造建築物と木造建築物のどちらが熱の流れを遮断することに優れているか答えなさい．また，その理由について述べなさい．

2. 開口部の小さい煉瓦造建築物と開口部の大きい木造建築物のどちらが風を取り入れやすいか答えなさい．また，その理由について述べなさい．

3. 煉瓦造建築物の鎧戸と木造建築物の土庇のどちらが西日を防ぐことに優れているか答えなさい．また，その理由について述べなさい．

a. 煉瓦造建築物　　　　　　　　　　　　　　　b. 木造建築物

4. 煉瓦造建築物と木造建築物のどちらが不必要な音を遮ることに優れているか答えなさい．また，その理由について述べなさい．

【問題 1.5】

感覚に関する次の記述のうち，**最も適当**なものはどれか．

1. 人間の感覚器は，物理的刺激がどれほど小さくてもそれに反応することができるように作られている．

2. 感覚量（感覚の大小）は，物理刺激量に比例して変化する．

3. ある感覚に違いを生じさせることができる最小の物理量は，元々の物理量の大きさによらず一定の値となる．

4. 感覚量が小さい場合よりも大きい場合の方が，その感覚が変化するのに必要な刺激量の変化は大きくなる．

5. 物理的要素の感じ方における個人差は，一般的に情報理処理過程が進むほど小さくなる傾向がある．

【問題 1.6】

　紙面上に，ある大きさ（例，一辺が 5 cm 程度）の正方形を左右上下に（計 4 個）並べて書いてください．次にある大きさ（例，直径が 2 mm 程度）の黒点を正方形内の適当な位置に，左上の正方形には 4 個，右上の正方形には 20 個書い下さい．下段の正方形の中にも同じ黒点をそれぞれ上の正方形内の数から 2 個増やして描いてください．そして少し離れた位置から上下を比較したときに生じる，黒点の量の増加の感覚について左右で比較して下さい．その違いをウェーバーの法則あるいはフェヒナーの法則から説明しなさい．

【問題 1.7】

　以下の文章中で，アフォーダンスの例として**最も適当**なものはどれか．

1. アフォーダンス理論を人間の快適性の点で活用することは不可能である．

2. アフォーダンス理論では，環境には不変的で多様な行為の可能性を有しているという立場をとる．

3. アムステルダムの空港で小便器に 1 匹のハエを描いた事例は，人間が促されるようなデザインでありアフォーダンスを活用した好例である．

この分野をさらに深く学ぶためのお薦めの図書

『建築設計資料集成　環境』　日本建築学会編，丸善，2007

『コンパクト建築設計資料集成』　日本建築学会編，丸善，2005

　建築設計に役立つ豊富な図版や設計事例をまとめた資料集．専門分野ごと1冊にまとめられています．また，それらのエッセンスを凝縮したコンパクト版は手軽でお薦めです．

『建築環境工学用教材　環境編』　日本建築学会編，日本建築学会，2011

環境工学を学ぶために必要な図版がまとめられた一冊．本書でも多くの図をこの図書から引用させて頂いております．

『地球環境建築のすすめ（シリーズ地球環境建築・入門編）』　日本建築学会編，彰国社，2009

『地球環境デザインと継承（シリーズ地球環境建築・専門編1)』　日本建築学会編，彰国社，2010

『資源・エネルギーと建築（シリーズ地球環境建築・専門編2)』　日本建築学会編，彰国社，2009

『地球環境マネジメント（シリーズ地球環境建築・専門編3)』　日本建築学会編，彰国社，2004

　サスティナブル・デザインに関して，歴史・理論・技術・事例などの幅広い視点から解説したシリーズ書です．これを読破すれば，サスティナブル・デザインの全体を概観できます．しかし，シリーズ全体のページ数は優に1000ページを超えます．

『Heating, Cooling, Lighting: Sustainable Design Methods for Architects』Norbert Lechner 著，Wiley，2014

　省エネルギーを実現しながら快適な建築空間を創り出すための手法を，採暖・採涼・採光の視点から解説しています．多くの写真とイラストを使って平易な英語で書かれた良書です．英語の本ですが，ぜひチャレンジしてみてください．

『環境としての建築：建築デザインと建築技術』　Reyner Banham 著，堀江悟郎 訳，鹿島出版会，2013

　ライト，コルビュジエ，カーンなどの近代建築の巨匠たちが，どのようにして建築環境と空間を融合させてきたのかを知ることができます．建築環境デザインに関する名著です．

『デザイン言語』 奥出直人，後藤武編 慶應大学出版会，2002

　感覚と論理の統合による新たなデザインのための思考法が提示されています．建築家も共著者です．

『アフォーダンス』 佐々木正人，松野孝一郎，三島博之著，青土社，1997

　アフォーダンスの基本をしっかりと学びたい人にお薦めです．

『実践行動経済学』 リチャード・セイラー，キャス・サンスティーン著，日経BP社，2009

　ナッジ理論を勉強してみたい人のために．

論文検索

　文献の調査は，図書館を訪ねて学術雑誌を手に取ることから始まります．図書館はすぐに手に取ることが出来る開架図書だけでなく，その何倍もの書籍が書庫に収蔵されています．また，全国の図書館に文献複写を依頼することも出来ます．多くの図書館の蔵書目録は電子化されており OPAC(Online Public Access Catalog) として提供されています．

　近年は，オンラインデータベースが充実しています．学術雑誌自体が電子書籍になっていることも少なくありません．ここでは，建築分野を含む学術論文全般のオンラインデータベースを紹介します．

『CiNii』国内学協会などの学術論文情報の検索ができます．論文本体が利用できるものもあります．

『J-STAGE』 国内学協会の学会誌・論文誌の電子ジャーナルサイトです．

『JDream III』 国内外の科学技術論文の検索ができます．日本語の抄録が付与されているため，論文概要の把握に便利です．

『Google Scholar』 国内外の学術論文・書籍・テクニカルレポートなどが検索できます．文献本体が公開されているものもあります．

"It is the mission of modern architecture to concern itself with the sun" Le Corbusier (1887-1965)

「太陽とどう付き合うか，それが現代建築の使命です」
ル・コルビュジエ

これは近代建築の巨匠の一人であるル・コルビュジエの言葉です．太陽から地上に降り注ぐ熱や光のエネルギーは膨大です．暑い夏，これをどうやって遮るのか，寒い冬，これをどうやって取り入れるのか．安全で快適な，そして環境にやさしい建築デザインを実現するためには，太陽を，そして熱の流れを理解する必要があります．

2章 熱環境

■なぜ建築学で熱を学ぶのでしょうか？

　地球温暖化が大きな問題となっている現在，少ないエネルギーで快適な室内環境を作り出すことは重要な課題です．特に暑さ寒さの問題は，快適性の面からだけでなく，健康面からも大変に重要です．例えば，夏の暑熱によって，室内において**熱中症**となる事例が多く報告されています．また冬には，暖房された暖かい部屋から寒い部屋に移動するときの大きな温度差が**ヒートショック**を引き起こし，深刻な病気の原因となることが指摘されています．では，季節に対応した健康で快適な室内熱環境を作り出すにはどうしたらよいのでしょうか？

　春や秋には，窓を開けて気持ちの良い風を室内に取り入れることによって，快適な環境を作り出すことができます．しかし，暑い夏に窓を開けると高温の空気が流れ込み，快適な熱環境にはなりません．そこで，エアコンなどの建築設備を利用することになります．ここで重要となるのが，建築の断熱性能です．壁や屋根を通り抜けて屋外から室内に熱がたくさん入ってくると，いくらエアコンで冷風を吹き出しても室内の温度は下がりません．したがって，夏に室内を涼しくするためには，しっかりと日射を遮り，壁や屋根の断熱性能を確保した上で冷房しなければならないのです．

　一方，冬はどうでしょうか？　冬は寒いですから，窓から入ってくる日射は大歓迎です．しかし，日射は天気に左右されますし，夜間には利用できません．暖かい室内環境を作り出すためには，やはりしっかりと断熱性能を確保した上で暖房をする必要があります．断熱性能が高い建築は，少しのエネルギーで効果的に冷房や暖房を行うことができるので，省エネルギーにも貢献できるのです．現在，**建築物省エネ法**により，各地域の気候に応じた建築の断熱性能が求められており，建築物を建てるときにこの基準を満たす必要があります．したがって，熱的に安全で快適な，しかも省エネな建築を設計するためには，どうしても熱について学ぶ必要があるのです．

■なぜ太陽位置を知る必要があるのでしょうか？

　光があれば，必ず影ができます．新しく建築物を建てるということは，新たに日影を作り出すことに他なりません．周辺に暮らす人達の日当たりを阻害しないようにするために，法律によって建物の高さや形状が制限されています．これを日影規制といいます．この日影規制をきちんと守っているかどうかを証明するために日影図を描きます．自分が建てる

熱中症（heat stroke）

　高温環境下で，体内の水分や塩分のバランスが崩れたり，体温の調節機能が働かなくなったりして，体温の上昇やめまい，けいれん，頭痛などの症状を起こす病気のことです．2018年5月から9月までの全国における熱中症による救急搬送者数は，95,137人でした．このうち，発生場所で最も多いのは，住居で40.3%でした．熱中症は屋外で発生するイメージがありますが，室内でも危険なのです．ちなみに，熱中症の発生場所は，中高生では運動中，成年では作業中，高齢者では住宅が多いことが明らかにされています．（環境省：熱中症環境保健マニュアル，2018）

ヒートショック
（heat shock）

　急激な温度変化によって，血圧が大きく変動することで心臓に負担をかけ，心筋梗塞や脳卒中を引き起こすこと．

建築物省エネ法

　2015年に公布された「建築物のエネルギー消費性能の向上に関する法律」の通称です．この法律では，建築物のエネルギー消費性能の向上を図るため，住宅以外の一定規模以上の建築物のエネルギー消費性能基準への適合義務，およびエネルギー消費性能向上計画の認定制度が定められました．

建築によってどのような影ができるのかを設計段階で把握しなければならないのです．建物の影を描くためには，何月何日の何時何分に，太陽がどの方角（太陽方位角）のどの高さ（太陽高度）にあるのかを，正確に知る必要があるのです．太陽の位置が決まれば，どんなに複雑な建物でも，その影を正確に描くことができます．

　また，太陽からの放射エネルギーは常に地球上に降り注ぎ，私達はその恩恵を受けています．例えば，寒い冬に日差しを浴びるとポカポカと暖かく感じます．しかし，常に太陽が好ましい存在かというと，そうでもありません．夏はどうでしょうか？　酷暑の夏には誰も日向には出たがらないでしょう．このように，一年のうちのある時期は日差しを取り入れたいと考えますが，ある時期はぜひとも日差しを遮りたいと感じます．このような日差しの調節を行うためにも，やはり太陽の位置を正確に知る必要があるのです．伝統的な日本の住宅は，軒や庇によって日差しを上手に制御してきました．皆さんも経験的に知っているように，夏の太陽高度は高く，冬の太陽高度は低くなります．したがって，庇の出を適切に設計することにより，夏は日差しを遮り，冬は日差しを部屋の奥まで取り入れることができるのです．このような建築デザイン上の工夫をするかしないかによって，室内の熱環境は大きく変わり，当然，エアコンなどの消費エネルギーにも影響します．このように建築デザインと太陽は，切っても切れない仲なのです．

■人の暑さ寒さはどうやって決まるのでしょうか？

　熱環境は建築だけに影響を及ぼすのではなく，直接的に私達人間の暑さ寒さにも影響します．そもそも，私達人間は，どのような環境を暑く感じ，どのような環境を寒く感じるのでしょうか？

人間は常に身体の中で熱を産み出し，この熱を使って様々な活動を行い，そして余った熱を周囲環境に捨てています．このように周囲環境と熱的にバランスを取って，体温を一定に保っているのです．このバランスが崩れると，暑く感じたり寒く感じたりしますし，さらに深刻な状況では体温を維持できずに，低体温や高体温となり，生命に関わる事態となることもあります．したがって，快適性だけでなく安全性の面からも，人と熱の関係を知る必要があります．

この 2 章では，まず，熱の流れの基礎を説明した上で，建物の熱性能の評価方法を解説します．さらに室内熱負荷に大きく影響する太陽からの日射とその調整方法を説明します．最後に私達人間の暑さ寒さとその評価方法について学びます．

2.1 熱の基礎

熱はエネルギーの一形態です．そして，物体に熱がどのくらい蓄えられているのか，その状態を表すのが**温度**です．ある物体に熱が入ってくると温度が上がり，熱が出ていくと温度は下がります．そして，温度に差があると，必ず高温から低温に向かって熱が流れます．その逆は，機械を使えばできますが，自然の状態ではありえません（熱力学の第 2 法則）．では，その熱の流れ方にはどんな種類があって，その熱量はどうやって計算するのでしょうか？

2.1.1 熱の伝わり方

熱の伝わり方には，**熱伝導・対流熱伝達・放射熱伝達**の 3 つがあります．熱伝導は固体または静止している流体の内部において，高温側から低温側へ熱が伝わる現象のことです．また，対流熱伝達は物体と流体との間の熱移動であり，放射熱伝達は物体表面間の電磁波による熱移動の

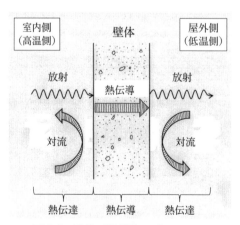

図 2.1　壁体の熱貫流のプロセス

熱（heat）

温度（temperature）
　温度の単位は，SI 基本単位の 1 つである絶対温度（熱力学温度）[K] が用いられます．日常生活では摂氏 [℃] がよく使われています．絶対温度から 273.15 を減じたものが摂氏温度になります．したがって，273.15 K は 0 ℃，373.15 K は 100 ℃となり，1 目盛りの大きさは同じです．

SI基本単位
（SI base units）
　すべての単位は 7 つの SI 基本単位の組み合わせで表すことができます．その 7 つとは，長さ [m]，質量 [kg]，時間 [s]，電流 [A]，熱力学温度 [K]，物質量 [mol]，光度 [cd] です．
　なお，利便性の観点から固有の名称と記号が与えられているものもあります．例えば，熱量は SI 基本単位では [m²·kg·s²] と表されますが，[J]（ジュール）を使います．

熱伝導（heat conduction）
　熱が物体中を伝わって，高温部から低温部に移動する現象のことです．

対流熱伝達
（convective heat transfer）
　物体と流体との間の熱移動のことです．建築分野では，空気や水が流体として扱われることが多いです．

放射熱伝達
（radiative heat transfer）
　物体表面間の電磁波による熱移動のことです．
　全ての物体はその表面温度の4乗に比例したエネルギーを電磁波の形で放出しています（ステファン・ボルツマンの法則）．すべての物体から電磁波が放出されますが，高温の物体ほど多くのエネルギーを放出しますので，結果的に高温の物体から低温の物体に熱が移動することになります．

熱貫流
（heat transmission）
　建物の壁を挟んだ室内と屋外に温度差があるとき，一方の空気から壁を貫いて他方の空気まで熱が伝わることをいいます．

ことです．いずれも温度の高い方から温度の低い方へ熱が移動します．
　ここで，ある建築の壁を考えてみましょう（図2.1）．冬のある寒い日に室内を暖房している状況を考えてみます．室内は暖房していますので温度が高くなり，相対的に壁の反対側の屋外の温度は低くなります．熱は高温側から低温側に移動しますので，この場合は室内から屋外へと熱が流れていくことになります．このように熱が壁を貫いて流れることを**熱貫流**といいます．壁を通ってたくさんの熱が屋外に流れていけば，当然，室内の温度は低下します．その過程を詳しく見てみると，まず室内から壁の室内側表面まで対流熱伝達と放射熱伝達で熱が移動します．次に室内側表面から屋外側表面に向かって，壁体内を熱伝導で熱が移動します．最後に壁の屋外側表面から屋外へと対流熱伝達と放射熱伝達で熱が移動します．このように単に熱が流れるといっても，実は3つの熱の伝わり方が組み合わされて熱が流れているのです．
　夏に冷房しているときはどうでしょうか？　冷房によって室内の温度が低くなり，相対的に屋外の温度が高くなりますので，当然，冬とは逆に，熱は屋外から室内に入ってくることになります．このように，室内と屋外のどちらの温度が高いかによって，熱の流れる方向は変化します．では，室内と屋外の温度が等しいときはどうなるでしょうか？内外に温度差がないときは熱は流れません．
　それでは，熱伝導・対流熱伝達・放射熱伝達を詳しく説明していきます．

2.1.2　熱伝導

　図2.2はある壁体の状態を模式的に示したものです．壁の厚さをdとし，壁の一方の表面温度をt_1，もう一方の表面温度をt_2とします．t_1とt_2で温度差があると，熱伝導によって熱が移動します．その熱伝導により移動する熱量Q_Kは次式で算出できます．熱の流れる方向は，高温側t_1から低温側t_2となります．

$$Q_K = \lambda \frac{t_1 - t_2}{d} \qquad\qquad (式2.1)$$

Q_K：熱伝導により移動する熱量 [W/m^2]

t_1, t_2：壁体それぞれの表面温度 [℃]

d：壁体の厚さ [m]

λ：壁体材料の熱伝導率 [W/(m·K)]

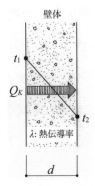

図2.2　壁体内の熱伝導

表 2.1 各種材料の熱伝導率

材料名	熱伝導率 λ [W/(m·K)]
鋼材	45
アルミニウム	210
板ガラス	0.78
コンクリート	1.1
木材（スギ）	0.12
合板	0.15
グラスウール	0.039
硬質ウレタンフォーム保温板	0.027
せっこう板	0.14
水	0.6
空気	0.022

（日本建築学会編：建築環境工学用教材 環境編，p.72，丸善，2015. より抜粋）

　この式を見ると，壁の両側の温度差が大きくなればなるほど，そして**熱伝導率** λ が大きくなるほど，また，壁の厚さ d が薄いほど，移動する熱量が多くなることが分かります．したがって，断熱性能の高い，言い換えると，熱が流れにくい壁にしたいときには，熱伝導率が小さい材料を使い，さらに壁を厚くすればよいということになります．

　熱伝導率は材料の熱の伝わりやすさを表す物性値です．材料によって様々な値となります．表 2.1 に建築で使われる代表的な材料の熱伝導率を示します．金属材料の値がたいへんに大きいですね．アルミニウムの熱伝導率はなんと 210 W/(m·K) です．一方，建築で構造材料としてよく使われるコンクリートの熱伝導率は 1.1 W/(m·K)，木材（スギ）は 0.12 W/(m·K) とたいへん小さいです．中でもグラスウールは 0.039 W/(m·K) であり，桁違いに小さいことが分かります．熱伝導率が小さいということは，それだけ熱が流れにくいということですので，このような材料を**断熱材**と呼びます．ちなみにこの表の中で熱伝導率が最も小さい材料は何でしょうか？　空気ですね．したがって，空気は最も断熱性能の優れた材料と言うことができます．しかも，うれしいことに，空気はタダです．

熱伝導率
(thermal conductivity)
　物質の熱伝導による熱の伝わりやすさを示す値です．単位は [W/(m·K)] が用いられます．値が小さいほど熱を伝えにくいことを示します．

断熱材
(heat insulation material)
　一般に，熱伝導率が 0.1 W/(m·K) 程度より小さい材料を断熱材といいます．表 2.1 に示すように空気の熱伝導率は 0.022 W/(m·K) ですから，断熱材であるグラスウールよりも小さな値であり，たいへん断熱性能に優れています．実は，断熱材は，この空気の特性を利用しています．空気は対流しなければ極めて高い断熱性能を有していますので，繊維の間や小さな気泡の中に空気を閉じ込めて対流できなくしているのです．要は，断熱材は，いかに空気を動かないように小さく分割して閉じ込めるかが勝負なのです．
　断熱材が水に濡れると，空気だったところが水に置き換わります．水の熱伝導率は空気よりも大きいですから，断熱性能が低下してしまうのです．

【例題 2.1】

　厚さ 20 cm のコンクリートの壁があります．下図のように，一方の壁の表面温度を 25 ℃，もう一方の表面温度を 15 ℃ としたとき，壁体を流れる熱伝導によって移動する熱量を計算してみましょう．

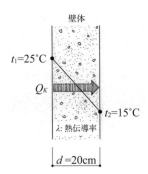

【解　答】

　（式 2.1）を用いて計算します．表 2.1 から，コンクリートの熱伝導率は λ =1.1 W/(m·K) と読み取ることができます．数式に値を入れて計算してみると，以下のようになります．壁の厚さ 20 cm は，0.2 m とメートル単位に変換していることに注意して下さい．

$$Q_{K-コンクリート} = \lambda \frac{t_1 - t_2}{d} = 1.1 \times \frac{25 - 15}{0.2} = 55 \, [\mathrm{W/m^2}]$$

　1 m² 当たり，55 W の熱が流れることが分かりました．では，もし仮に，コンクリートではなく金属のアルミニウムでこの壁を作ってみたらどうなるでしょうか？　表 2.1 から，アルミニウムの熱伝導率は λ =210 W/(m·K) と読み取れます．数式に値を入れて計算してみると，

$$Q_{K-アルミニウム} = \lambda \frac{t_1 - t_2}{d} = 210 \times \frac{25 - 15}{0.2} = 10,500 \, [\mathrm{W/m^2}]$$

　同じ 20 cm の厚さの壁なのに，アルミニウムの壁にすると，コンクリートのときの，なんと 190 倍も熱がたくさん流れるということになります！　材料によって熱の流れ方がこんなにも違うんですね．

2.1.3 対流熱伝達

図 2.3 は壁体とそれに接する流体である空気との間の対流熱伝達を模式的に示したものです。空気の温度を t_a とし，壁体の表面温度を t_s としたとき，対流によって空気から壁体表面に移動する熱量は次式で算出されます．

$$Q_c = a_c (t_a - t_s)$$

(式 2.2)

Q_c：対流により移動する熱量 [W/m²]

t_a：気温 [℃]

t_s：壁体の表面温度 [℃]

a_c：対流熱伝達率 [W/(m²·K)]

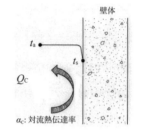

図 2.3 対流熱伝達

この式から，物体と空気の温度差が大きいほど，そして，対流熱伝達率 a_c が大きいほど，対流により移動する熱量 Q_c が大きくなることが分かります．

対流熱伝達率 a_c は，風速によって大きく変化します．風がない状態を**自然対流**といい，一般に $a_c = 4$ W/(m²·K) の値が用いられます．一方，風がある状態は**強制対流**と呼ばれ，風速によって a_c の値は変化します．風速 3 m/s のとき，$a_c = 18$ W/(m²·K) 程度となります．

ここでは，流体として空気を取り上げましたが，流れるものであればなんでも流体です．身近なところでは水も流体ですし，ケチャップや醬油も流体です．流体が変わると対流熱伝達率も大きく変わります．ちなみに，水の対流熱伝達率は空気の 100〜200 倍にもなります．したがって，私達人間（体温は約 37 ℃）が水中と空気中のそれぞれに滞在する場合，水温 20 ℃ の水中で奪われる熱量は，気温 20 ℃ の空気中で失われる熱量よりも 100〜200 倍多いということになります．気温 20 ℃ の環境は少し涼しいくらいですが，滞在することは特に支障はありません．しかし，水温 20 ℃ の水中となると，熱が大量に奪われ，長時間の滞在は生死に関わることになります．

2.1.4 放射熱伝達

図 2.4 は 2 つの壁体表面間の電磁波による放射熱伝達を模式的に示したものです．壁体1 の表面温度を t_1 とし，もう一方の壁体 2 の表面温度を t_2 としたとき，2 つの表面間を移

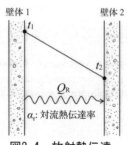

図 2.4 放射熱伝達

対流熱伝達率
(convective heat transfer coefficient)

　物体と流体との間の熱の伝わりやすさを表す値．単位は [W/(m²·K)] が用いられます．値が大きいほど熱が伝わりやすいことを示します．一般に，建築の分野で扱われる流体は空気と水です．

自然対流
(natural convection)
　温度差に起因する浮力によって引き起こされる空気の流れ．

強制対流
(forced convection)
　機械等によって強制的に引き起こされる空気の流れ．

動する電磁波による放射熱伝達量 Q_R は（式2.3）で算出できます.

$$Q_R = a_r (t_1 - t_2) \tag{式2.3}$$

Q_R：放射により移動する熱量 $[W/m^2]$

t_1：壁体1の表面温度 $[℃]$

t_2：壁体2の表面温度 $[℃]$

a_r：放射熱伝達率 $[W/(m^2 \cdot K)]$

この式から，2つの壁体表面温度の温度差が大きいほど，放射により移動する熱量が大きくなることが分かります. **放射熱伝達率** a_r は日常生活の温度範囲内ではほぼ一定値となり，一般に $a_r = 5\ W/(m^2 \cdot K)$ が用いられます.

2.1.5　総合熱伝達率

対流熱伝達率 a_c と放射熱伝達率 a_r を合計したものを**総合熱伝達率** a といいます. 表2.2に設計に用いられる総合熱伝達率 a を示します.

表 2.2　総合熱伝達率 a

		総合熱伝達率 a $[W/(m^2 \cdot K)]$
室内側	垂直面，水平面（熱流上向き）	9
	水平面（熱流下向き）	7
	全表面一定値を用いるとき	9
屋外側	風速　3 m/s	23
	風速　6 m/s	35

（日本建築学会編：設計計画パンフレット2　住宅の保温設計, p. 7, 彰国社, 1974. に基づき作成）

2.2　熱と建築

さぁ，いよいよ熱と建築との関わりを勉強していきましょう. 前節で勉強した熱伝導・対流熱伝達・放射熱伝達の知識を使うと，建築に関わる熱の問題をスラスラと解き明かしていくことができます. この節は建築設計と密接に関係しますので，将来，建築士を目指す方は特に力を入れて勉強して下さい.

2.2.1　熱貫流率

熱貫流によって壁体を貫いて移動する熱量は，壁を構成する材料や

放射熱伝達率（radiative heat transfer coefficient）

　物体間の熱放射による熱の伝わりやすさを表す値. 日常生活の温度範囲内では値はほぼ一定値とみなすことができます.

総合熱伝達率（total heat transfer coefficient）

　対流熱伝達率と放射熱伝達率を合計したもの.

　室内側の総合熱伝達率は，垂直面と水平面で異なる値となります. 壁の場合は垂直面ですので，悩む必要はありません. しかし，水平面の場合は，熱流方向で値が異なります. 熱流の向きはどうやって決まるのでしょうか？

　例えば，冬季の1階居室の床を考えてみましょう. 冬季ですから暖房し，居室の気温が高くなり，相対的に床下の気温が低くなります（一般に床下は外気と同等とみなします）. 熱は高温側から低温側に流れますので，高温の居室から低温の床下に向かって「下向き」に流れます. したがって，この場合，「室内側」の「水平面（熱流下向き）」となり，総合熱伝達率は $a = 7\ W/(m^2 \cdot K)$ となります.

熱貫流率（heat transmission coefficient）

　温度差のある空間の間にある壁や窓の熱の伝わりやすさを表す値. 値が小さいほど，熱を伝えにくく，断熱性能が高いことを示します. 熱貫流率 K の逆数が熱貫流抵抗 R です.

その厚さによって大きく変わります．壁に断熱材をたくさん入れれば熱を通しにくくなりますし，金属だけで壁を作ったら膨大な熱が移動することは容易に想像できると思います．それでは，自分が設計した建築の壁はどのくらい熱が流れやすいのか，あるいは熱が流れにくいのか，どうやって表現したらよいのでしょうか？ ここで用いられるのが，熱貫流率です．**熱貫流率** K は，面積 $1\,\mathrm{m^2}$ の壁の両側に $1\,℃$ の温度差があるときに，壁を貫いて流れる熱量を表しています．したがって熱貫流率の値が小さいほど熱が流れにくい，すなわち断熱性能が高いことを表します．

図2.5に3つの材料から構成される壁体を示します．それぞれの材料の厚さを d_1, d_2, d_3，それぞれの材料の熱伝導率を λ_1, λ_2, λ_3 とします．それぞれの材料の熱抵抗は，各材料の厚さを熱伝導率で除して求められます．これらを足し合わせれば，壁体全体の熱抵抗が求められます．ここで，忘れてはならないのは，壁体表面に接している空気層も熱抵抗になるということです．この空気層の熱抵抗は上述した総合熱伝達率の逆数となります．さらに，壁体の室内側と屋外側の両方に熱抵抗があることを忘れないで下さい．これらを全て足し合わせると（式2.4）となります．

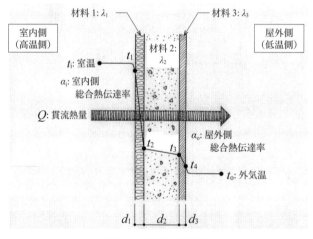

図2.5 壁体の熱貫流

$$R = \frac{1}{\alpha_i} + \frac{d_1}{\lambda_1} + \frac{d_2}{\lambda_2} + \frac{d_3}{\lambda_3} + \frac{1}{\alpha_0}$$ （式2.4）

　R：壁体全体の熱抵抗 [$\mathrm{(m^2 \cdot K)/W}$]

　α_i：室内側総合熱伝達率 [$\mathrm{W/(m^2 \cdot K)}$]

　α_0：屋外側総合熱伝達率 [$\mathrm{W/(m^2 \cdot K)}$]

　d：材料の厚さ [m]

　λ：材料の熱伝導率 [$\mathrm{W/(m \cdot K)}$]

材料1, 2, 3の熱抵抗，室内側および屋外側の空気層の熱抵抗は以下のようになります．

材料1の熱抵抗： $\dfrac{d_1}{\lambda_1}$

材料2の熱抵抗： $\dfrac{d_2}{\lambda_2}$

材料3の熱抵抗： $\dfrac{d_3}{\lambda_3}$

室内側空気層の熱抵抗： $\dfrac{1}{\alpha_i}$

屋外側空気層の熱抵抗： $\dfrac{1}{\alpha_0}$

壁体全体の熱抵抗 R の逆数が壁体の熱貫流率 K です.

$$K = \frac{1}{R} = \cfrac{1}{\cfrac{1}{\alpha_i} + \cfrac{d_1}{\lambda_1} + \cfrac{d_2}{\lambda_2} + \cfrac{d_3}{\lambda_3} + \cfrac{1}{\alpha_0}} \qquad (式 2.5)$$

K: 壁体の熱貫流率 $[\mathrm{W/(m^2 \cdot K)}]$

　これまでの説明では，壁体は3つの材料から構成されていると設定しました. しかし，実際の建築設計では材料が3つと決まっている訳ではありません. これを任意の材料の数 n に一般化すると次式となります.

$$K = \cfrac{1}{\cfrac{1}{\alpha_i} + \sum_{i=1}^{n} \cfrac{d_i}{\lambda_i} + \cfrac{1}{\alpha_0}} \qquad (式 2.6)$$

　そして，熱貫流によって移動する熱量は，次式のように熱貫流率 K と壁内外の温度差の積として求められます.

$$Q = K(t_i - t_o) \qquad (式 2.7)$$

Q：熱貫流によって移動する熱量 $[\mathrm{W/m^2}]$

t_i：室温 $[℃]$

t_o：外気温 $[℃]$

【例題2.2】

　下図に示す市街地に建つ建物の壁体の熱貫流率を算出してみましょう. さらに，室温を22℃，外気温を5℃としたときの貫流熱量を求めてください.

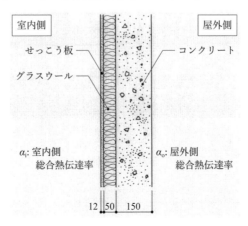

【解　答】

この壁は3つの材料から構成されていますので，（式2.5）を使って壁体の熱貫流率を算

$$K = \cfrac{1}{\cfrac{1}{\alpha_\mathrm{i}} + \cfrac{d_1}{\lambda_1} + \cfrac{d_2}{\lambda_2} + \cfrac{d_3}{\lambda_3} + \cfrac{1}{\alpha_0}}$$

出します．それでは，それぞれの変数の値を特定していきましょう．

　まず，室内側と屋外側それぞれの総合熱伝達率 α_i と α_0 を表 2.2 から読み取ります．まず室内側ですが，対象は壁ですので「垂直面」の値となります．次に，屋外側ですが，ここでは建物が密集した市街地を想定していますので，穏やかな風速 3 m/s の値としましょう．

　　　　室内側総合熱伝達率：$\alpha_\mathrm{i} = 9\ \mathrm{W/(m^2 \cdot K)}$

　　　　屋外側総合熱伝達率：$\alpha_0 = 23\ \mathrm{W/(m^2 \cdot K)}$

　次に，壁を構成する 3 つの材料の熱伝導率 λ を表 2.1 から読み取ります．

　　　　せっこう板：$\lambda_1 = 0.14\ \mathrm{W/(m \cdot K)}$

　　　　グラスウール：$\lambda_2 = 0.039\ \mathrm{W/(m \cdot K)}$

　　　　コンクリート：$\lambda_3 = 1.1\ \mathrm{W/(m \cdot K)}$

　3 つの材料の厚さは，図面から読み取ります．ここで注意しなければならないことは，長さの単位です．一般に建築図面では長さの単位としてミリメートル [mm] が用いられますね．しかし，総合熱伝達率 α や熱伝導率 λ の単位を見ると，長さの単位はメートル [m] を使っています．計算するときは，長さの単位をメートルに揃える必要があります．コンクリートの厚さは 150 mm ですから，メートルで表すと 0.15 m となります．同様に，50 mm は 0.05 m，12 mm は 0.012 m です．これを忘れると，計算結果がとんでもない値になってしまいますので気を付けてください．

　これで，全ての変数の値を特定することができました．これらの値を式に代入し，計算すると以下のようになります．

$$K = \cfrac{1}{\cfrac{1}{\alpha_\mathrm{i}} + \cfrac{d_1}{\lambda_1} + \cfrac{d_2}{\lambda_2} + \cfrac{d_3}{\lambda_3} + \cfrac{1}{\alpha_0}} = \cfrac{1}{\cfrac{1}{9} + \cfrac{0.012}{0.14} + \cfrac{0.05}{0.039} + \cfrac{0.15}{1.1} + \cfrac{1}{23}}$$

$$= 0.60287\cdots = 0.60$$

　これで，この壁体の熱貫流率が $K = 0.60\ \mathrm{W/(m^2 \cdot K)}$ であることが分かりました．

　では次に，この壁体を貫いて移動する熱量を求めてみましょう．熱貫流率とは壁の両側の温度差が 1 ℃ のときに流れる熱量のことでした．したがって，壁を挟んだ室内と屋外の温度差を掛ければ貫流によって移動する熱量が求められます．（式 2.7）を使います．

$$Q = K\,(t_\mathrm{i} - t_0) = 0.60 \times (22 - 5) = 0.60 \times 17 = 10.2$$

これで，この壁体を貫いて移動する熱量が 10.2 W/m^2 であることが求められました．この値は単位面積当たりの熱量ですから，これに壁体の面積を掛ければ，その壁体全体で移動する熱量が計算できます．単位面積 1 m^2 で 10.2 W ですから，例えば，3 m × 5 m ＝ 15 m^2 ですと 153 W になります．

これは，ある 1 つの壁だけの話しです．一般に，部屋は 4 つの壁と床と天井の 6 面で構成されています．ガラス窓があれば，それも別に計算します．各部位から失われる熱量を計算し，それらを全部足し合わせると部屋全体で失われる熱量が計算できます．実際に計算してみると，かなり大きな値になるので，きっと驚くと思います．

ここまで，壁を例に熱貫流率の説明をしてきましたが，これらの式は壁以外の床や屋根，そして窓ガラスにも適用できます．

内断熱（internal heat insulation）
　壁の室内側に断熱材を配置すること．

外断熱（external heat insulation）
　壁の屋外側に断熱材を配置すること．

2.2.2　内断熱と外断熱

コンクリートと断熱材から構成される壁体を考えてみると，その位置関係によって 2 つのパターンがあります．室内側に断熱材を配置したものを**内断熱**，屋外側に断熱材を配置したものを**外断熱**と呼びます．さて，どちらの壁の断熱性能が高いのでしょうか？　答えは…　各材料の厚さ d と熱伝導率 λ が同じであれば，位置が入れ替わっても熱貫流率 K の値は等しくなります．すなわち，断熱性能はどちらも同じなのです．でも，内断熱と外断熱で異なることがいくつかあります．まず，温度の分布が異なります．

図 2.6 と図 2.7 に内断熱と外断熱の温度分布を示します．これらの図は冬に暖房している状況を想定しています．室内は暖房して高温となり，屋外は相対的に低温となっている場合です．内断熱と外断熱を

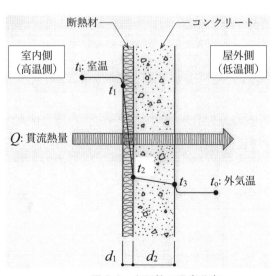

図 2.6　内断熱の温度分布

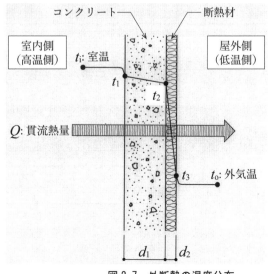

図 2.7　外断熱の温度分布

比較してみると，いずれも断熱材の前後で温度勾配が大きくなっていることに気が付くでしょう．内断熱では，コンクリートと断熱材が接する部分の温度 t_2 が低温になっています．低温になると懸念されるのが**結露**です．結露は壁の内部でも発生し，これを内部結露といいます．また，結露は冬だけに発生する訳ではなく，条件が揃ってしまうと夏にも発生してしまいます（夏型結露）．詳しくは第3章で説明します．

　他にも，冷暖房したときの適温になるまでの時間も異なります．内断熱は室内の内側で熱を流れにくくしますので，エアコンがよく効きます．一方，外断熱は躯体の外側で熱を流れにくくしますので，室内だけでなく躯体にも熱が伝わり，室内が適温になるまでに時間が掛かります．

2.2.3　中空層の熱伝達

　建物の壁体はいくつかの材料から構成されることが一般的です．それらの材料と材料の間に設けた空気層を中空層といいます（図2.8）．空気の熱伝導率は，表2.1に示したように，$\lambda = 0.022$ W/(m·K) とたいへんに小さく，対流しなければ極めて断熱性が高い素材です．したがって，中空層を設けると壁体の断熱性能も高くなります．しかし，中空層は厚ければ厚いほど，断熱性能が高くなるという訳ではありません．中空層が厚くなると摩擦が減り，中空層の中で空気が移動して，対流によって熱が伝わりやすくなります．では，適切な中空層の厚さはどの程度なのでしょうか？

　図2.9は空気層の厚さと中空層の熱抵抗の関係を示しています．この図を見ると，空気層の厚さが $2 \sim 5$ cm 程度までは中空層の熱抵抗が大

結露（condensation）
　湿り空気中の水蒸気が露点温度以下に冷やされ凝縮し，水滴となる現象．

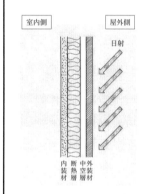

図2.8　中空層のある壁体

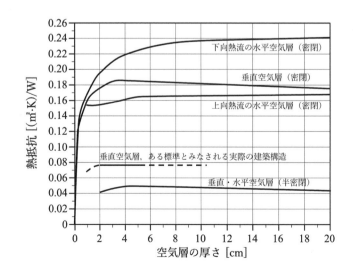

図 2.9　空気層の厚さと中空層熱抵抗との関係

（日本建築学会編：建築設計資料集成1環境，p.122，1978. に基づき作成）

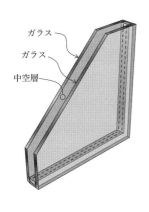

ガラス
ガラス
中空層

図 2.10　複層ガラス

きくなりますが，それより厚くしても熱抵抗はほぼ一定となること
が分かります．また，空気を密閉した方が熱抵抗が大きくなります．
一般に，中空層の熱抵抗の設計値として，密閉された中空層は 0.18
m^2・K/W，半密閉中空層は 0.09 m^2・K/W が用いられます．さらに，
中空層の片側にアルミ箔などの金属を貼ると，放射による熱伝達量が
少なくなり，断熱性能をさらに上げることができます．

　中空層は窓ガラスにも用いられます（図 2.10）．一般に，普通の透
明ガラスを 1 枚だけ使った窓は，断熱性能が低く，たくさんの熱が出
入りして，熱的に弱点になってしまいます．そこで，ガラスを 2 枚使
い，ガラスとガラスの間に空気層を挟むことによって，断熱性能の高
い窓ガラスにすることができます．これを複層ガラスといいます．複
層ガラスの中空層には，乾燥した空気やより断熱性能の高いアルゴン
ガスなどが封入されています．また中空層を真空にして，断熱効果を
さらに高めた複層ガラスも市販されています．

2.2.4　建物全体の熱特性

　ここまでは，壁や窓ガラスといった建物を構成する 1 つの部位の熱
性能について説明してきました．では，それらが集まった建物全体の
熱性能はどうやって表せばよいのでしょうか？

　冬に暖房をしている状況を考えてみます．暖房によって室内の気温
が高くなり，相対的に屋外の気温は室内よりも低くなる状況です．い
ま，面積 A_j の壁 j を挟んだ内外に温度差 $(t_i - t_o)$ があるとき，その
壁を貫いて流れる貫流熱量 Q_j は（式 2.7）に面積 A_j を乗じて，次式
で求められます．

$$Q_j = K_j \cdot A_j \cdot (t_i - t_o) \qquad （式 2.8）$$

Q_j：壁体 j を貫いて流れる貫流熱量 [W]

K_j：壁体 j の熱貫流率 [W/(m^2・K)]

A_j：壁体 j の面積 [m^2]

t_i：室温 [℃]

t_o：外気温 [℃]

　建物を構成する他の壁・床・屋根・窓ガラスも同様に，その部位の
熱貫流率 K と面積 A に内外の温度差を乗じて，それぞれの貫流熱量
を求めます（図 2.11）．これら部位 1 から部位 n までの貫流熱量を足

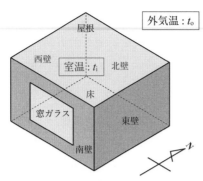

外気温：t_o

屋根

西壁　室温：t_i　北壁

床

窓ガラス

東壁

南壁

図2.11　総合熱貫流率の算出建物

し合わせたものが，建物全体から屋外へ移動する貫流熱量 Q_KA となります.

$$Q_\mathrm{KA} = \sum_{j=1}^{n} K_\mathrm{j} \cdot A_\mathrm{j} \cdot (t_\mathrm{i} - t_\mathrm{o}) \tag{式2.9}$$

ところで，室内から屋外へ移動する熱には，熱貫流だけでなく，換気によって失われる熱もあります．ここで，換気量を V とすると，換気による熱損失量 Q_V は次式となります．

$$Q_\mathrm{V} = 0.34 \cdot V \cdot (t_\mathrm{i} - t_\mathrm{o}) \tag{式2.10}$$

Q_V：換気による熱損失量 [W]

V：換気量 [m³/h]

貫流による熱損失量 Q_KA と換気による熱損失量 Q_V を足し合わせたものが，建物全体から屋外へ失われる熱量 Q となります．

$$Q = Q_\mathrm{KA} + Q_\mathrm{V} = \sum_{j=1}^{n} K_\mathrm{j} \cdot A_\mathrm{j} \cdot (t_\mathrm{i} - t_\mathrm{o}) + 0.34 \cdot V \cdot (t_\mathrm{i} - t_\mathrm{o})$$

$$= \left(\sum_{j=1}^{n} K_\mathrm{j} \cdot A_\mathrm{j} + 0.34 \cdot V \right) (t_\mathrm{i} - t_\mathrm{o}) \tag{式2.11}$$

ここで，室内と屋外の温度差 $(t_\mathrm{i} - t_\mathrm{o})$ が 1 ℃ のときに室内から失われる熱量を総合熱貫流率 KA といいます．

$$KA = \sum_{j=1}^{n} K_\mathrm{j} \cdot A_\mathrm{j} + 0.34 \cdot V \tag{式2.12}$$

この総合熱貫流率 KA が大きいほど，たくさんの熱が室内から屋外へ失われることを意味します．しかし，この総合熱貫流率 KA は，建物規模に比例してしまいます．例えば，建物規模が大きく各部位の面

換気による熱損失量

換気による熱損失量は次式で算出されます．

$$Q_\mathrm{V} = \frac{\rho \cdot c \cdot V}{3,600} (t_\mathrm{i} - t_\mathrm{o})$$

ここで，

空気密度 ρ =1.205 kg/m³，空気の比熱 c=1005 J/(kg·K) とすると，次式となります．

$$Q_\mathrm{V} = 0.3364 \times V \cdot (t_\mathrm{i} - t_\mathrm{0})$$

積が大きいと，当然，総合熱貫流率 KA も大きくなってしまいます．そこで，総合熱貫流率 KA を建物の延べ床面積で除して，建物規模の影響を失くすことにします．これが**熱損失係数（Q 値）**です．

$$Q\,値 = \frac{KA}{A_\text{F}} = \frac{\sum_{\text{j}=1}^{n} K_\text{j} \cdot A_\text{j} + 0.34 \cdot V}{A_\text{F}} \qquad (\text{式 2.13})$$

Q 値：熱損失係数 [W/(m²·K)]

KA：総合熱貫流率 [W/K]

A_F：延べ床面積 [m²]

K_j：部位 j の熱貫流率 [W/(m²·K)]

A_j：部位 j の面積 [m²]

V：換気量 [m³/h]

Q 値は，建物全体の断熱性能を表す指標として，1980 年（昭和 55 年）の**省エネ基準**で採用されました．しかし，現在の建築物省エネ法では，以下に記す**外皮平均熱貫流率（U_A 値）**が採用されています．U_A 値は，次式に示すように，総合熱貫流率 KA のうち換気による熱損失 Q_V を除いたものを建物の外皮表面積で除して算出されます．

$$U_\text{A}\,値 = \frac{\sum_{\text{j}=1}^{n} K_\text{j} \cdot A_\text{j}}{\sum_{\text{j}=1}^{n} A_\text{j}} \qquad (\text{式 2.14})$$

U_A 値：外皮平均熱貫流率 [W/(m²·K)]

K_j：部位 j の熱貫流率 [W/(m²·K)]

A_j：部位 j の外皮表面積 [m²]

図 2.12 は Q 値と U_A 値の定義を簡単に示したものです．主な違い

省エネ基準

1979 年（昭和 54 年）に，燃料資源を有効に利用することを目的として，「エネルギーの使用の合理化に関する法律」（省エネ法）が制定されました．

翌年の 1980 年（昭和 55 年）に，省エネ法に対応する住宅の性能水準を定めた住宅の省エネルギー基準が定められました．これを「旧省エネ基準」と称し，省エネルギー対策等級は「等級 2」と表記します．

その後，省エネ法の改正に連動して，省エネ基準も改正されてきました．1992 年（平成 4 年）に改正された基準は「新省エネ基準」（等級 3）と称され，1999 年（平成 11 年）に改正された基準は「次世代省エネ基準」（等級 4）と称されます．

建築物省エネ法

2015 年に公布された「建築物のエネルギー消費性能の向上に関する法律」の通称です．みなさんが社会に出て，建築関連の仕事をするときは，この法律を遵守しなければなりません．

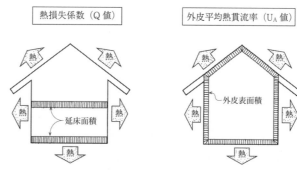

図 2.12 熱損失係数（Q値）と外皮平均熱還流率（U_A 値）の定義

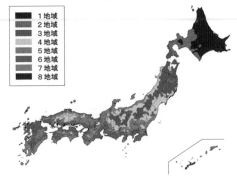

地域区分	主な該当都道府県 注：市町村毎に地域区分を定めている
1	北海道
2	
3	青森県, 岩手県, 秋田県
4	宮城県, 山形県, 福島県, 栃木県, 新潟県, 長野県
5	茨城県, 群馬県, 埼玉県, 千葉県, 東京都, 神奈川県, 富山県, 石川県, 福井県 山梨県, 岐阜県, 静岡県, 愛知県, 三重県, 滋賀県, 京都府, 大阪府, 兵庫県
6	奈良県, 和歌山県, 鳥取県, 島根県, 岡山県, 広島県, 山口県, 徳島県, 香川県 愛媛県, 高知県, 福岡県, 佐賀県, 長崎県, 熊本県, 大分県
7	宮崎県, 鹿児島県
8	沖縄県

地域区分	1	2	3	4	5	6	7	8
外皮平均熱貫流率 U_A [W/(m^2·K)]	0.46		0.56	0.75	0.87			–
冷房期の平均日射熱取得率 η_{AC} [–]		–			3.0	2.8	2.7	3.2

図 2.13 省エネ基準の地域区分と各地域で要求される外皮平均熱貫流率および冷房期の平均日射熱取得率の基準値

(建築物エネルギー消費性能基準等を定める省令, 平成 28 年経済産業省・国土交通省令第 1 号)

は 2 つです. 1 つは, Q 値では換気による熱損失を考慮していますが, U_A 値ではそれを除外している点です. 2 つ目は, 室内から屋外へ失われる熱量を, Q 値では延床面積で除しましたが, U_A 値では外皮表面積で除している点です.

図 2.13 に現在の省エネ基準における地域区分と各地域で要求される外皮平均熱貫流率 U_A 値の基準値を示します. 愛知県の外皮平均熱貫流率 U_A 値の基準値は 0.87 で, 寒冷な北海道では 0.46 が求められます. 寒い地域ほど, 外皮平均熱貫流率 U_A 値の基準値が小さくなっています. すなわち, 寒い地域ほど, 高い断熱性能が要求されるということです.

また, 現在の省エネ基準には, 各地域の U_A 値とともに冷房期の平均日射熱取得率 η_{AC} 値も定められています. 冷房期の平均日射熱取得率 η_{AC} 値は, 窓から直接侵入する日射による熱と, 窓以外（屋根や外壁）から日射の影響で熱伝導により侵入する熱を合計した建物が取得する熱を, 外皮面積で除して求めます. 窓から直接侵入する日射による熱は, 庇の有無やその形状, 窓ガラスの種類や日射遮蔽物（障子やブラインド等）を考慮して計算します. 窓ガラスの日射熱取得率については後で説明します.

2.2.5 熱負荷

夏は高温の屋外から冷房している室内に熱が侵入してきます．逆に，冬は暖房している室内から低温の屋外に向かって熱が失われていきます．したがって，室内をある一定の温度に保つためには，夏は室内に侵入してきた分の熱を取り除き，冬は屋外へ失われていった分の熱を供給しなければなりません．この夏に取り除かなければならない熱を**冷房負荷**といい，冬に供給しなければならない熱を**暖房負荷**といいます．これらを総称して**熱負荷**といいます．空調設計をするときは，各部屋の熱負荷を計算して，それに見合う空調機器を導入する必要があります．当然ですが，建物の断熱性能を高くしたり，効果的に日射調節をしたりすることによって，熱負荷を小さくすることができます．

それではまず，冷房負荷の構成を見ていきましょう．夏に室内に入ってくる熱にはどのようなものがあるのでしょうか？　図2.14に冷房負荷の種類を示します．まず窓や開口部を通って日射が入ってきます．これを**日射熱負荷**といいます．太陽からの日射は膨大な熱量を持っていますので，日射をどう遮蔽するかは建築家の腕の見せ所です．次に壁・屋根・床・窓ガラスなどを貫いて入ってくる熱があります．これは上述したように，壁などの内外に温度差があると移動する熱で，**貫流熱負荷**といいます．そして，部屋の中で発生する熱もちゃんと計算しなければなりません．照明器具からも熱が出ますし，テレビやパソコンからも熱が出てきます．さらに，私達人間も熱を放出しています．これらを**内部熱負荷**といいます．他にもまだあります．建物の内外を空気が移動することによって熱が移動します．窓や開口部の隙間から入ってくる隙間風によって熱が移動します．さらに，換気のために計画的に取り入れる外気も熱負荷として計算する必要があります．隙間風と換気による熱負荷を**外気熱負荷**といいます．さぁ，これで全部出

冷房負荷（cooling load）
夏に，室内をある一定の温湿度に保つために室内空気から取り除く全熱量．

暖房負荷（heating load）
冬に，室内をある一定の温湿度に保つために室内空気に供給する全熱量．

熱負荷（heat load）
室内をある一定の温湿度に保つために必要となる全熱量のこと．

日射熱負荷
（solar radiation load）
窓などを通って入ってくる日射による熱．

貫流熱負荷
（heat transmission load）
熱貫流によって室内に入ってくる熱，あるいは熱貫流によって屋外へ流出する熱．

内部熱負荷（heat load generated in the room）
室内で，人体，照明，家電製品などから発生する熱．

外気熱負荷
（heat load due to outside air entering the room）
隙間風や計画的な換気によって室内に入ってくる空気による熱負荷．

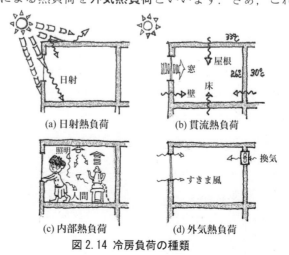

(a) 日射熱負荷　　　(b) 貫流熱負荷

(c) 内部熱負荷　　　(d) 外気熱負荷

図2.14 冷房負荷の種類

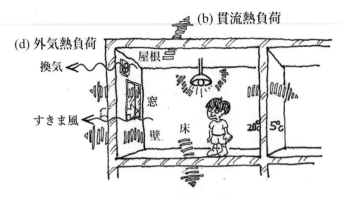

図 2.15 暖房負荷の種類

揃いました．これらを全部足し合わせたものが冷房負荷です．

　では次に冬の暖房負荷を考えてみましょう．図 2.15 に暖房負荷の種類を示します．冷房負荷と同じような項目が並んでいますが，よく見ると少し違っていますね．冷房負荷にはあって，暖房負荷にはないものがあります．日射熱負荷と内部熱負荷が暖房負荷には見当たりません．なぜ，暖房負荷には日射による熱と内部で発生する熱を計算に入れないのでしょうか？　答えは，これらはいつでも常に得られる要素ではないからです．日射が入ってきたり内部で熱が発生すれば，室内が暖められ，それだけ供給する熱量は少なくて済みます．ありがたい話です．しかし，日射は天気に影響されます．晴れているときは日射熱が得られますが，曇ったり雨が降ったりしたら，日射熱はほとんど入ってきません．同じように，内部発熱である照明や人体も，常にそれらの熱が得られるとは限りません．照明がずっと点いた状態で，たくさんの人がいることを前提に暖房を設計したら，どうなるでしょうか？　人がたくさん来てくれたら暖かくなりますが，人が少ないので暖かくなりません，なんて設計は困りますよね？　ということで，暖房負荷には不確定な要素である日射熱負荷と内部熱負荷を計算に入れないのです．こうした扱い方を安全側での設計といいます．

2.2.6　相当外気温度

　日射が透過しないコンクリートの外壁などに日射が当たると，その一部が壁に吸収されて外壁の表面温度が上昇します．夏を想定すると，当然，壁体の内外の温度差が大きくなりますので，貫流によって室内に入ってくる熱が増えることになります．

　図 2.16 に壁に日射が当たっている状況を示します．日射がなければ，外気から壁体の外表面に移動する熱量は，屋外側総合熱伝達率 α_o に温度差を掛けた次式で求められます．

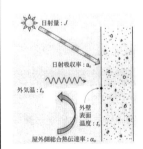

図 2.16　相当外気温度

$$q_{日射なし} = a_o (t_o - t_s) \qquad (式2.15)$$

a_o：屋外側総合熱伝達率 [W/(m² · K)]

t_o：外気温 [℃]

t_s：壁体表面温度 [℃]

日射がある場合は，これに日射による受熱量が加わることになります．ここで，全天日射量を J とし，壁体の日射吸収率を a_s とすると，壁体に吸収される日射による熱量は $a_s \cdot J$ となります．日射が壁に当たると，この分が加算され次式になります．

$$q_{日射あり} = q_{日射なし} + a_s \cdot J = a_o(t_o - t_s) + a_s \cdot J$$

$$= a_o \left(t_o - t_s + \frac{a_s \cdot J}{a_o} \right) = a_o \left[\left(t_o + \frac{a_s \cdot J}{a_o} \right) - t_s \right]$$

$$(式2.16)$$

a_o：屋外側総合熱伝達率 [W/(m²·K)]

t_o：外気温 [℃]

t_s：壁体表面温度 [℃]

J：全天日射量 [W/m²]

a_s：壁体の日射吸収率 [−]

相当外気温度
（sol-air temperature）
　外気温に日射による外壁表面温度の上昇分を加えた仮想的な気温こと．英語表記の頭文字を取って SAT とも表現されます．

ここで，$\left(t_o + \dfrac{a_s \cdot J}{a_o} \right)$ を**相当外気温度**といいます．この式は，日射の影響分だけ外気温が上昇したとみなすことを意味しています．したがって，日射があるときは，外気温の代わりに相当外気温度を使うことによって，日射の影響を含めた貫流熱負荷を計算することができます．日射吸収率 a_s は，0 〜 1 の間の値で示され，材料によって大きく異なります．白く塗った材料や光沢のあるアルミ箔などは 0.1 程度ですが，コンクリートでは 0.6 程度，黒く塗った材料は 0.9 程度となります．黒っぽい色ほど，日射をたくさん吸収することを示しています．

2.2.7　日射熱取得率

前述したように，窓を通って室内に入ってくる日射は日射熱負荷となります（図 2.17）．夏の日差しは強烈で，晴れた日には全天日射量が 1,000 W/m² を超えます．このうちどの程度の熱が室内に侵入してくるのかは，ガラスの種類やブラインドや障子などの付属物で大きく

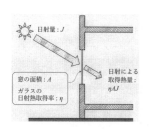

図 2.17　日射熱取得率

異なります. 窓を通って室内に侵入してくる熱量は次式で計算されます.

$$q_{\mathrm{win}}= \eta \cdot A \cdot J \qquad\qquad (式2.17)$$

q_{win}：日射による取得熱量 [W]

η：日射熱取得率 [－]

A：窓面積 [m^2]

J：全天日射量 [W/m^2]

日射熱取得率 η が小さければ, 日射による取得熱量も小さくなります. 建築でよく使われる厚さ 3 mm の透明ガラスの日射熱取得率は, $\eta_{3\mathrm{mm}}$ = 0.88 です. これを基準として, 様々な窓ガラスと窓の付属物の日射熱取得率との比を**日射遮蔽係数** SC といい次式で計算されます. 要は, 厚さ 3 mm の透明ガラスを使ったときに室内に入ってくる熱量を 1 としたときに, みなさんが設計した窓からどれくらいの熱が入ってくるかを示したものです. したがって, SC の値が小さければ小さいほど, 日射が入りにくい工夫がされた窓ということになります.

$$SC=\frac{\eta}{\eta_{3\mathrm{mm}}} \qquad\qquad (式2.18)$$

SC：日射遮蔽係数 [－]

η：実際の窓（各種ガラス＋付属物）の日射熱取得率 [－]

$\eta_{3\mathrm{mm}}$：厚さ 3 mm の透明ガラスの日射熱取得率 [－] (=0.88)

表 2.3 に様々なガラスと窓の付属物を組み合わせたときの日射熱取得率 η と日射遮蔽係数 SC を示します. ガラスには通常の透明ガラスの他に, **熱線吸収ガラス**, **熱線反射ガラス**, Low-E ガラスなど日射を室内に入れにくくする特殊なガラスもあります. また, それらを 1 枚ではなく, 2 枚・3 枚用いた複層ガラスも利用されています. 複層ガラスは, ガラスとガラスの間に空気などの気体が挟まれていますので, 熱貫流率が小さくなり, 断熱性能が向上します.

また, 窓の室内側や屋外側には様々な付属物が取り付けられ, 日射が室内に入ってくるのを防いでいます. 室内に設置されるものとして, カーテン, 障子, ロールスクリーン, ベネシャンブラインド等があります. 一方, 屋外側に設置されるものとして, 外付けベネシャンブラインド, オーニング, すだれ, よしずなどがあります. さらに窓の前に樹木があ

日射熱取得率 η
(solar radiation heat acquisition rate)

　窓ガラスに入射する日射量のうち, 室内に取り込まれた熱量（ガラスを透過した日射量＋ガラスに吸収された熱が室内側に再放出された熱量）の割合. 日射侵入率ともいいます. 記号の η はギリシャ文字で「イータ」と読みます.

日射遮蔽係数 SC
(solar radiation shading coefficient)

　厚さ 3 mm の普通透明ガラスの日射熱取得率 (=0.88) を基準 (1.0) とし, 実際に使用する各種ガラスおよび窓付属物の日射熱取得率の割合を表したもの. 値が小さいほど, 日射による熱が入りにくく, 日射遮蔽効果が大きいことを示します.

熱線吸収ガラス
(heat absorbing glass)

　ガラスの原料に鉄などの金属成分を混合することで着色したガラス. 近赤外域の透過率を低くして, 吸収率を高め, 日射熱の室内への侵入を低減することができます.

熱線反射ガラス
(heat reflecting glass)

　ガラス表面に酸化物・窒化物・金属などの薄膜をコーティングし, 近赤外域の反射率を高めたガラス.

Low-Eガラス
（low emissivity glass）

　ガラス表面に放射率の低い酸化スズや銀の極薄い金属膜をコーティングしたガラス．遠赤外線領域での反射率が高いため，熱放射が伝わりにくくなります．「Low-E」は「Low Emissivity」のことで，放射率が低いことを表しています．

6mm透明ガラスの日射熱取得率

　表2.3では6mm透明ガラスの日射熱取得率は0.84ですが，図2.18では0.81となっています．ガラスは日射の入射角度によって透過率等が変わりますので，差異が生じたと考えられます．

表 2.3　各種窓ガラスおよび付属物の日射熱取得率および日射遮蔽係数

ガラス種類	板厚 [mm]	日射熱取得率 η [-]	日射遮蔽係数 SC [-]
透明	3	0.88	1.0
透明	6	0.84	0.96
透明＋透明	6+A*+6	0.73	0.83
熱線吸収	6	0.59	0.67
熱線反射	6	0.70	0.80
高性能熱線反射 可視光透過率8%	6	0.20	0.22
Low-E(高日射遮蔽型)＋透明	6+A*+6	0.31	0.36
透明＋厚手カーテン（中等色）	3	0.41	0.47
透明＋ロールスクリーン（中等色）	3	0.54	0.62
外付けベネシャンブラインド（明色）＋透明	3	0.13	0.15
外付け日除けスクリーン＋透明	3	0.25	0.28
樹木の陰（濃いしげみ）＋透明	3	0.18～0.22	0.2～0.25

＊複層ガラスの空気層は6mm
（日本板硝子：ガラス建材総合カタログ「技術資料編」および日本建築学会編：建築設計資料集成, p. 58 丸善. 2007）

れば繁った葉が日射を遮ってくれます．

　さて，ここで問題です．窓から入ってくる日射を，より効果的に遮るためには，窓の外で対処した方がよいでしょうか？あるいは，室内側で対処した方がよいでしょうか？　図2.18を見てください．これは，6 mm の透明ガラスだけの窓，6 mm の透明ガラスの室内側にブラインドを設置した窓，そして6 mm の透明ガラスの外側にブラインドを設置した窓の3つの日射の入り方を比較した図です．まず，6 mm の透明ガラスだけの窓を見てみましょう．窓に当たる日射を1としたとき，その一部はガラスの反射によって跳ね返され，1のうちの0.77が透過して室内に入ってきます．また，一部はガラスに吸収され，さらにその一部が対流によって室内に入ってきます．したがって，最終的に室内に入ってくる熱は，1のうちの0.81となります．この0.81が前述した日射熱取得率 η です．ちなみに，反射成分・吸収成分・透過成分の合計は1になります．

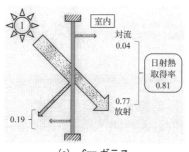

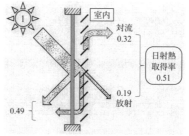

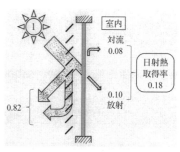

（a）6mm ガラス　　（b）6mm ガラス＋内側ブラインド　　（c）外側ブラインド＋6mm ガラス

図 2.18　内側・外側ブラインドの日射遮蔽効果

（日本建築学会編：建築設計資料集成1 環境, p. 125, 1978. に基づき作成）

次にガラスの室内側にブラインドを設置した (b) 図を見ると，1のうち 0.51 が室内に侵入しています．ガラスだけの窓に比べると，だいぶ日射を遮っていることが分かりますね．しかし，それでも約半分の熱が室内に侵入してくるのです．最後に，ガラスの外側にブラインドを取り付けた (c) 図を見てください．1のうち 0.18 しか室内に侵入しないことが分かります．

まとめると，日射が室内に侵入する割合は，おおよそガラスのみが 8 割，内側ブラインドが半分の 5 割，外側ブラインドが 2 割です．この例からも分かるように，日射を室内に入れたくないときは，建物の外側で対処することが効果的なのです．

長波長放射
(long-wave radiation)
　波長 3μm (3,000 nm) より長い電磁波を長波長放射といいます．

2.2.8 ガラスの分光特性

ここで，ガラスの特性をもう少し詳しく説明します．ガラスは，入射する電磁波の波長ごとに透過率・反射率・吸収率が異なります．こうした波長毎の特性を分光特性といいます．図 2.19 の (a) 図は普通の透明ガラスの分光特性です．可視域（380 〜 780 nm）と近赤外域（700 〜 2,500 nm）では透過率が 0.8 程度と高く，太陽からの日射の多くが室内に入ってきます．室内に入射した日射は室内の物体に吸収されて，その物体の温度を上昇させます．そして，温められた物体から，波長の長い赤外線（**長波長放射**）を出しますが，この波長は入射した日射よりも長い 10 μm (10,000 nm) ぐらいの波長ですので，ガラスを透過することができず，ガラスに吸収または反射されてしまいます．言い換えると，透明ガ

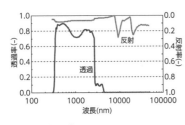

(a) 透明ガラス（6 mm）

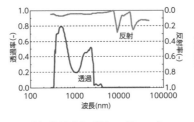

(b) 熱線吸収ガラス（6 mm）

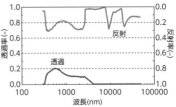

(c) 熱線反射ガラス（6 mm）

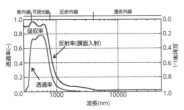

(d) 日射遮蔽型 Low-E ガラス（3 mm）

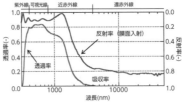

(e) 日射取得型 Low-E ガラス（3 mm）

図 2.19　各種ガラスの分光特性

（日本板硝子：ガラス建材総合カタログ「技術資料編」）

温室効果（greenhouse effect）

　太陽から放出された可視光線および近赤外線はガラスを透過して室内に入射し，室内の物体に吸収され，物体の温度を上昇させます．そして，その物体から遠赤外線として再放射されますが，ガラスが吸収または反射して，透過させないため，室温が上昇します．この現象を温室効果といいます．

　地球環境問題においては，大気中の水蒸気や二酸化炭素が上記ガラスと同じ機能を果たします．太陽からの日射は大気を透過して地上に到達し，地表面を温めます．温められた地表面から再放射される遠赤外線は大気によって吸収または反射されるため，地球の温度が上昇します．これが地環境問題における温室効果です．

ラスは，日射は室内に通しますが，室内からの熱放射は外に逃さないのです．より学術的に表現すると，"透明"ガラスは可視光線に対してのみ透明であって，波長の長い赤外線に対しては不透明なのです．不透明なのですから，当然，コンクリートのように赤外線を吸収してしまうのです．そうするとどうなるでしょうか？　室内はどんどん高温になっていきます．これが**温室効果**です．室内が暖かくなることは，冬はありがたいことですが，夏は過酷な環境になるだけでなく，当然，冷房負荷も増え，エアコンの消費エネルギー量が増えてしまいます．したがって，窓まわりの日射対策は，温熱的な快適性の向上と共に省エネの観点からもたいへん重要なのです．

　他のガラスも見てみましょう．(b) 図の熱線吸収ガラスは，近赤外域（700 ～ 2500 nm）の透過率が小さくて，吸収率が大きいことが分かります．また，(c) 図の熱線反射ガラスは，近赤外域（700 ～ 2500 nm）の反射率が 0.2 程度あり，透明ガラスと比較して反射率が大きいことが理解できるでしょう．

　次は Low-E ガラスです．Low-E ガラスとは，ガラス表面に酸化スズや銀などの薄い膜をコーティングしたもので，遠赤外線の反射率が極めて高いことが図 2.19 の (d) と (e) 図から読み取れるでしょう．反射率が極めて高いということは，吸収率が極めて小さく（0.05 ～ 0.15）なり，熱放射が伝わりにくく遮熱性が高くなります．この Low-E ガラスを使った複層ガラスを Low-E 複層ガラスといいます．図 2.20(a) のように，屋外側に Low-E ガラスを用いると，屋外側のガラスに吸収された熱が室内に伝わりにくくなり，夏の冷房負荷が小さくなります．これを日射遮蔽型 Low-E 複層ガラスといいます．逆に，図 2.22(b) のように，室内側に Low-E ガラスを用いると，室内の熱が屋外に

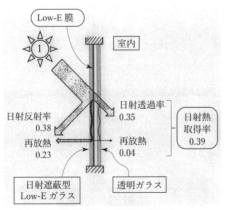

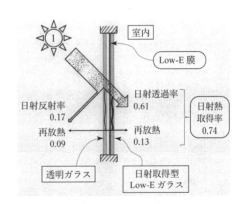

(a)　日射遮蔽型 Low-E 複層ガラス　　　　　　(b)　日射取得型 Low-E 複層ガラス

図 2.20　Low-E 複層ガラスの日射遮蔽効果

（日本板硝子：ガラス建材総合カタログ「技術資料編」より作図）

流れにくくなり，冬の暖房負荷が小さくなります．これを日射取得型Low-E 複層ガラスといいます．ガラスの選択や窓まわりの設計は，建物を建てる地域の気候，建物用途，窓の方位などを十分に考えて設計する必要があります．

2.2.9　非定常伝熱

　ここまでの説明では，室内と屋外の気温は時間と共に変化しないで常に一定であることを前提としてきました．このような状態を**定常状態**といいます．しかし，実際には，屋外の気温は時間と共に変化しますし，室内の気温も暖房や冷房のオン・オフや生活行為などによって時間と共に変化します．このような状態を**非定常状態**といいます．非定常状態の熱の流れには，建物の熱容量が影響します．**熱容量**とは，ある物体の温度を 1 ℃上げるのに必要な熱量のことで，比熱に質量を乗じて求められます．一般に，重い材料ほど比熱が大きくなり，大きな建物ほど質量が大きくなりますので，重く大きな建築は熱容量が大きくなります．熱貫流率が同じであっても，建物の熱容量が大きいと，暖房してもなかなか温度が上がりません．しかし，一旦，温まってしまえば，温度は下がりにくくなります．建築でいう重い材料とはコンクリートや石などです．

定常状態（steady state）

　時間的に一定して変わらない状態．ここでは，外気温と室温が時間的に変化しないで，一定である状態を示しています．

非定常状態
（unsteady state）

　ある安定した状態に到達するまでの過渡的な状態．ここでは，外気温と室温が時間とともに変化することを示しています．

熱容量（heat capacity）

　ある物体の温度を 1 K 上げるのに必要な熱量．

$$C = m \cdot c$$

C: 熱容量　[J/K]
m: 質量 [g]
c: 比熱 [J/(g·K)]

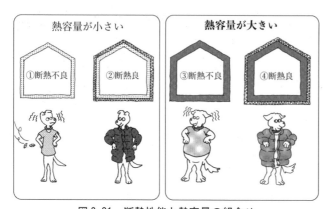

図 2.21　断熱性能と熱容量の組合せ

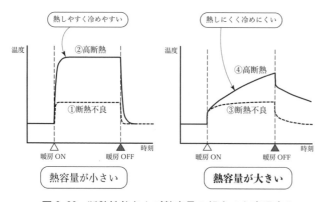

図 2.22　断熱性能および熱容量の組合せと室温変化

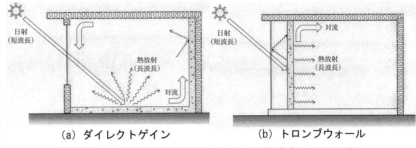

（a）ダイレクトゲイン　　　　　（b）トロンブウォール

図 2.23　大きな熱容量を利用したパッシブデザイン手法の例

逆に木造は軽い材料になります．また，同じ熱量を供給したときに，断熱性能が良ければ室温は高くなりますが，断熱性能が悪ければ室温はあまり上昇しません．

　図 2.21 に断熱性能の良・不良と熱容量の大小を組合せた 4 つの建物を示します．これらの 4 つの建物の中で暖房をオン・オフしたときの室温変化を図 2.22 に示します．熱容量が小さい①と②では暖房を稼働させるとすぐに室温が上がります．そして，断熱性能の良い②は室温が高くなり，断熱不良の①は相対的に室温が低くなります．また，暖房が停止すると両方共すぐに室温が低下します．このように，熱容量が小さい建築は，熱を供給したり，取り除いたりすると，それに応じてすぐに室温が変化します．

　一方，熱容量が大きい③と④では，暖房を稼働させても，熱容量が大きいため，すぐには室温が上がりません．そして，断熱性能が高い④の方が③よりも室温が高くなります．さらに暖房を停止しても熱容量が大きいのですぐには冷えません．

　大きな熱容量の特性を利用したパッシブデザイン手法に，**ダイレクトゲイン**や**トロンブウォール**があります（図 2.23）．いずれも日差しがある昼間に，ガラスを通った日射が熱容量の大きな床や壁に照射し，それらの温度を上昇させます．そして，太陽が沈んだ夜間に温まった床や壁から熱放射が放出され，室内が暖かくなるデザイン手法です．

2.3　太陽の運行と日射遮蔽

2.3.1　太陽の運行

　地球は太陽の周りを約 1 年周期で楕円軌道を取りながら**公転**しています．そして，地球自体は約 1 日周期で**自転**しています．公転軸に対して自転軸は常に約 23.4° 傾いています．この傾きによって，地球の北半球と南半球が受ける日射量が変化し，季節を生み出しています．また，自転軸の北極側が最も太陽に近い方向を向いたときを夏至（6 月 21 日ごろ）といい，南極側が最も太陽に近い方向を向いたときを冬至

トロンブウォール
（Trombe wall）
　トロンブはこのシステムを開発した教授の名前です．日射熱を直接取り入れるダイレクトゲインに対して，トロンブウォールは蓄熱壁を介して熱を受け取るので，インダイレクトゲインとも呼ばれます．

公転（revolution）
　惑星が周期的に恒星の周りを回ること．ここでは，地球が太陽の周りを周回すること．

自転（rotation）
　物体が内部の点または軸の周りを回転すること．ここでは，地球が地軸の周りを回転すること．回転方向は東向き．

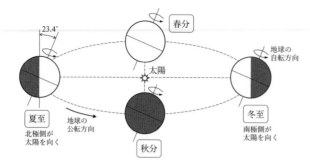

図2.24　太陽の運行

角度の表し方

　本文には，地球の自転軸は公転軸より約23.4°傾いていると書きましたが，正確には23.44°です.

　これを度 ['] 分 ['] 秒 ["] で表してみましょう.

　　23.44°=23°+0.44°
　　　　=23°+0.44 × 60'
　　　　=23°+26.4'
　　　　=23°+26'+0.4'
　　　　=23°+26'+0.4 × 60"
　　　　=23°+26'+24"

　このように計算し23.44°は23度26分24秒であることが分かります. 記号を使えば，23°26'24" となります.

（12月22日ごろ）といいます. そして，自転軸が太陽と直角方向となるときを春分（3月21日ごろ）・秋分（9月23日ごろ）といいます（図2.24）.

　地球上のある地点において，地平面と仮想の球面を設定し，その球面上を太陽が移動すると考える球を**天球**といいます. 実際は，太陽は動かず，私達がいる地球が動いているのですが，日常生活では太陽が動いていると捉えた方が理解しやすいので，ここは天動説で考えましょう.

　図2.25は天球上の太陽の動きを示したものです. 春分と秋分のときは，真東から太陽が登り，真西に太陽が沈みます. この太陽の軌道を天球の赤道といいます. この天球の赤道面に対して各季節における太陽の1日の軌道面とのなす角度を**太陽赤緯**δといいます. 太陽赤緯は，夏至では$\delta = +23.4°$となり，冬至では$\delta = -23.4°$となります. 春分と秋分では当然，$\delta = 0°$となります. また，太陽が日周運動により子午線を通過することを**南中**といいます. 1日の中で，南中のときに太陽高度は最も高くなり，このときの地平面から太陽までの仰角（太陽高度）を**南中高度**といいます. 南中高度は緯度によって異なります. 夏至，春分・秋分，冬至の南中高度は次式で求められます.

天球（celestial sphere）

　地球上の観測者を中心とする半径無限大の仮想の球面. すべての天体がこの球面上を移動すると考えます.

太陽赤緯
（solar declination）

　天球上の太陽の赤道とある季節における太陽の一日の軌道面との角度.

南中（culmination）

　天の北極から天頂を経て天の南極に至る天球上の円を子午線といいます. 太陽が日周運動により子午線を通過することを南中といいます.

$$夏至 : h = 90° - \phi + 23.4° \qquad (式2.19)$$

$$春分・秋分 : h = 90° - \phi \qquad (式2.20)$$

$$冬至 : h = 90° - \phi - 23.4° \qquad (式2.21)$$

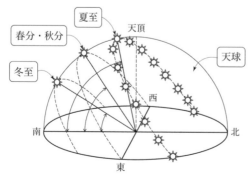

図2.25 天球上の太陽の軌跡

【例題2.3】

　名古屋における夏至，春分・秋分，冬至の南中高度を求めてみましょう．ただし，名古屋の緯度は北緯35.2°とします．

【解　答】

　（式2.19）〜（式2.21）に名古屋の緯度35.2°を代入すると以下のようになります．

夏至：$h = 90° - 35.2° + 23.4° = 78.2°$

春分・秋分：$h = 90° - 35.2° = 54.8°$

冬至：$h = 90° - 35.2° - 23.4° = 31.4°$

　この角度を描くと，季節によって南中高度がかなり違うことが分かると思います．78.2°というと，地面に立って相当上の方を見上げる角度ですが，31.4°はかなり低いですね．これが夏と冬の太陽高度の差です．きっと皆さんも生活の中で経験しているのではないでしょうか？

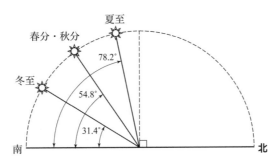

h：南中高度 [°]

ϕ：緯度 [°]

　表2.4に各都市の夏至と冬至の南中高度を示します．都市によって南中高度がかなり違うことが理解できると思います．那覇における夏至の南中高度は87.2°ですから，ほぼ真上から日射が降り注いでいることになります．太陽高度が異なれば，当然，建物の日影も変わって

表2.4　各都市における南中高度

都市	緯度	夏至の南中高度	冬至の南中高度
札幌	43.1°	70.3°	23.5°
東京	35.7°	77.7°	30.9°
名古屋	35.2°	78.2°	31.4°
鹿児島	31.6°	81.8°	35.0°
那覇	26.2°	87.2°	40.4°

きますし，建物が受け取る熱量も変わってきます．日差しを遮るのか，あるいは取り入れるのか，その設計をする際に南中高度はなくてはならない情報なのです．

2.3.2　太陽位置の計算

ここまでは南中時の太陽高度だけを見てきましたが，太陽は当然，日の出から日没まで，常に動き続けています．ある地点における，ある日ある時刻の太陽位置を把握するためには，そのときの**太陽高度** h と**太陽方位角** A を特定しなければなりません．これらを計算するためには，計算する地点（緯度 ϕ，経度 L），月日（太陽赤緯 δ），時刻（時角 t）を決定する必要があります．

ある地点の緯度・経度は地図アプリなどを使えばすぐに特定できます．また，月日が決まれば，『理科年表』などを使って太陽赤緯 δ を調べることができます．図 2.26 に太陽赤緯の年間の推移を示します．太陽赤緯は，夏至に $\delta = +23.4°$ となり，冬至に $\delta = -23.4°$ となり，その間を連続的に変化しています．春分と秋分は $\delta = 0°$ です．

時刻は，太陽位置を角度で表した**時角** t が用いられます．1 日 24 時間で地球は 1 回自転しますから，$360° \div 24 = 15°$ となり，地球は 1 時間で 15° 回転しているということになります．逆に言うと，経度が 15° 異なると 1 時間ずれることを意味します．これが時差です．ちなみに，後述の日本標準時の基準となった明石（東経 135°）とイギリスのグリニッジ（東経 0°）の経度の差は 135° ですから，$135° \div 15° = 9$ となりますので，時差は 9 時間ということになります．

正午を 0 時として，午前をマイナス，午後をプラスとして時刻を表し，それに 15° を掛けると時角 t が求められます．例えば，午後 1 時の時角は $t = +15°$，午後 2 時の時角は $t = +30°$ です．

ここで，1 つ気を付けなければならないことがあります．時刻は地方真太陽時を使わなければならないということです．**地方真太陽時** T とは，ある地点において，太陽が南中したときから次の日に南中するまでを 1 日とし，その時間を 24 等分して表す時刻体系のことです．すなわち，ある地点における太陽の運行をそのまま時刻で表すものです．しかし，地球が公転する軌道は正円ではなく楕円軌道ですから，1 日の長さが少しずつ変化していきます．1 日の時間の長さが季節で異なると，日常生活で不都合が生じますので，年間で平均した**平均太陽時** T_{m} が用いられます．地方真太陽時 T と平均太陽時 T_{m} では当然差が生じます．この両者の差を**均時差** e といいます．図 2.27 に均時差の年変化を示します．

太陽高度（solar altitude）
　水平面と太陽との仰角のこと．南中時に最大となり，日の出と日没時に 0° となります．

太陽方位角（solar azimuth）
　太陽の位置する方位を真南を基準として角度で表したもの．午前中を負の値で，午後を正の値で示します．

時角（hour angle）

真太陽時（true solar time）
　視太陽時ともいいます．

平均太陽時（mean solar time）

均時差（equation of time）
　平均太陽時と真太陽時との差．

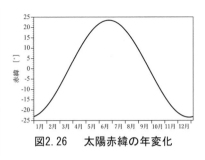

図2.26　　太陽赤緯の年変化

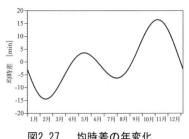

図2.27　　均時差の年変化

　このように時刻は太陽の運行に基づいて定められていますので，場所によって時刻が異なることになります．例えば，ある地点において太陽高度が最も高くなるときを南中と言いましたね．南中するタイミングは，札幌と名古屋では異なります．丸い地球上の異なる経度にそれぞれの都市が位置していますので，太陽の方向を向くタイミングは一緒になるはずがありません．したがって，正直に太陽の位置に基づいて各地の時刻を表すと（これが地方真太陽時です），札幌の12時と名古屋の12時とは異なってしまいます．しかし，場所によって時刻が異なるというのは，社会生活を営む上で大変に不便です．そこで，ある地点における時刻を日本全体で使うことにしました．日本では，ちょうど東経135°に位置する兵庫県の明石を基準と定め，明石における平均太陽時を日本全国で使うことにしました．これが**日本標準時** T_S です．以上の関係を式で表すと以下になります．

日本標準時
（Japan Standard Time）
　現在は，情報通信研究機構の原子時計で生成される協定世界時を9時間（東経135°分の時差）進めた時刻を日本における標準時としています．JST と略称されます．

$$T - T_m = e \qquad\qquad (式 2.22)$$

$$T_m = T_S + \frac{L - 135}{15} \qquad\qquad (式 2.23)$$

$$T = T_S + \frac{L - 135}{15} + e \qquad\qquad (式 2.24)$$

T：地方真太陽時 [時]

T_m：平均太陽時 [時]

T_S：日本標準時 [時]

e：均時差 [時]

L：経度 [°]

　このようにある基準地を定め，その地点における時刻を，その国全体で使うことは世界中で行われています．国土が広い国では，標準時が複数あります．例えば，アメリカでは6つの標準時があります．

ニューヨークでは東部標準時が使われますが，ロサンゼルスでは太平洋標準時が用いられます．ロシアはなんと11の標準時があります．

【例題2.4】

名古屋 (北緯35.2°，東経136.9°)において，10月3日にラジオから14：00の時報が聞こえてきました．この時の地方真太陽時を求めてください．ただし，この日の均時差eを10分48秒とします．

【解　答】

ラジオの時報は日本標準時を示していますので，T_S が14時ということになります．
（式2.24）に与えられた条件を当てはめると以下のようになります．

$$T = T_S + \frac{L - 135}{15} + e = 14\,時 + \frac{136.9 - 135}{15}\,時 + 10\,分\,48\,秒$$

$$= 14\,時 + \frac{1.9}{15}\,時 + 10\,分\,48\,秒$$

これを整理すると地方真太陽時が求められます．
ここで，

$$\frac{1.9}{15}\,時 = \frac{1.9 \times 4}{15 \times 4}\,時 = \frac{7.6}{60}\,時 = \frac{7.6}{60} \times 60\,分 = 7.6\,分 = 7\,分 + 0.6 \times 60\,秒 = 7\,分\,36\,秒$$

したがって，

$$T = 14\,時 + 7\,分\,36\,秒 + 10\,分\,48\,秒 = 14\,時\,17\,分\,84\,秒 = 14\,時\,18\,分\,24\,秒$$

日本標準時が14時ちょうどのとき，名古屋の地方真太陽時は14時18分24秒になるということです．名古屋は日本標準時の基準になっている明石よりも東に位置していますので，明石が14時になるとき，太陽の位置でいうと名古屋はもう18分24秒も時が経っているということになります．

さて，いよいよ太陽位置の計算です．ある地点における太陽高度 h と太陽方位角 A は次の式で計算できます．これらの式を用いることによって，正確に太陽位置を算出することができます．

$$\sin h = \sin \phi \cdot \sin \delta + \cos \phi \cdot \cos \delta \cdot \cos t \qquad (式2.25)$$

$$\sin A = \frac{\cos \delta \cdot \sin t}{\cos h} \qquad (式 2.26)$$

h：太陽高度 [°]

A：太陽方位角 [°]

ϕ：緯度 [°]

δ：太陽赤緯 [°]

t：時角 [°]

【例題2.5】

静岡県浜松市 (北緯 34.7°, 東経 137.7°) における 8 月 23 日の地方真太陽時 14：00 の太陽高度 h と太陽方位角 A を計算しましょう．ただし，この日の太陽赤緯は $\delta = 11.4$° とします．

【解　答】

まず，計算に必要な情報を整理しましょう．（式 2.25）と（式 2.26）で必要な要素は，緯度 ϕ，太陽赤緯 δ，時角 t ですね．緯度は $\phi = 34.7$°，太陽赤緯は $\delta = 11.4$° です．時角 t は正午 12:00 を基準として，午前中はマイナスの値で午後はプラスの値で時間を示し，それに 15° を掛けて角度に変換します．したがって，時角 t は以下のようになります．

$$t = (14 - 12) \times 15° = 30°$$

これらを（式 2.25）に代入すると次式となります．

$\sin h = \sin 34.7° \cdot \sin 11.4° + \cos 34.7° \cdot \cos 11.4° \cdot \cos 30°$

$\quad = 0.5693 \times 0.1977 + 0.8221 \times 0.9803 \times 0.8660 = 0.8124$

$h = \arcsin 0.8124 = 54.3°$ （※ arcsin は，関数電卓では $\sin^{-1}$ と表記されることが多いです）

これで，太陽高度が $h = 54.3$° であると算出されました．この結果を（式 2.26）に代入すると以下のようになります．

$$\sin A = \frac{\cos \delta \cdot \sin t}{\cos h} = \frac{\cos 11.4° \cdot \sin 30°}{\cos 54.3°} = \frac{0.9803 \times 0.5000}{0.5835} = 0.8400$$

$A = \arcsin 0.8400 = 57.1°$

これで，太陽方位角が $A = 57.1$° であることが分かりました．太陽高度 h と太陽方位角 A が決定しましたので，めでたく太陽位置を特定することができました．しかし，三角関数がたくさん出てきて，計算が大変ですね．そこで次に説明する太陽位置図が登場するのです．

三角関数がたくさん入っている計算を毎回行うのは大変です．そこで，ある地点における太陽高度 h と太陽方位角 A を読み取ることができる便利な図が提供されています．これが**太陽位置図**です（図2.28）．これを使えば，ある月日，ある時刻（地方真太陽時の時刻です）における太陽の位置を，計算しなくても簡単に読み取ることができます．

また，この太陽位置図には，夏至や冬至などの日の出と日没の時刻や太陽方位角も記されています．これを使うと何時何分から何時何分まで太陽が出ているのかを示す**可照時間**を知ることができます．例えば，春分・秋分の日は，朝6：00に真東から太陽が登り，夕方18：00に真西に太陽が沈みます．6時から18時までの12時間太陽が出ていることが読み取れます．12時間太陽が出ているということは夜の時間も12時間ということになります．昼と夜の時間が12時間ずつになる日が春分・秋分ということです．

夏至は，朝4：49から夕方19：11までの14時間22分，太陽が出ていることが分かります．一方，冬至は朝7：11から夕方16：49までの9時間38分しか太陽が出ていません．季節によって昼の長さが違うことがよく分かると思います．

太陽位置図
（sun position chart）
図2.28の太陽位置図は，北緯35°における太陽位置を示したものです．緯度が変われば，当然，太陽位置図も変わることに注意してください．

可照時間（possible sunshine duration）
日の出から日没までの日照を得ることが可能な時間．

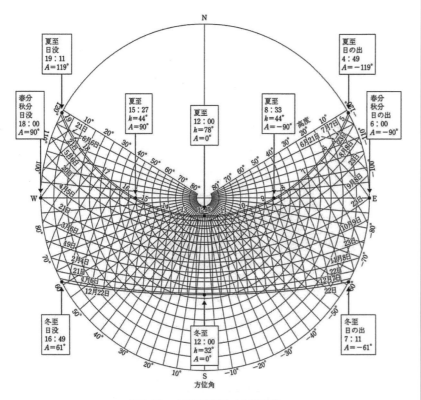

図2.28　太陽位置図（北緯35°）

（倉渕隆：初学者の建築講座　建築環境工学, p.20, 市ヶ谷出版社, 2016）

しかし，ある地点において，日の出から日没までの間，常に日照が得られるわけではありません．周囲の建物や樹木などによって，あるいは雲や霧によって直射日光が遮られることはよくあります．このような日照が得られない時間を除いて，実際に日照が得られた時間を日照時間といいます．そして，日照時間の可照時間に対する割合を百分率で表したものを日照率といいます．例えば，可照時間が10時間のとき，日照時間が6時間だったとすると，日照率は60%となります．

【例題2.6】

愛知県刈谷市（北緯 35.0°，東経 137.0°）において，10月9日の地方真太陽時 9:20 の太陽位置を太陽位置図を用いて求めましょう．

【解　答】

手順①：まず指定された10月9日の曲線を探します．曲線は1日毎に異なる曲線となりますが，全ての曲線を描くと真っ黒になってしまいますので，トビトビの日の曲線が描かれています．

手順②：次に時刻の曲線を探します．9:20 の時刻線は見つかりましたか？

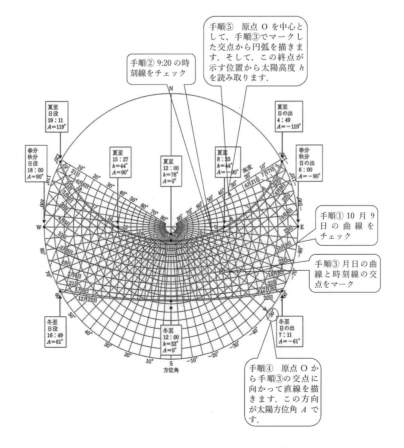

手順③：手順①で探した曲線と手順②で探した時刻線の交点をマークします．

手順④：原点 O から手順③でマークした交点に向かって直線を描きます．この方向に太陽があります．その線をさらに先まで伸ばすと角度が書いてありますね．これが太陽方位角 A です．－50° と読み取れると思います．したがって，太陽は南から東へ 50° の方向にあるということになります．

手順⑤：原点 O を中心として手順③でマークした交点から上に向かって円弧を描いてください．太陽高度を示す線にぶつかったら，値を読み取ってください．これが太陽高度 h です．35° と読み取れると思います．したがって，太陽は水平面から仰角 35° に位置することになります．

このように，太陽位置図を使えば，面倒な三角関数を使わなくても簡単に太陽位置（太陽方位角 A と太陽高度 h）を読み取れることができるのです．メデタシメデタシ．

2.3.3　日影図

太陽位置が特定できれば，建物の影を描くことができます．ある水平面に，長さ L の棒を垂直に立てたとします．この棒の影は太陽位置の反対側にできることは分かりますね．では，影の長さはどうやって求めたら良いでしょうか？　図2.29 に示すように，太陽高度を h とすると，棒の影の長さは $L/\tan h$ となります．

ある地点において，水平面上に単位長さの棒を立てたときの棒の先端の影が描く1日の軌跡を，年間を通してまとめた図を**日影曲線**といいます．図2.30 に日影曲線の構成を示します．何月何日の何時かを決定すれば，この図を使って，その時の影の方向と影の長さの倍率を読み取ることができます．この図の使い方は，まず月日の線と時刻の線の交点をマークします．原点 O からこの交点に向かって直線を引きます．その

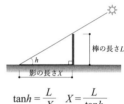

$$\tan h = \frac{L}{X}, \quad X = \frac{L}{\tan h}$$

h：太陽高度 ［°］
L：棒の長さ ［m］
X：棒の影の長さ ［m］

図2.29　影の長さの求め方

日影曲線
（sun shadow curve）
　ある緯度の水平面に垂直に立てた単位長さの棒の影の先端が描く軌跡をまとめた図．この図を使うと，任意の月日・時刻における影の方向と影の長さの倍率を読み取ることができます．

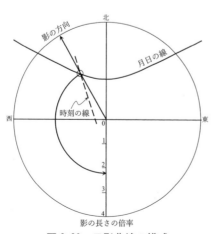

図2.30　日影曲線の構成

方向が影の方向です．さらに，原点 O を中心として先程マークした
交点から円弧が描き，影の長さの倍率の軸で値を読み取ります．倍率
が分かればこれに棒の長さや建物の高さを掛け合わせれば，影の長さ
を求めることができます．図 2.31 に日影曲線を示します．日影曲線
の使い方を次の例題でマスターしましょう．

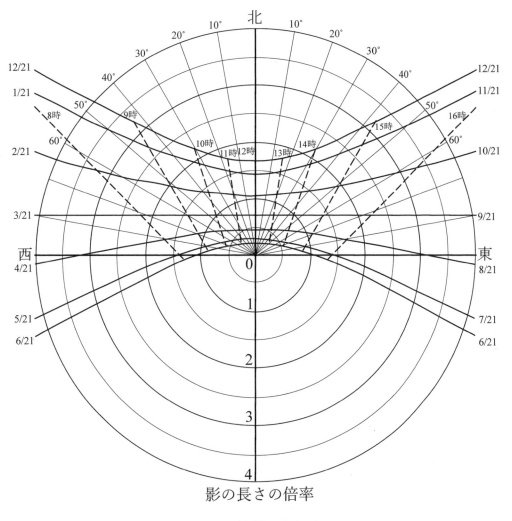

影の長さの倍率

図2.31 日影曲線（北緯35°40′）

【例題2.7】

　岐阜県郡上市（北緯 35°40′ , 東経 137°）において水平面上に長さ 3m の棒を垂直に立てました．冬至(12 月 21 日)の地方真太陽時 14:00 における棒の影の方向と長さを求めましょう．

【解　答】

　さぁ，以下の手順に従って例題を解いてみましょう．

手順①：まず指定された月日の日影曲線を探します．日影曲線は 1 日毎に異なる曲線となりますが，全ての曲線を描くと真っ黒になってしまいますので，トビトビの日の曲線が描かれています．

手順②：次に時刻の線を探します．この図では破線で描かれています．

手順③：手順①で探した日影曲線と手順②で探した時刻線の交点をマークします．

手順④：原点 O から手順③でマークした交点に向かって直線を描きます．この方向に棒の影ができます．その線をさらに先まで伸ばすと角度が書いてありますね．これが影の方向です．この例題では，北から東に向かって 30° の方向に影ができることが分かります．

手順⑤：原点 O を中心として手順③でマークした交点から円弧を描いて，影の長さの倍率を示す軸で値を読み取ります．この例題では，影の長さの倍率は 2.2 倍と読み取ることができます．

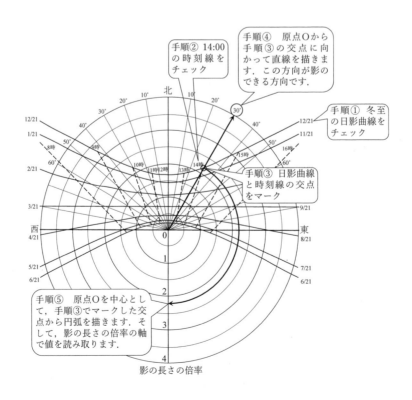

影の長さの倍率

では，最後に影の長さを求めましょう．手順⑤で影の長さの倍率が2.2であることが分かりました．これは，長さ1の棒を垂直に立てたとき，棒の影の長さが2.2になるということを示しています．棒の長さが1mであれば，その棒によってできる影の長さは2.2mです．この例題では棒の長さは3mですので，3m × 2.2 = 6.6m となります．したがって，答えは以下のようになります．

影の方向：北から東に向かって30°

影の長さ：6.6 m

この日影曲線の使い方をマスターすれば，どんな長さの棒を立てても，任意の時刻にできる影の方向と影の長さの倍率を求めることができます．棒の影なんてどうでもよいと思うかもしれませんが，棒が集合して立体が作られるのです．したがって，どんな複雑な建築でも一本の棒が作る影の方向と影の長さの倍率が分かれば，その建物によって作られる日影を描くことができるのです．凄いでしょ．

では，日影曲線から求めた影の方向と影の長さの倍率を使って，簡単な建物の日影図を描いてみましょう．まず確認です．影の方向は北から東へ30°でした．また，影の長さの倍率は2.2倍でしたね．以下のようなL型の建物があり，建物高さを3mとします．

Step 1で，建物の北東角に3mの棒が立っていると考えます．そうすると，影の方向は北から東へ30°の方向，そして影の長さは3m × 2.2倍 = 6.6m の影ができます．次に Step 2で，その影を水平移動し，建物の各角に棒が立っていると考えて，それぞれの影を描きます．太陽光線は平行光線ですので，棒がどこに立っていても同じ方向に同じ長さの影ができるのです．そして，Step 3で各棒の影の端点を線で結びます．建物の角と角の間

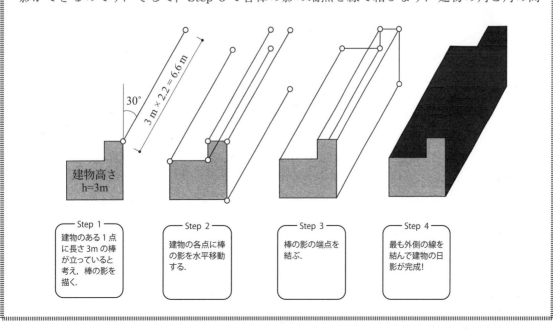

30°

3 m × 2.2 = 6.6 m

建物高さ
h=3m

Step 1
建物のある1点に長さ3mの棒が立っていると考え，棒の影を描く．

Step 2
建物の各点に棒の影を水平移動する．

Step 3
棒の影の端点を結ぶ．

Step 4
最も外側の線を結んで建物の日影が完成！

に無数の棒が立っていると考えれば，納得できると思います．最後にStep 4で作図した一番外側の線を結んでいけば，この建物の日影図が描けます．

　要は1本の棒の影の方向と影の長さの倍率さえ分かれば，どんなに複雑な建物でもその日影を描くことができるのです．

　図2.32〜2.34に夏至，春分・秋分，冬至における8時から16時の日影図を示します．また，日の出と日没のときの影の方向も併せて示しますので，どちらの方向から太陽が登り，どちらの方向に太陽が没むのか，イメージしてみてください．ここで，8時から16時の日影図を示していますが，それには理由があります．後で説明する2.3.4節の日影規制では，8時から16時の間で基準を満たしているかどうかを確認しなければならないからです．ただし，北海道では9時から15時でチェックします．

　夏至は建物による影の長さがとても短いことが分かります．また，日の出と日没のときの影の方向から，早朝や夕方には，太陽は建物の北壁を照らすことが理解できるでしょう（図2.32）．春分・秋分は，真東から太陽が登り，真西に太陽が没みます．日影線の北側の線が一直線に揃っているのが面白いですね（図2.33）．冬至は影の長さがかなり長くなることが分かるでしょう．日影規制では，一年で最も影が長くなる冬至でチェックすることになっています（図2.34）．

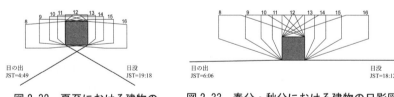

図2.32　夏至における建物の日影図

図2.33　春分・秋分における建物の日影図

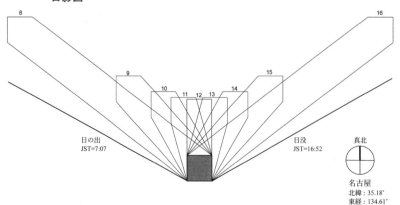

図2.34　冬至における建物の日影図

等時間日影線（equal time shadow line）

　ある建物の各時刻における日影図に基づいて，同じ時間日影となる点を結んだ線．

図 2.35　対象建物

　8 時から 16 時の間で，建物によって影になる時間が等しい点を結んだ線を**等時間日影線**といいます．日影規制のチェックで必要になりますので，等時間日影線の描き方をぜひマスターして下さい．では，8 時から 16 時までの間で 2 時間以上が日影となる 2 時間の等時間日影線を描いてみましょう．対象建物は，図 2.35 に示す切妻屋根の建物です．まず，8 時から 16 時まで，各時刻の日影線を描きます（図 2.36 Step 1）．次に 8 時と 10 時の日影線の交点をマークしましょう．2 時間以上日影になるエリアですから，8 時の日影線とそれに 2 時間を足した 10 時の日影線の交点をマークするわけです．同じ要領で 9 時と 11 時の交点，10 時と 12 時の交点，というように 14 時と 16 時の交点まで全てマークします（Step 2）．最後にマークした各点を結んでいくと，2 時間の等時間日影線が完成します（Step 3）．

　建築基準法に規定される日影規制では，計画建物の等時間日影線が定められた基準線を越えないようにすることが求められています．現在，複雑な形状の建物の日影図および等時間日影線の描画には CAD が活用され，建築データを入力すれば，これらを瞬時に描くことができます．

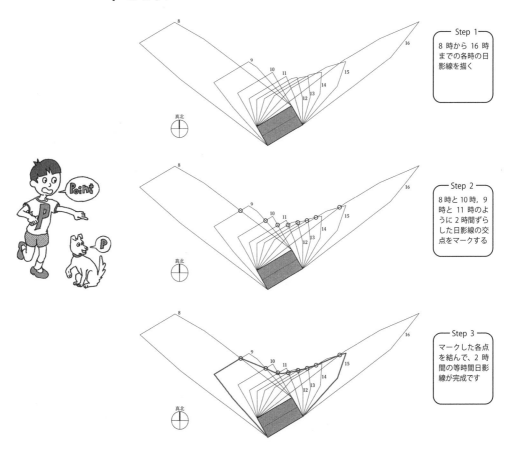

図 2.36　2 時間の等時間日影線の描き方

【例題2.8】

名古屋市に建つ下記の建物の冬至における8時から16時までの日影図 (GL+0 m) が以下のように与えられています. この図を使って, 2時間および4時間の等時間日影線を描きましょう. 下記の日影図に直接描いて下さい.

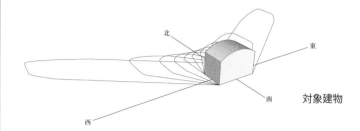

対象建物

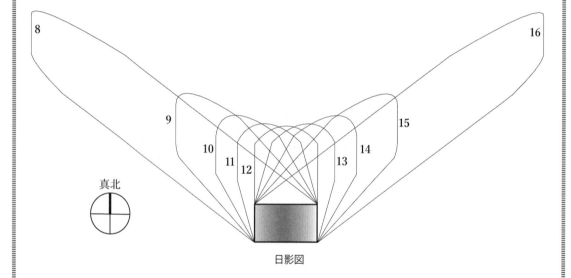

日影図

【解　答】

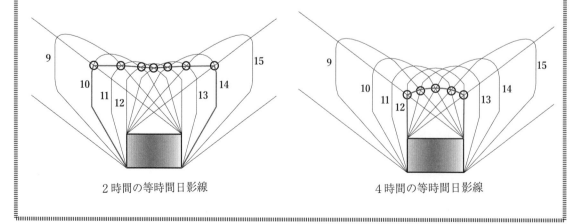

2時間の等時間日影線　　　　　　　　　　4時間の等時間日影線

建物の平面的な形状，建物高さ，方位によっては，敷地内に1日中太陽の直射光が当たらない領域ができることがあります．これを**終日日影**といいます．図2.37(a)に示すように，終日日影は日の出における日影線と日没における日影線によって決まります．特に，太陽高度が最も高く，影が最も短くなる夏至において終日日影となる領域は，1年を通して直射光が当たらないので，**永久日影**と呼ばれます．

また，建物が東西に並んで配置された場合，建物と建物の間の北側に長時間日影となる領域が形成されます．これを**島日影**と呼びます（図2.38）．

終日日影
（whole day shadow）
　建物によって1日中直射光が当たらない領域．

永久日影
（perpetual shadow）
　夏至における終日日影となる領域．この領域は永久に直射光が当たりません．

島日影
　複数の建物の影響で，建物と建物の間に形成される長時間日影となる領域．

終日日影を避ける配置
　図2.37(c)〜(f)は，同じ平面形状をした建物ですが，配置する方向によって，各季節にできる終日日影が異なることが分かると思います．特に(f)のように配置すると，どの季節でも終日日影はできません．

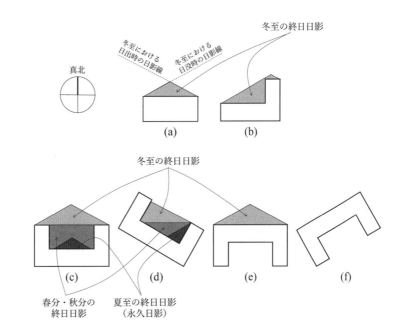

図2.37　各季節における終日日影および永久日影（名古屋）

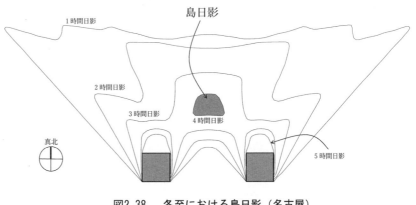

図2.38　冬至における島日影（名古屋）

67

2.3.4　日影規制

　これまで説明したように，建物を建てるということは，周辺に新たに日影を作ってしまうことに他なりません．そこで，周辺の住宅の日照を確保するために，建築基準法には日影規制が定められています．この規制は，1年の中で太陽高度が最も低く，影が最も長くなる冬至の日でチェックします．敷地境界線から5mと10mのラインを描いて，そのラインを定められた等時間日影線が超えないように建物を設計する必要があります．チェックする測定高さは，平均地盤面から1.5m，4m，6.5mのいずれかの高さとなります．また，等時間日影線は地方真太陽時8時から16時の時間で描きます．ただし，北海道では9時から15時の時間で等時間日影線を描き，チェックします（図2.39，表2.5）．測定高さや何時間の等時間日影線でチェックするのかは，各地方公共団体が定めます．表2.6に一例として名古屋市の日影規制の概要を示します．

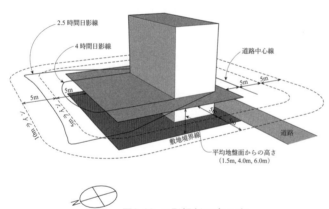

図2.39　日影規制の考え方

表2.5　日影による中高層建築物の制限（建築基準法第56条の2および別表第4）

地域又は区域	制限を受ける建築物	平均地盤面からの高さ	種別	敷地境界線から5m〜10mの範囲における日影時間（ ）内は北海道	敷地境界線から10mを超える範囲における日影時間（ ）内は北海道
一　第一種低層住居専用地域 第二種低層住居専用地域 田園住居地域	軒の高さが7mを超える建築物又は地階を除く階数が3以上の建築物	1.5m	（一）	3時間（2時間）	2時間（1.5時間）
			（二）	4時間（3時間）	2.5時間（2時間）
			（三）	5時間（4時間）	3時間（2.5時間）
二　第一種中高層住居専用地域 第二種中高層住居専用地域	高さが10mを超える建築物	4mまたは6.5m	（一）	3時間（2時間）	2時間（1.5時間）
			（二）	4時間（3時間）	2.5時間（2時間）
			（三）	5時間（4時間）	3時間（2.5時間）
三　第一種住居地域 第二種住居地域 準住居地域 近隣商業地域 準工業地域	高さが10mを超える建築物	4mまたは6.5m	（一）	4時間（3時間）	2.5時間（2時間）
			（二）	5時間（4時間）	3時間（2.5時間）
四　用途地域の指定のない区域	イ　軒の高さが7mを超える建築物又は地階を除く階数が3以上の建築物	1.5m	（一）	3時間（2時間）	2時間（1.5時間）
			（二）	4時間（3時間）	2.5時間（2時間）
			（三）	5時間（4時間）	3時間（2.5時間）
	ロ　高さが10mを超える建築物	4m	（一）	3時間（2時間）	2時間（1.5時間）
			（二）	4時間（3時間）	2.5時間（2時間）
			（三）	5時間（4時間）	3時間（2.5時間）

表2.6　名古屋市中高層建築物日影規制条例の概要

対象区域	規制を受ける建築物	平均地盤面からの高さ	規制を受ける日影時間	
			敷地境界線から5m～10mの範囲における日影時間	敷地境界線から10mを超える範囲における日影時間
第1種低層住居専用地域 第2種低層住居専用地域	軒の高さが7mを超える建築物又は地階を除く階数が3以上の建築物	1.5m	3時間	2時間
第1種中高層住居専用地域 第2種中高層住居専用地域	高さが10mを超える建築物	4m	3時間	2時間
第1種住居地域 第2種住居地域 準住居地域			4時間	2.5時間
近隣商業地域(容積率が400%地域は除く) 準工業地域			5時間	3時間

市街化調整区域内は、容積率が100%の区域は第1種・第2種低層住居専用地域と同様の規制を受け、容積率が200%の区域は第1種・第2種・準住居地域と同様の規制を受けます.

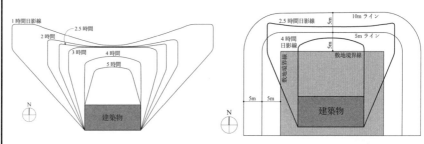

(a) 等時間日影線　　　　　　　　(b) 5mと10mの判定ラインと等時間日影線

図2.40　日影規制のチェック例

　例えば，名古屋市では，用途地域が第1種住居地域の場合，測定高さは平均地盤面から4mの高さで，5mラインの基準は4時間等時間日影線，10mラインの基準は2.5時間等時間日影線でチェックすることが定められています（表2.6）. 図2.40に日影規制のチェック例を示します. 図(a)はある建物の平均地盤面から4mの高さにおける1時間～5時間の等時間日影線です. このうち例に上げた4時間および2.5時間の等時間日影線を抽出し，敷地図および5mラインおよび10mラインと重ね合わせたものが図(b)です. 4時間の等時間日影線が5mラインを，2.5時間の等時間日影線が10mラインを越えていないことが確認できますね. このようにして日影規制を満たしているかどうかをチェックします. もし，等時間日影線がチェックラインを越えていた場合は，規制を満たすように建物の形状や高さを変更したり，建物の配置を変えるなど設計を修正する必要があります.

2.3.5　隣棟間隔

　図2.41のように建物が南北に連続して建てられる場合，北側建物の居室への日照を確保するためには，北棟と南棟の間の距離を検討する必要があります. 南北の2棟が接近して建てられると，北棟の居室で日照が確保できなくなります. では，きちんと日照を確保するため

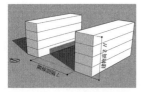

$$\text{隣棟間隔係数} = \frac{\text{隣棟間隔 } L}{\text{建物高さ } H}$$

図2.41　南北隣棟間隔係数

には,南北2棟をどの程度離して建てればよいのでしょうか？ ここで,南北2棟の距離を**隣棟間隔** L といい,この隣棟間隔を南棟の建物高さ H で除したものを**隣棟間隔係数**といいます.隣棟間隔係数は,建物が建てられる敷地の緯度と北棟の居室において確保する日照時間によって決まります.また,隣棟間隔は太陽高度が最も低くなる,すなわち建物影が最も長くなる冬至において検討します.

図2.42は緯度と隣棟間隔係数との関係を示したものです.例えば,仙台で冬至に4時間の日照を得ようとしたとき,図から隣棟間隔係数は2.15と読み取れます.南棟の建物高さを18m とすると,2.15×18 m = 38.7 m となります.したがって,仙台において4時間の日照を得るためには,南棟と北棟の間を38.7 m 以上確保しなければならないということになります.

また,図から,同じ日照時間を確保するためには,緯度が高くなるほど（北の方に行くほど）隣棟間隔係数が大きくなることが読み取れます.すなわち,緯度が高くなるほど,南北2棟の建物を離して建てる必要があることを示しています.

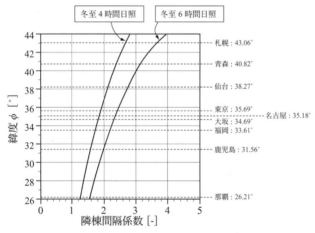

図2.42 各地における南北隣棟間隔係数

2.3.6 日射の種類

太陽から放出された電磁波は,大気によって吸収・散乱され,約280～3000 nm の波長のものが地上に到達します（図2.43）.そのうち,波長380～780 nm の電磁波は**可視光線**と呼ばれ,この波長域を可視域といいます.可視域の電磁波が目に入るとヒトは光を知覚します.可視域の中で波長が短い方は紫と知覚され,波長が長い方は赤と知覚されます.可視域よりも波長が短い380 nm 以下の電磁波は**紫外線**と呼ばれ,殺菌効果や人体に照射するとビタミンDの生成を促進させます.しかし,過度な紫外線の照射は,日焼け・シワ・シミ等の原因となるだけ

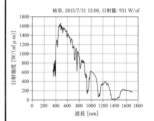

図2.43 太陽放射のエネルギー分布

（新エネルギー・産業技術総合開発機構：日射スペクトルデータベースのデータより作図）

可視光線（visible light）

電磁波のうちヒトの目で見ることのできる波長（380～780 nm ）のもの.

紫外線
（ultraviolet rays: UV）

可視光線よりも波長が短い電磁波.UV と略称されます.波長によって以下の3つに分類されます.

UV-A (315 ～ 400 nm): UV-B ほど有害ではありませんが,長時間浴びると健康影響が懸念されます.

UV-B (280 ～ 315 nm): ほとんどは大気層で吸収されますが,一部は地表に到達します.皮膚や眼に有害です.

UV-C (100 ～ 280 nm): 大気層（オゾンなど）で吸収され,地上には届きません.

赤外線
(infrared radiation: IR)
　可視光線よりも波長が長い電磁波. IRと略称されます. 波長によって, 近赤外線 (0.7〜2.5 μm), 中赤外線 (2.5〜4 μm), 遠赤外線 (4〜1000 μm) に分類されます. 遠赤外線は熱線とも呼ばれ, 照射対象物に熱を与えます.

太陽定数 (solar constant)
　大気圏外において太陽方向の法線面で測定した日射量.

直達日射
(direct solar radiation)

拡散日射
(diffuse solar radiation)
　天空日射, 散乱日射ともいいます.

全天日射
(global solar radiation)
　直達日射と拡散日射を合計したものです.

大気放射
(atmospheric radiation)

地表面放射
(terrestrial radiation)

夜間放射
(nocturnal radiation)
　地表面放射も大気放射も昼夜間わず放出していますので, その差である夜間放射も常に存在しています. 日射のない夜間に明瞭になるので夜間放射という名前が付けられました.
　夜間に晴れていると (雲がないと), 大気放射より地表面放射が方が大きくなり, 地上から宇宙空間に向けて熱が移動します. 地表面は熱が奪われますから, 温度が下がります (放射冷却). 冬の晴れた日にこの現象が顕著になると, 地表面が冷却されて霜が降ります.

でなく, 白内障や皮膚がんのような健康被害の原因にもなります. 一方, 可視域よりも波長が長い780 nm以上の電磁波は**赤外線**と呼ばれ, 主に熱的な作用があります.

　太陽から放出され, 地球の大気圏外に到達する法線面太陽エネルギー量を**太陽定数** J_0 といい, その値は $J_0 = 1,367$ W/m^2 です. この太陽放射が大気層を通過する間に, 空気分子・水蒸気・浮遊粒子 (エアロゾル) などによって吸収・散乱され, エネルギー量が減じられて地表面に到達します. このうち, 大気層を透過し, 何にもぶつからず直進し, 平行光線として地表面に到達した成分を**直達日射**といいます. 一方, 大気層で空気分子などにぶつかり, 散乱を繰り返し, 最終的に地表面に到達した成分を**拡散日射** (**天空日射**) といいます. 拡散と表現されるように, 大気層で色々なものにぶつかって散乱を繰り返しますので, 地表面にはあらゆる方向から拡散日射が降り注ぎます. 直達日射と拡散日射は, いずれも短波長放射であり, 両者を合計したものを**全天日射**といいます. 一般に, 日射量というときはこの全天日射量を指します.

　太陽放射のうち大気層に吸収された成分は大気の温度を上昇させ, その温度に応じた**大気放射**を地上に向けて放出します. 地表面からも地表面温度に応じた**地表面放射**が天空に向けて放出されます. 大気放射と地表面放射は長波長放射です. 地表面放射から大気放射を差し引いたものを**夜間放射**といいます.

　図2.44に建物各面 (東西南北および水平面) が受ける直達日射量の日変動を示します. 夏至は, 水平面 (屋根) に照射する直達日射量が大きいことが読み取れます. そして, 建物の東面は午前中にピークがあり, 西面は午後にピークがあります. また南面に照射する直達日射量は水平面や, 東面・西面と比べて照射する日射量が小さいことが分かります. これは夏の太陽高度が高く, 日射を受ける面積が小さくなるためです. 一方, 冬至では, 水平面よりも南面に照射する日射量が大きいことが読み取れます. これは冬の太陽高度が低く, 日射が横方向から照射されるためです. 建築を設計する際は, 各季節において建物各面に照射する日射の特性を十分に理解しておく必要があります.

　では次に, 年間の変化を見てみましょう. 図2.45に建物各面が受ける日射量の年変動を示します. 水平面 (屋根) は夏期に照射する日射量が大きいことが見て取れます. 東面・西面も同様に夏期に照射する日射量が大きくなりますが, 水平面の値よりは小さく2/5程度です. 北面が受ける日射量も夏至に最大となりますが, その値はたいへん小

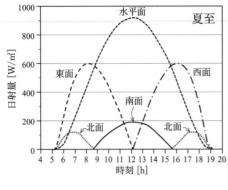

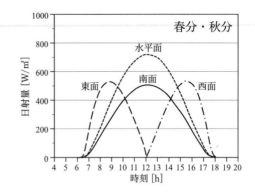

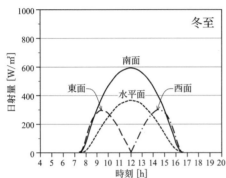

図2.44 建物各面が受ける直達日射量の日変動

（日本建築学会編：建築環境工学用教材　環境編，p.85，丸善，2015.より作図）

さいですね．しかし，値は小さいのですが，北面に日射が当たる期間は意外と長く，春分から秋分までの半年間です．天空のあらゆる方向からやってくる拡散日射（水平面天空放射）は，夏期に値が大きくなりますが，年間を通じて変動は小さいことが分かります．

　そして際立って特徴的な変動を示すのが，建物の南面です．他の方位とは逆に，夏期に照射する日射量が小さくなります．一般的なイメージとして，建物の南壁には常に日射がたくさん当たると考えている人は多いと思います．しかし実際には，建物の南面は日射を取り入れたい冬期には多くの日射が当たり，遮熱したい夏期にはその日射量が冬期の1/5程度まで減少するのです．これは，冬の太陽高度が低く，夏の太陽高度が高いため，冬の方が壁に横方向から日射が当たり受熱量が大きくなるためです．さらに前に示した図2.28の太陽位置図から読み取れるように，南壁の可照時間は，夏至では8:33から15:27の6時間54分ですが，冬至は7:11から16:49の9時間38分であり，冬至の方が南面の可照時間が長いこと

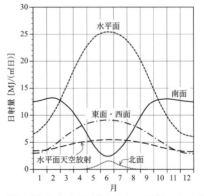

図2.45 建物各面が受ける日射量の年変動

（堀越哲美ほか：＜建築学テキスト＞建築環境工学，p.45，学芸出版社，2009.より作図）

も要因の1つです．このように，夏は遮熱しやすく冬は日差しを取り込みやすいので，南に面した居室は多くの人々に好まれるのでしょう．

2.3.7 日射調節の方法

住宅を設計する際，夏は日射が室内に入らないように工夫し，冬は日射を室内に取り入れるように工夫することが，快適な室内環境を作り出すことに繋がります．また，このような工夫は室内の冷房負荷や暖房負荷を減らすことにもなり，空調設備などに使われるエネルギーの低減にも貢献します．表2.7は日射を調節する方法をまとめたものです．大きく分類すると，基本的な工夫，建物と一体的な工夫，材料的な工夫，装置的な工夫の4つがあります．

表2.7　日射の調節方法

基本的な工夫	建物と一体的な工夫
①方位・緯度の分析	①庇
②建物の形態	②軒
③窓の位置，形状	③バルコニー
④地勢・環境の利用	④ルーバー
	⑤フィン
	⑥格子
	⑦ブリーズソレイユ
	⑧仕切板
材料的な工夫	**装置的な工夫**
①すりガラス	①パーゴラ
②拡散ガラス	②テント，オーニング
③吸熱ガラス	③外付ブラインド
④反射ガラス	④すだれ，葦簀
⑤Low-E ガラス	⑤鎧戸
⑥ガラスブロック	⑥ベネシャンブラインド
⑦大理石	⑦障子，カーテン
⑧紙	⑧エアフローウィンドウ
⑨布	⑨ダブルスキン

（日本建築学会編：建築設計資料集成　環境, p.56, 丸善, 2007. より作成）

基本的な工夫として，夏の日射を遮り，冬の日射を取り入れるようにするにはどうしたらよいのでしょうか？　前述したように，建物の南壁面は夏の日射受熱量が少なく，冬の日射受熱量が多いので，南壁面の面積を大きくすると有利になります．東面や西面はそれぞれ午前と午後に日射受熱量が多くなりますので，面積を小さくした方がよいでしょう．この考え方に従うと，東西の横に長細い平面構成になります．また，窓は熱的に弱点になりやすいので，その位置や開口面積は庇・軒・ルーバーなどと併せて慎重に設計する必要があります．

ここで庇の出について考えてみましょう．例えば，名古屋（緯度35.2°）における夏至の太陽の南中高度は78.2°ですが，冬至では31.4°です（図2.46）．この太陽高度の差を利用して，適切に庇を設置する

各都市における南中高度

都市	緯度	夏至a	冬至b
札幌	43.1°	70.3°	23.5°
東京	35.7°	77.7°	30.9°
名古屋	35.2°	78.2°	31.4°
沖縄	26.2°	87.2°	40.4°

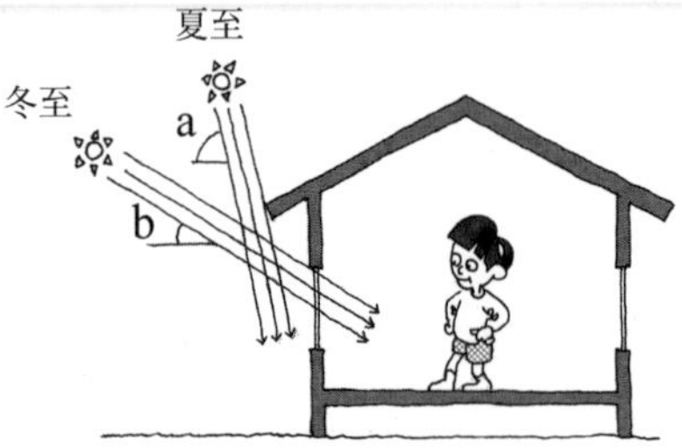

図2.46　夏至および冬至における南中高度

南中高度と必要となる庇の出

月日	南中時太陽高度h	庇の出 X
6月21日（夏至）	78.2°	$0.21 \cdot H$
7月21日	75.3°	$0.26 \cdot H$
8月21日	67.0°	$0.42 \cdot H$
9月21日	55.6°	$0.68 \cdot H$
10月21日	44.2°	$1.03 \cdot H$
11月21日	35.0°	$1.43 \cdot H$
12月22日（冬至）	31.4°	$1.64 \cdot H$

$$X = \frac{H}{\tan h} = \frac{H}{\tan 78.2°} = 0.21 \cdot H$$

X：直達日射を遮るために必要な庇の出 [m]
H：庇の下端から窓の下端までの距離 [m]
h：太陽高度 [°]

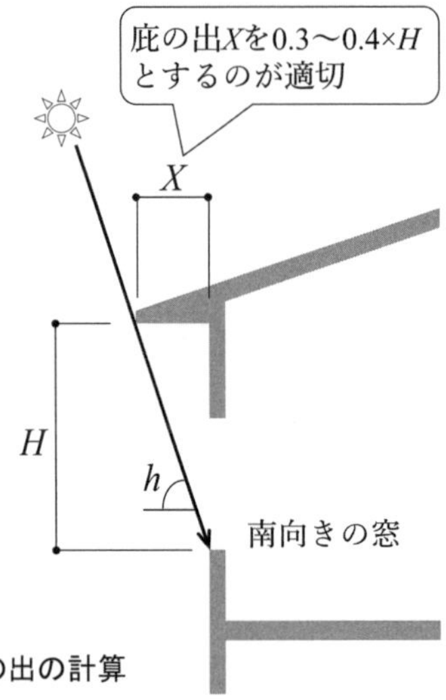

庇の出Xを$0.3\sim0.4\times H$とするのが適切

南向きの窓

図2.47　庇の出の計算

と，夏の日射は遮り，冬の日射は室内に取り入れることができます．図2.47は名古屋における南中高度とそのとき日射を遮るために必要な庇の出を示したものです．庇の下端から窓の下端までの距離をHとします．6月21日（夏至）の太陽高度は78.2°ですので，その角度で入射する直達日射を遮るためには庇の出を$0.21H$にすればよいことが分かります．例えば，$H = 1.5$ m とすると，庇の出は1.5 m×0.21 ＝ 0.32 m となります．夏から冬に向かって，日射を遮るために必要な庇の出が長くなることが読み取れます．6月〜8月の日射しを遮るためには，$0.3H\sim0.4H$程度の庇の出にすればよいということになります．

　また，日射を遮るときは，必ずしも1つの庇で遮る必要はありません．図2.48に示すように，2つやそれ以上に分割して日射を遮っても同じ効果が得られます．どのような庇にするのか，あるいはルーバーとするのか，これは環境調節だけでなく建築のファサード・デザインにも関わる重要な検討事項です．

　また2.2.7の日射熱取得率の節でも説明したように，日射の調節を考えるとき，窓ガラスおよび窓周りの付属物の選択も重要です．ガラスには通常の透明ガラスだけでなく，熱線吸収ガラス，熱線反射ガラス，

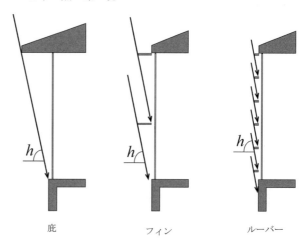

庶　　　　　フィン　　　　ルーバー

図2.48　庇・フィン・ルーバーによる日射遮蔽範囲

Low-Eガラスなどがあり，さらに窓周りの室内側および屋外側の付属物にも様々なものがあります．

　図2.49に様々な日射遮蔽手法の日射遮蔽係数SCを示します．日射遮蔽係数SCは値が小さいほど，室内に日射が入るのを防いでくれることを示します．外付けルーバー・庇・樹木の陰など，建物の外部で日射を遮蔽する工夫をすると効果が大きいことが分かります．室内においてロールブラインドなどで遮熱対策を講じてもあまり効果は大きくないことが読み取れます．このように日射を遮蔽するには，まず建物

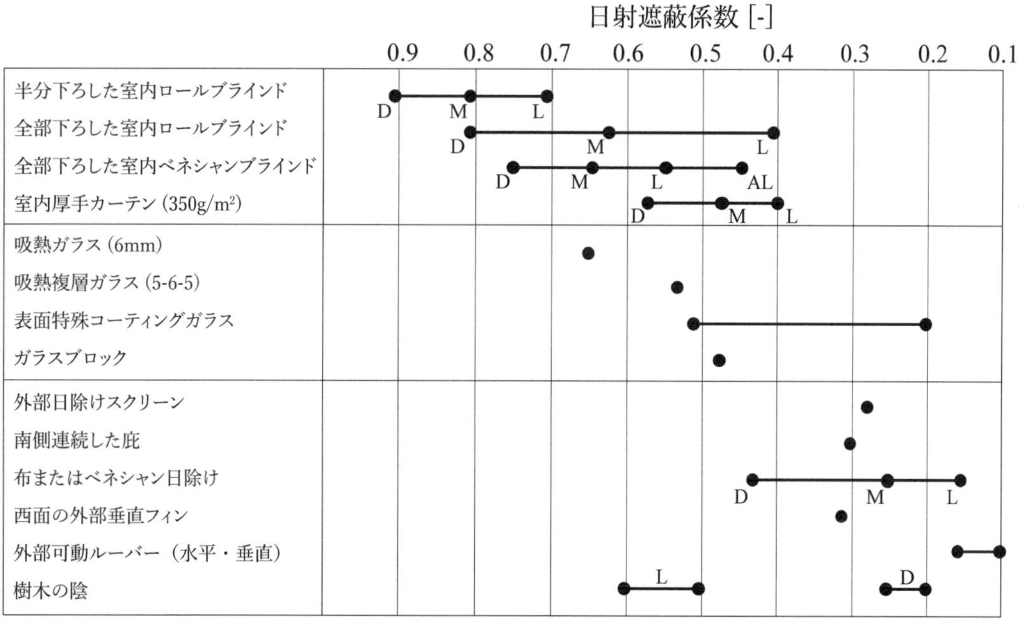

日射遮蔽係数 [-]

	0.9	0.8	0.7	0.6	0.5	0.4	0.3	0.2	0.1
半分下ろした室内ロールブラインド	D	M	L						
全部下ろした室内ロールブラインド		D	M			L			
全部下ろした室内ベネシャンブラインド		D	M	L		AL			
室内厚手カーテン (350g/m²)			D	M	L				
吸熱ガラス (6mm)				●					
吸熱複層ガラス (5-6-5)					●				
表面特殊コーティングガラス					●		●		
ガラスブロック					●				
外部日除けスクリーン							●		
南側連続した庇							●		
布またはベネシャン日除け						D	M	L	
西面の外部垂直フィン							M	L	
外部可動ルーバー (水平・垂直)								● ●	
樹木の陰				L			D		

注1) D, M, L, AL は色彩・材料による反射率の段階による区分で下に示すとおりである．
　　 D: 反射率 20% 以下，M: 同 20～50%, L: 同 50% 以上，AL: アルミニウム同 85%
注2) 表面特殊コーティングの係数の幅は色調，コーティング種類などによる．
注3) 樹木の陰はしげみの濃さにより，L: 軽いしげみ，D: 濃いしげみ，に分類している．

図2.49　日射調整手法と日射遮蔽係数

（日本建築学会編：建築設計資料集成　環境, p. 58, 丸善, 2007. より作成）

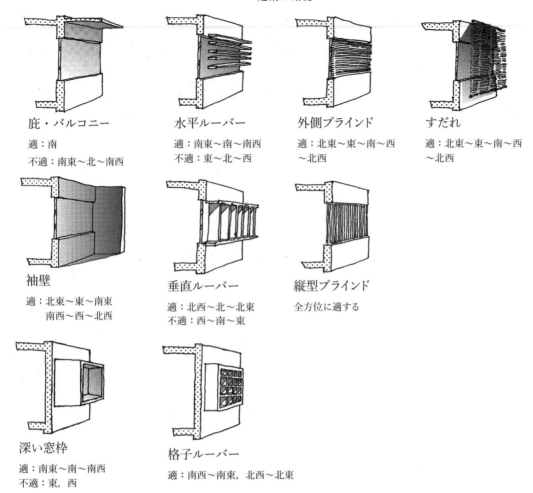

図2.50 窓周りの日射遮蔽デザインと有効な方位
（彰国社編：自然エネルギー利用のためのパッシブ建築設計手法事典，p 43，彰国社，2000.を基に作図）

の外部で対策を講じることが重要なのです．

図2.50に窓周りの日射遮蔽デザインの事例を示します．これらの日射遮蔽デザインは，全ての方位に対して有効というわけではなく，それぞれ適した方位があります．窓周りのデザインは，日射遮蔽という環境工学的な効果と共に，建築の外観を決定する重要な要素にもなります．

2.4 暑さ寒さと人間

2.4.1 人体熱収支

人体は食物を摂取し，酸素を取り込むことによって，身体内部でエネルギーを産み出しています．そのエネルギーを使って体温を約36.5℃に維持し，外部に対して仕事を行います．残った熱は，対流，放射，熱伝導，蒸発，呼吸によって周辺環境に放出して，**熱平衡**を保っています（図2.51）．これを式で表したものが人体熱収支式です．

熱平衡
（thermal equilibrium）
　2つの物体間で熱の移動がなくなった状態．

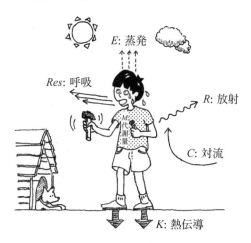

図2.51　人体と周辺環境との熱のやり取り

$$M = C + R + K + E + Res + W \qquad (式2.27)$$

M：代謝量 [W/m^2]

C：対流による放熱量 [W/m^2]

R：放射による放熱量 [W/m^2]

K：熱伝導による放熱量 [W/m^2]

E：蒸発による放熱量 [W/m^2]

Res：呼吸による放熱量 [W/m^2]

W：外部への仕事量 [W/m^2]

代謝量 M は身体内部で作られるエネルギーで，身体活動によってその熱量は変化します．激しい活動をするほど，代謝量が大きくなります．余った熱は上述した対流，放射，熱伝導，蒸発，呼吸によって周辺環境に捨てられます．

　対流は風が人体に当たることによって人体から熱を奪っていきます．しかし，人体表面温度よりも周辺空気の方が温度が高いときは，逆に熱が人体に入ってきてしまいます．冬に温風暖房を使うと，人体は対流で熱を受け取っているのです．

　放射も人体表面温度より周辺の表面が低温であれば放熱しますが，人体より高温の物体があれば受熱になります．氷の塊があれば，ヒヤッとしますね．あれは，周囲の気温が下がったのではなく放射で熱が奪われているのです．

　熱伝導は物体との接触によって熱が移動することです．例えば，床暖房している床に寝転がれば，接触している部分が暖かく感じますね．これは熱伝導によって床から人体に熱が移動しているのです．

代謝量（metabolic rate）
　身体内部で作られる熱量．激しい運動をするほど身体内部でたくさんの熱を作ります．単位は [met（メット）] が用いられます．

蒸発による放熱は，汗をかいて皮膚表面が濡れた状態となり，それが蒸発することによって**蒸発潜熱（気化熱）**を人体から奪っていく現象です．さらに，風が吹くとたくさん蒸発しますので，放熱量も大きくなります．

呼吸によって吐き出される空気は，体温と同じ気温で相対湿度はほぼ100％です．これを吐き出すことによって熱を捨てています．各経路でどのくらいの熱が捨てられ，どのくらいの熱が入ってくるのかは，その場の環境で大きく異なります．

身体内部で作られた熱が適切に周辺環境に放出され，熱平衡が保たれているときは熱的に中性な状態であり，温熱的に快適な状態となります．しかし，周辺の環境によっては，熱平衡を保てなくなる状況もあります．例えば，周辺環境が高温のときは，身体の中で作られる代謝量より周辺環境に放出する熱が少なくなり，身体の中に熱が蓄積され，体温が上昇し，暑く感じます．また，周辺環境が低温であっても，代謝量が多くなれば同様に暑く感じます．例えば，激しい運動をすると身体の中でたくさんの熱を作りますので，周辺環境が低温であっても，適切に熱を周囲に放出できないと，熱が体内に蓄積し暑く感じます．一方，代謝量よりも周辺環境に放出する熱が多くなるような低温環境では，身体から熱が奪われ過ぎて，体温が低下し寒く感じます．

2.4.2 体温調節

人間は様々な周辺の熱環境に対応して，代謝量と放熱量が等しい熱平衡となるような体温調節反応を示します．人間が意識せず無意識に行うものを**自律性体温調節**といい，意識的に行うものを**行動性体温調節**といいます．

自律性体温調節には，血流量を調節することによる体温調節，発汗による体温調節，ふるえによる体温調節があります．暑熱環境では，人体から周辺環境への放熱量を増やすため，血管を拡張させることにより血流量を増やし，体温と同じ温度の血液を手足などの末梢部に移動させ放熱を促進させます．さらに高温な環境になると，**発汗**することによって，身体の表面を濡らし，蒸発によって蒸発潜熱（気化熱）を放出し体温を下げます．

一方，寒冷環境では，血管を収縮させることによって血流量を減らし，末梢部からの放熱を抑制します．さらに低温環境になると，**ふるえ**によって産熱し，体温を上昇させようとします．

行動性体温調節は，暑さ寒さを感じた人間が意識的に行動するもので

蒸発潜熱
(latent heat of evaporation)

液体を気体に変化させるために必要な熱．気化熱ともいいます．25 ℃における水の蒸発潜熱は 2,442 kJ/kg です．

自律性体温調節
(autonomous thermoregulation)

発汗や皮膚血管拡張による熱放散および皮膚血管収縮による熱放散抑制やふるえによる熱産生により体温を調節することをいいます．

行動性体温調節
(behavioral thermoregulation)

暑さ寒さを感じたときに，エアコンをつけたり，衣服を調節したり，木陰や日向に移動したりするような行動で体温を調節することをいいます．

発汗 (sweating)

高温環境にいるときや激しい運動をしているときに汗をかいて，皮膚表面を濡らすこと．汗が蒸発することで気化熱が奪われ，身体を冷却します．

ふるえ (shivering)

寒冷環境において，筋肉を小刻みにふるわせて，熱を作り出す生理的反応．基礎代謝の 3 〜 5 倍の熱を作り出すことができます．

表2.8　行動性体温調節

高温環境	低温環境
日陰への移動	日向への移動
扇子, 扇風機, 通風	風よけ
昼寝, 休息, シエスタ	運動
衣服の選択, 脱衣	衣服の選択, 重ね着
低栄養, 冷水摂取	高栄養, 温食摂取
避暑地への移動	温暖地への移動
冷房, 水浴	暖房, 採暖

(空気調和・衛生工学会編：新版・快適な温熱環境のメカニズム, p.35, 丸善, 2006.)

す. 表2.8に示すように, 私達は暑い環境では放熱を増やし, 寒い環境では放熱を抑制する行動を取ります. 例えば, 暑い環境では衣服を脱ぎ, 屋外では日向から日陰に移動し, 冷たい食べ物を食べたり, 室内では窓を開けて風を通し, あるいは扇風機やエアコンを使用したりします. 一方, 寒い環境では, 衣服を重ね着したり, 日向に移動したり, 暑さに対する行動と反対の行動を取ります. 人間が建築を作るという行為も行動性体温調節の1つと言えるかもしれません.

2.4.3　温熱6要素

人の暑さ寒さに影響を及ぼす主な要素は, 気温, 相対湿度, 風速, 熱放射（平均放射温度）, 代謝量, 着衣量の6つです. これらを総称して**温熱6要素**といいます. 気温が高ければ, 当然, 暑く感じます. 気温が高くて, さらに湿度も高いと蒸し暑く感じますね. でも, 日差しを遮ってくれる木陰に入って風が吹いていれば涼しく感じます. また, 激しい運動をすると代謝量が上がり暑く感じますが, 服を脱げば暑さは和らぎます. このように, 人の暑さ寒さの感覚は, ある1つの要素で決まるのではなく, これら6つの要素が相互に関係して, 総合的に決まるのです.

気温, 相対湿度, 風速, 熱放射（平均放射温度）の4つは環境側の要素であり, 測定器を用いて測定することができます（環境側4要素）. 代謝量と着衣量は人間側の要素です（人体側2要素）. これらの環境要素を使って, 後で説明する体感温度などを算出します. では, 以下に温熱6要素それぞれの代表的な測定方法あるいは推定方法を説明します.

気温は空気の温度のことです. 気温を正確に測定することは意外と難しいことです. 太陽からの日射がセンサに当たると, 示度が上がってしまい, 正確な気温ではなくなります. 気温と湿度の測定によく用いられる測定器は, アスマン通風乾湿計です（図2.52）. この測定器

図2.52　アスマン通風乾湿計

ドイツの気象学者リヒャルト・アスマンが1887〜1892年に開発した測定器. クロムメッキされピカピカした測定器は, 日射の影響を排除します. また, 強制的に感温部に送風することにより, 正確な気温および湿球温度を測定することができます. 100年以上経った今でも, 開発当初とほぼ同じ形をしています. 熱環境研究にはなくてはならない測定器です.

の表面はピカピカしていて，日射を反射させることで日射の影響をなくしています．そして，周囲の空気を吸い込み，感温部に強制的に気流を当てて乾球温度（気温）と湿球温度を測定します．また測定位置も重要です．室内で気温を測定するときは，壁から60 cm 以上離れた，床上110 cm で測定します．また，複数点測定できるときは，立位人体を想定する場合は，床上10 cm，110 cm，170 cm で測定し，椅子に座った人体を想定する場合は，床上10 cm，60 cm，110 cm で測定します．

　相対湿度は，アスマン通風乾湿計で測定した乾球温度（気温）と湿球温度から求めることができます．湿球温度とは，図2.53に示すようにアスマン通風乾湿計の温度計の感温部にガーゼを巻き，そのガーゼを水で湿らせて測った温度です．その環境の湿度が低いときは，乾燥していますのでどんどん水が蒸発します．蒸発するときには蒸発潜熱（気化熱）を温度計から奪っていきますので，湿球温度が下がります．一方，その環境が飽和（相対湿度100%）しているときは，蒸発できませんので，気化熱は奪われず，湿球温度は乾球温度（気温）と同じ値になります．したがって，乾球温度と湿球温度の差が大きいと，その環境の湿度は低い，すなわち乾燥していることを表します．乾球温度と湿球温度の測定値を測定器に付属している早見表に当てはめることによって，相対湿度を読み取ることができます．あるいは，計算によって相対湿度を求めることもできます．

　風速（室内では気流速度ということもあります）の測定には，熱線風速計（図2.54）や超音波風速計（図2.55）が用いられます．熱線風速計は，発熱体に気流が当たると，対流熱伝達によって熱が奪われて温度が低下する現象を利用して風速を測っています．また，超音波風速計は，音波が気流の流れに沿っていると早くなり，流れと逆方向のときは遅くなる現象（ドップラー効果）を利用して風速を測定しています．また，屋外における風速の測定には，ビラム式風向風速計（図2.56）などが用いられます．

　熱放射は，一般に**平均放射温度(MRT)**で表します．平均放射温度は直接測定することはできませんが，いくつかの方法で求めることができます．1つ目の方法は，グローブ温度・風速・気温を測定し，それらを次式に代入して求める方法です．

$$t_r = t_g + 2.37\sqrt{v}\,(t_g - t_a) \tag{式2.28}$$

t_r：平均放射温度 [℃]

図2.53　湿球温度計の感温部

図2.54　熱線風速計

図2.55　超音波風速計

図2.56　ビラム式風向風速計

平均放射温度（mean radiant temperature）

　実空間における周囲の全方向から照射される熱放射（屋外の場合は日射も含む）による人体受熱量と等しくなる均一な閉空間の温度．気温よりも高温の物体があれば平均放射温度は高くなり，逆に，低温な物体があれば放射により平均放射温度は低くなります．頭文字を取ってMRT と表現されたりします．

図2.57 グローブ温度計

図2.58 長短波放射計

表 2.9 各方向の重み
係数

姿勢	上下	左右	前後
立位	0.06	0.17	0.27
座位	0.13	0.16	0.21

(Olesen, B.W., et al.:Methods for measuring and evaluating the thermal radiation in a room, ASHRAE transaction, 95, pp.1028-1044, 1989.)

t_g：グローブ温度 [℃]

v：風速 [m/s]

t_a：気温 [℃]

　グローブ温度はグローブ温度計を使って測定します．グローブ温度計とは，直径15 cm のつや消し黒塗り（放射率が1に近い）の中空の銅球に温度計を挿入したものです（図2.57）．熱放射と気流の影響を反映した温度を測定できますが，熱的平衡状態に達するまでに20〜30分の時間がかかります．グローブ温度は黒球温度とも呼ばれます．

　2つ目の方法は，長短波放射計を用いて，上下および東西南北の6方向の短波長放射量および長波長放射量を測定し，次式から平均放射温度を求める方法です．

$$t_r = \left[\frac{\sum_{i=1}^{6} W_i (a_S \cdot S_i + a_L \cdot L_i)}{\varepsilon_p \cdot \sigma} \right]^{0.25} - 273.15 \qquad \text{(式2.29)}$$

t_r：平均放射温度 [℃]

W_i： 各方向の重み係数 [−]

a_S：着衣人体の短波長放射に対する吸収率 [−]

a_L：着衣人体の長波長放射に対する吸収率 [−]

S_i： 各方向の短波長放射量 [W/m^2]

L_i：各方向の長波長放射量 [W/m^2]

ε_p：着衣人体の放射率 [−]

σ：ステファン・ボルツマン定数 (=5.67×10^{-8} W/(m^2·K^4))

　各方向の重み係数W_iは，表2.9に示すように姿勢ごとに与えられた値を用います．この方法で導出される平均放射温度の精度は高いのですが，6方向の長短波放射量を同時に測定しようとすると3台の長短波放射計を用意する必要があり，相当の費用が必要となります（図2.58）．

　代謝量は身体の中で作られる熱量を示しています．激しい活動をするほど代謝量は大きくなります．代謝量の単位は「met（メット）」が用いられ，1 met = 58.2 W/m^{2}です．1 met は椅子座安静時の代謝量を示しています．成人男性の体表面積を約1.7 m^2 とすると，58.2 W/m^2 ×1.7 m^2 = 99.0 W となります．したがって，人間はじっと静かに座っていても，1人当たり約100 W の熱を発生して

図2.59　様々な身体活動と代謝量

睡眠：0.7 met　椅子座安静：1.0 met　事務作業（筆記）：1.0 met　立位：1.2 met

料理：1.6〜2.0 met　散歩（時速4.3 km）：2.6 met　テニス：3.6〜4.0 met　バスケットボール：5.0〜7.6 met

0.36 clo　0.57 clo　1.14 clo　0.26 clo　1.04 clo　0.74 clo

図2.60　着衣量の例

いるということになります．図2.59に様々な活動における代謝量を示します．バスケットボールは7.6 met にもなりますので，座っている時の7倍以上の熱を身体の中で作り出しています．だから，激しい運動をすると暑く感じるのです．

着衣量は衣服の断熱性能を表しています．1 clo は気温21.2 ℃，相対湿度50％，風速0.1 m/s の環境で，椅子座安静の成人男性が快適と感じる着衣の熱抵抗のことであり，1 clo = 0.155 m²·K/Wです．着衣量はサーマルマネキンを使って実験室で測定することができますが，大掛かりな設備が必要になります．実用的には，ISO 9920などに示されている衣服の組み合わせの値を利用したり，単品衣服のクロ値を足し合わせて推定したりします．おおよそ男性のスーツ姿が1 clo であり，裸体は0 clo です．図2.60に様々な衣服の組み合わせの着衣量を示します．

2.4.4　温熱環境指標

温熱6要素の個々の値が分かったとしても，そのままではその環境がどのくらい暑いのか，あるいはどのくらい寒いのかを的確に評価することはできません．例えば，温熱6要素がそれぞれ，気温26.5 ℃，相対湿

着衣量（thermal insulation value of clothing）

着ている衣服の熱抵抗のこと．単位は「clo（クロ）」が用いられます．ちなみに，cloは着衣の英語表記であるclothingの頭3文字を取ったものです．クロ値とも呼ばれます．

ISO 9920
Ergonomics of the thermal environment — Estimation of thermal insulation and water vapour resistance of a clothing ensemble, 2007.

度60%，風速0.1 m/s，平均放射温度＝気温，代謝量1.2 met，着衣量0.8 cloと測定・推定できたとしましょう．ではその環境は一体どんな環境なのでしょうか？　そこで，この6つの要素を統合して1つの数値としてその熱環境を評価する必要が出てきます．これが温熱環境指標です．これまでの長い温熱環境分野の研究成果として，世界中で数多くの温熱環境指標が提案されてきました．ここでは，歴史的に重要な指標や現在用いられている代表的な指標を説明します．

作用温度(Operative Temperature: OT)は，Gaggeにより提案された温熱環境指標で，気温に熱放射の影響を加味した温度です．次式に示すように，気温t_aと平均放射温度t_rを人体に対する対流熱伝達率h_cと放射熱伝達率h_rで重み平均して計算されます．

$$t_o = \frac{h_c \cdot t_a + h_r \cdot t_r}{h_c + h_r} \qquad (式2.30)$$

t_o：作用温度 [℃]

t_a：気温 [℃]

t_r：平均放射温度 [℃]

h_c：対流熱伝達率 [W/(m^2·K)]

h_r：放射熱伝達率 [W/(m^2·K)]

図2.61にASHRAE（アメリカ暖房冷凍空調学会）の温熱的快適範囲を示します．代謝量が1.0〜1.3 met で，風速が0.2 m/s 未満のときの着衣量が0.5 clo と1.0 clo の快適範囲を示しています．図の横軸は作

A. P. Gagge (1908-1993)
イェール大学・ピアス研究所の生理学者．「ギャッギ」と発音します．

ASHRAE（American Society of Heating, Refrigerating and Air-Conditioning Engineers）「アシュレー」と呼ばれます．

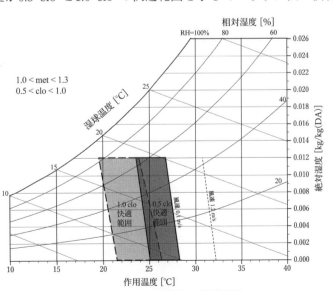

図2.61　ASHRAEの快適範囲
（ANSI/ASHRAE Standard 55-2017, p. 10. より作図）

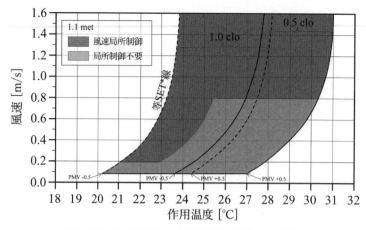

図2.62　作用温度の快適範囲と風速との関係
（ANSI/ASHRAE Standard 55-2017, p. 13. より作図）

用温度で示され，着衣量によって快適範囲が異なることを示していま
す．

　みなさんは，少し暑い環境でも風が吹けば心地よく感じることを経験
的に知っていると思います．図2.62は快適範囲と風速との関係を示した
グラフです．風速が強くなるにしたがって，快適となる作用温度が高く
なっていることが分かります．

　このように，風によって暑熱環境を緩和することができますが，一方
で，身体の一部に継続的に風が当たると不快に感じたりします．このよ
うな不快な気流のことを**ドラフト**といいます．特に，冬期において低温
な窓面で冷やされた空気が下降し，床付近を這うような気流となり不快
をもたらします．これを**コールドドラフト**といいます．

　不快指数(Discomfort Index: DI)は，アメリカ気象局により開発さ
れた指標であり，気温と相対湿度の2要素のみを使って，以下の式で
計算されます．気温と相対湿度の2要素から算出されることから，
Temperature-Humidity Index (THI)と表記されることもあります．

$$DI = 0.81t_a + 0.01RH\,(0.99t_a - 14.3) + 46.3 \qquad (式2.31)$$

DI：不快指数 [−]

t_a：気温 [℃]

RH：相対湿度 [%]

ドラフト（draft）

コールドドラフト
(cold draft)

表2.10　不快指数の評価

不快指数	評価
85 以上	暑くてたまらない
81〜85	暑くて汗が出る，100%の人が不快
76〜80	暑く，50%の人が不快
71〜75	やや暑く，10%の人が不快
66〜70	涼しい，快い
61〜65	暑くも寒くもない
60 以下	はだ寒い

（日本生気象学会編：生気象学の事典, p. 185, 朝倉書店, 1992.）

　先に，暑さ寒さに影響を及ぼす要素は6つあると説明しました．不快
指数は，そのうちの気温と相対湿度の2つの要素しか考慮していません

ので，あまり正確に暑さ寒さを評価することはできません．しかし，「不快指数」という言葉はインパクトがあり，日本に定着しているようです．表2.10に算出された不快指数の評価を示します．

標準新有効温度(Standard New Effective Temperature: SET*)は，Gaggeらによって開発された温熱6要素を全て考慮した体感温度（単位：℃）です．この指標は，ある熱環境において，人体生理モデルに基づいた人体からの放熱量と等しくなる標準環境（風速0.1m/s，相対湿度50 %，代謝量1 met，着衣量0.6 clo，放射温度は気温と等温）における気温と定義されます．現在，ASHRAEに採用され，世界的に広く用いられています．表2.11に標準新有効温度SET*と温冷感・快適感および生理学的状態との関係を示します．ちなみに，上で例に挙げた環境（気温26.5 ℃，相対湿度60%，風速0.1 m/s，平均放射温度＝気温，代謝量1.2 met，着衣量0.8 clo ）のSET*を算出すると28.6 ℃ となり，「やや暖かい，やや不快」な環境であり，軽い発汗や皮膚血管拡張を伴う状態と評価されます．

標準新有効温度
（Standard New Effective Temperature: SET*)
SET* は「エス・イー・ティー・スター」と読みます

P. O. Fanger (1934-2006)
元デンマーク工科大学教授．温熱環境および空気環境の世界的権威でした．日本からの多くの研究者や留学生を指導したことでも知られています．

図 2.63 Fanger（右）

表2.11 標準新有効温度(SET*) と温冷感・快適感および生理学的状態

SET* [℃]	温冷感・快不快感	生理学的状態
37.5～	非常に暑い，許容できない	体温調節ができない
34.5～37.5	暑い，非常に不快	おびただしい発汗
30.0～34.5	暖かい，不快	発汗
25.6～30.0	やや暖かい，やや不快	軽い発汗，皮膚血管拡張
22.2～25.6	快適，許容できる	中立
17.5～22.2	やや涼しい，やや不快	皮膚血管収縮
14.5～17.5	涼しい，不快	軽い体冷却
10.0～14.5	寒い，非常に不快	ふるえ

(空気調和・衛生工学会編: 快適な温熱環境のしくみと実践, p.47, 丸善, 2019.)

表2.12 PMVの温冷感尺度

PMV	温冷感
+3	暑い
+2	暖かい
+1	やや暖かい
0	暑くも寒くもない
-1	やや涼しい
-2	涼しい
-3	寒い

予測平均温冷感申告(Predicted Mean Vote: PMV)は，Fanger（図2.63）によって開発された温熱6要素を全て考慮した指標で，人の暑さ寒さの感覚を−3（寒い）〜＋3（暑い）で表した温冷感スケールの値で評価します（表2.12）．一般的に，PMV値が−0.5〜＋0.5を快適範囲としています．PMVはISO 7730に採用されています．

PMVから**予測不満足者率**(Predicted Percentage of Dissatisfied: PPD)を算出することができます．これは，多数の在室者のうちその熱環境に不満を表明する人数の割合です．PMVとPPDとの関係を図2.64に示します．熱的中立となるPMV=0であっても，5%の滞在者が

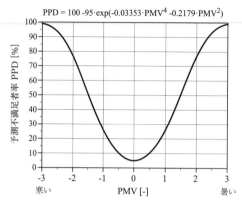

$$PPD = 100 - 95 \cdot \exp(-0.03353 \cdot PMV^4 - 0.2179 \cdot PMV^2)$$

図2.64　PMVとPPDとの関係

（ANSI/ASHRAE Standard 55-2017, p. 39. より作図）

その熱環境を不満に感じることが分かります．ちなみに，上で例に挙げた熱環境（気温26.5℃，相対湿度60％，風速0.1m/s，平均放射温度＝気温，代謝量1.2 met，着衣量0.8 clo）のPMVとPPDを算出すると，PMVは0.90，PPDは22％となります．したがって，この環境は「やや暖かい」環境で，22％の滞在者がその熱環境に不満を表明する環境であると評価されます．

　SET*，PMV，PPDの計算には以下のウェブサイト「CBE Thermal Comfort Tool」等が利用できます (http://comfort.cbe.berkeley.edu/).

　PMVやPPDは熱的に均一な環境の評価を対象にしています．しかし，実際の環境では，床に近い足元と頭の位置では気温が異なっていたり，日射で屋根が熱せられて最上階の天井が熱くなったり，あるいは冬には床が冷え冷えしていたりします．このような不均一な環境は不満足と感じる人の割合を増やしてしまいます．

　図2.65は上下気温差と不満足者率との関係です．上下気温差とは，下は足首の高さの気温と上は頭の高さの気温の差のことです．上下の気温差が大きくなるにしたがって，不満足と感じる人の割合が増えています

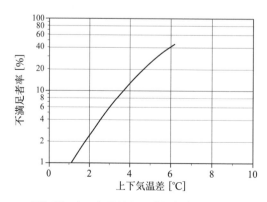

図2.65　上下気温差と不満足者率との関係

（ANSI/ASHRAE Standard 55-2017, p. 42. より作図）

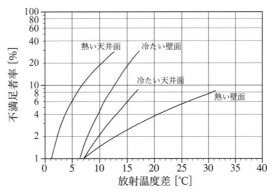

図2.66　不均一放射温度差と不満足者率との関係
(ANSI/ASHRAE Standard 55-2017, p. 41. より作図)

ね．上下気温差が 6 ℃では，なんと40% の人が不満と感じるということになります．また，足首の高さは床上0.1m ですが，頭の高さは座位と立位では異なります．標準的な成人男性の座位の頭の高さは約 1.1m ですが，立位では 約 1.7m となります．暖房しているときは，床からの高さが高くなるほど気温が上昇しますので，座位よりも立位の方が頭の高さの気温は高くなり，不満に感じる人が多くなります．

　図2.66は不均一放射温度差と不満足者率との関係です．放射温度も差が大きくなるにしたがって，不満足者率が大きくなることが分かります．なかでも，熱い天井面と冷たい壁面がより不満に感じることが読み取れます．熱い天井面は，戸建て住宅や集合住宅の最上階で発生するリスクがあります．夏期に強烈な日射が屋根に当たった場合，屋根がしっかりと断熱されていないと最上階の天井に熱が伝わり高温になってしまいます．冷たい壁面は，冬の住宅でよく経験します．窓ガラスは熱がたくさん奪われて低温になりやすく，窓際に座ると身体の片側だけ冷たく感じます．

　図2.67は床温度と不満足者率との関係を示したものです．ただし，

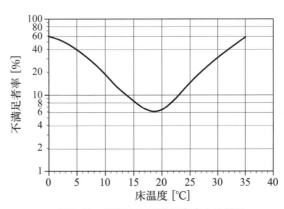

図2.67　床温度と不満足者率との関係
(ANSI/ASHRAE Standard 55-2017, p. 42. より作図)

このグラフは欧米式の靴を履いた生活や，靴を履いたまま仕事をするオフィスを想定しています．したがって，日本のように靴を脱いだ生活や床に寝っ転がる状況には使えませんのでご注意ください．床温度が18℃付近で最も不満足者率が小さくなって，そこから低温になっても高温になっても不満足者率が大きくなる様子が分かります．

UTCI(Universal Thermal Climate Index)は，2000年に国際生気象学会の活動によって，寒冷環境から暑熱環境までの幅広い室内および屋外熱環境を評価できる指標として提案されました．人体と周辺環境との熱のやり取りをシミュレートした人体温熱生理モデルに基づいた体感温度（単位：℃）です．

温熱6要素のうち，環境側4要素（気温，相対湿度，風速，平均放射温度）を入力すると，体感温度が算出されます．代謝量は時速4 km/h の歩行（135 W/m^2 =2.3 met ）を想定し，着衣量は気温から推定するモデルが組み込まれています．表2.13にUTCIによる熱ストレス評価カテゴリを示します．

湿球黒球温度 (Wet Bulb Globe Temperature: WBGT)は，YaglouとMinardによって開発された指標であり，暑熱ストレス（室内および屋外）の評価に用いられます．また，暑熱労働環境を評価する指標として，ISO 7243やJIS Z 8504に採用されています．WBGTは，自然湿球温度・黒球温度(グローブ温度)・気温を測定し，次式を用いて算出されます．環境省はこの指標を「**暑さ指数**」と呼んでいます．

日射がある場合

$$\text{WBGT} = 0.7 \cdot t_{nw} + 0.2 \cdot t_g + 0.1 \cdot t_a \qquad (式2.32)$$

日射がない場合

$$\text{WBGT} = 0.7 \cdot t_{nw} + 0.3 \cdot t_g \qquad (式2.33)$$

WBGT：湿球黒球温度 [℃]

t_{nw}：自然湿球温度 [℃]

t_g：黒球温度 [℃]

t_a：乾球温度（気温）[℃]

WBGTは熱中症の危険度の予測や評価に用いられています．環境省は

表2.13 UTCIによる熱ストレス評価カテゴリ

UTCI[℃]	熱ストレス評価カテゴリ
46～	極度の熱ストレス
38～46	非常に強い熱ストレス
32～38	強い熱ストレス
26～32	中程度の熱ストレス
9～26	熱ストレスがない
0～9	やや寒冷ストレス
-13～0	中程度の寒冷ストレス
-27～-13	強い寒冷ストレス
-40～-27	非常に強い寒冷ストレス
～-40	極度の寒冷ストレス

(UTCIのHPから作成. http://www.utci.org/)

図2.68 WBGT計

「熱中症環境保健マニュアル」を発刊し，熱中症に関する情報を提供すると共に予防策を示しています．また，日本生気象学会は「日常生活における熱中症予防指針」を定めて，WBGTに基づいて日常生活における熱中症の危険度を示すと共に，危険度カテゴリごとに注意事項を示しています(表2.14)．また，日本スポーツ協会は「熱中症予防運動指針」を定めて，運動に関する熱中症の危険度と取るべき対応を示しています(表2.15)．

WBGTの単位は℃ですが，気温とは異なることを十分理解する必要があります．WBGTの値は気温よりも小さい値となりますので，気温と混同して熱中症の危険度を低く見積もってはいけません．

表2.14　日常生活における熱中症予防指針

WBGTによる温度基準域	注意すべき生活活動の目安	注意事項
危険 31℃以上	すべての生活活動でおこる危険性	高齢者においては安静状態でも発生する危険性が大きい．外出はなるべく避け，涼しい室内に移動する．
厳重警戒 28℃以上31℃未満		外出時は炎天下を避け，室内では室温の上昇に注意する．
警戒 25℃以上28℃未満	中等度以上の生活活動でおこる危険性	運動や激しい作業をする際は定期的に充分に休息を取り入れる．
注意 25℃未満	強い生活活動でおこる危険性	一般に危険性は少ないが激しい運動や重労働時には発生する危険性がある．

(日本生気象学会：「日常生活における熱中症予防指針 Ver.3.1」, 2021.)

表2.15　熱中症予防運動指針

WBGT	熱中症予防運動指針	
31℃以上	運動は原則中止	特別の場合以外は運動を中止する．特に子どもの場合には中止すべき．
28〜31℃	厳重警戒 (激しい運動は中止)	熱中症の危険性が高いので，激しい運動や持久走など体温が上昇しやすい運動は避ける．10〜20分おきに休憩をとり水分・塩分の補給を行う．暑さに弱い人※は運動を軽減または中止．
25〜28℃	警戒 (積極的に休憩)	熱中症の危険が増すので，積極的に休憩をとり適宜，水分・塩分を補給する．激しい運動では，30分おきくらいに休憩をとる．
21〜25℃	注意 (積極的に水分補給)	熱中症による死亡事故が発生する可能性がある．熱中症の兆候に注意するとともに，運動の合間に積極的に水分・塩分を補給する．
〜21℃	ほぼ安全 (適宜水分補給)	通常は熱中症の危険は小さいが，適宜水分・塩分の補給は必要である．市民マラソンなどではこの条件でも熱中症が発生するので注意．

※暑さに弱い人：体力の低い人，肥満の人や暑さに慣れていない人など．
(日本スポーツ協会：「スポーツ活動中の熱中症予防ガイドブック」, 2019 .)

【トピック1】　日傘で暑さを防げるの？

　暑い夏に街中を歩くとき，少しでも涼しくなるように建物の日陰や緑陰を選んで歩いたりしませんか？　最近は男性でも日傘を差す時代です．「日傘男子」なんていう言葉も登場しました．さて，日傘を差すと本当に暑さを防ぐことができるのでしょうか？3種類の日傘を使って実験してみました．

　さぁ，その結果を見てみましょう．暑さの程度を表す指標にはWBGT「暑さ指数」を使っています．頭の高さのWBGTは，日傘を使わないと平均で32.3℃ですが，日傘を差すとWBGTが低下しています．ラミネート加工された日傘（茶）の値は平均で30.5℃ですから，日傘を差すことによってWBGTを平均で1.8℃低下させることができます．

　また，WBGT低減効果の最大は2.9℃でした．表2.14および表2.15に示すように，熱中症の危険度を評価するカテゴリはWBGTが3℃刻みになっていますので，日傘を使うことによって熱中症の危険度を1段階下げることができると言ってよいでしょう．

実験風景　　　　　　　　　日向と日傘のＷＢＧＴ比較

（Watanabe S., Ishii J.: Mitigation of pedestrian heat stress using parasols in a humid subtropical region, International Journal of Biometeorology, 61(11), pp.2009-2019, 2017.）

【トピック2】　「こたつ」はどのくらい暖かいの？

　日本の伝統的な採暖器具である「こたつ」は冬の風物詩ですね．さて，「こたつ」はどのくらい暖かいのでしょうか？　被験者実験で明らかにしました．

　下図のグラフはこたつの温熱効果を示しています．横軸が部屋の気温，縦軸が「こたつ」を使うことによって体感温度が何度上昇するのかを示しています．室温が11℃のときに「こたつ」を「強」にすると体感温度が約10℃上昇します．したがって，室温11℃＋「こ

たつ」の効果10℃ですので，体感温度21℃の部屋にいるのと同じ暖かさということになります．面白いのは，「こたつ」を「切」にしても2℃程度の温熱効果があるということです．これは，人間も発熱体ですので，「こたつ」を切っていても人間自身の発熱によって「こたつ」内が暖まり，体感温度が2℃程度上昇するということを示しています．

　もう1つ「こたつ」に関する面白い研究結果を示します．下図はWeb調査から分析した「こたつ」の年間使用期間の分布です．「こたつ」の使用期間は全国平均で141日でした．使用期間が最も長いのは長野県（飯田）の198日，次いで山梨県（河口湖）の196日，岩手県（宮古）の174日でした．一方，最も使用期間が短いのは沖縄県（名護）の82日でした．「こたつ」は気候風土の表示にも利用できそうです．

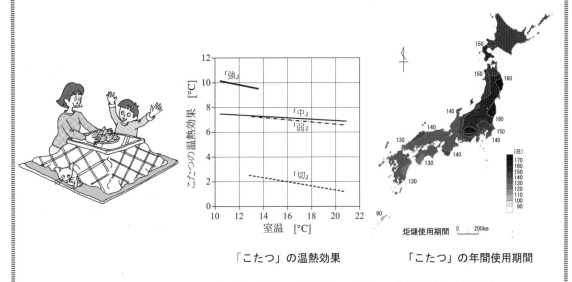

「こたつ」の温熱効果　　　　「こたつ」の年間使用期間

(渡邊慎一ほか：炬燵使用時における人体の熱的快適性の検討とその温熱効果の定量化，日本建築学会計画系論文集, 497, pp. 47-52, 1997.
渡邊慎一，堀越哲美. 日本各地における炬燵の使用実態と「炬燵前線」の推定，人間と生活環境, 22(1), pp. 9-20, 2015.)

【設計事例】深い軒で日射をコントロール

　深い庇で日射をコントロールしている設計事例を紹介しましょう．医療福祉施設の設計を多く手掛けている大建metが設計した『みんなのお家岐南』(2019) です.

『みんなのお家岐南』
(2019)

　所在地／岐阜県羽島郡岐南町，構造/RC造+S造+W造，建物用途／保育所＋デイサービスセンター，敷地面積/984.80 m²，建築面積/367.18 m²，延床面積/339.72 m²

雁行した屋根

日陰空間を作り出す深い軒

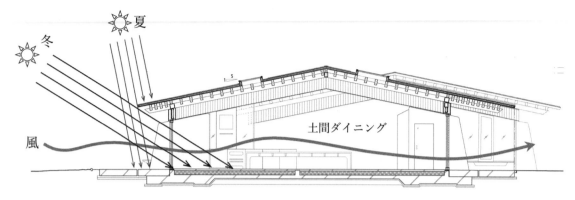

断面図：夏の日差しは遮り，冬の日差しは取り入れる深い軒

Q：この設計で重視した点は何ですか？

A：「この建築は託児所と高齢者デイサービスが一緒になった施設です．せっかく，小さな子どもとお年寄り達が一緒の建物を利用しますので，積極的に交流できる空間を作ろうと考えました．そこで，東側に保育室，西側に高齢者のための諸室を配置し，機能的に空間を明確に分けました．そして，その間に「土間ダイニング」を設けました．この空間は，外の庭から連続していて，段差もありません．ですから，食事をするだけでなく，子どもとお年寄りの交流の場になっています．小さな子どもと接するとみんな笑顔になりますね．」

Q：設計意図どおり世代を越えた交流が生まれてるんですね．では，この設計で環境的に配慮したことは何かありますか？

A：「もちろんあります．まず夏の日差しを遮るために軒の出を深くしました．この設計では1.5 m も出しています．でも，冬は太陽高度が低くなって，室内まで日差しが届きます．土間ダイニングは床がコンクリートですから，日差しが当たると床が暖かくなるんです．それと，風の流れも考えました．南側と北側に窓を設けて，なるべく風を遮るものがないように設計しました．特に土間ダイニングは気持ち良い風が通り抜けますよ．」

平野勝雅 (1975–)／布村葉子 (1976–)

　有限会社 大建 met. 名古屋工業大学卒業．　一級建築士．主な作品：『もやいの家 瑞穂』(2011)，『カンガルーのお家』(2014)，『近石病院』(2016)，『みんなのお家岐南』(2019)．中部建築賞，岐阜市景観賞，医療福祉建築賞，日本建築学会作品選奨など受賞多数．刃物ミュージアム回廊設計業務公募型プロポーザルにて最優秀賞受賞．

演 習 問 題

【演習 2.1】

伝熱に関する次の記述のうち，**最も不適当**なものはどれか．

1. 伝熱現象には，伝導，対流及び放射の三つがある．

2. 木材の熱伝導率は，普通コンクリートの熱伝導率より小さい．

3. 低放射ガラスを用いた複層ガラスの熱貫流率は，普通ガラスを用いた複層ガラスに比べて小さい．

4. 中空層において，内部が真空であっても，放射によって熱移動が生じる．

5. 日射遮蔽係数が大きい窓ほど，日射の遮蔽効果が大きい．

【演習 2.2】（二級建築士 試験　平成 30 年出題）

熱貫流率が 1.0 W/(m·K) の壁体について熱伝導率 0.03 W/(m·K) の断熱材を用いて熱貫流率を 0.4 W/(m²·K) とするために，必要となる断熱材の厚さは次のうちどれか．

1. 30mm

2. 35mm

3. 40mm

4. 45mm

5. 50mm

【演習 2.3】（二級建築士試験　平成 26 年出題）

日照・日射等に関する次の記述のうち，**最も不適当**なものはどれか．

1. 冬至の日の 1 日あたりの直達日射量は，水平面より南向き鉛直面のほうが大きい．

2. 建築物の開口部に水平な庇を設ける場合，夏期における日射遮蔽効率は，南面より西面のほうが大きい．

3. 夏至の日の居室の冷房負荷は，開口部を南面に設けるより西面に設けるほうが大きい．

4. 北向き鉛直面は，春分の日から秋分の日までの期間に，直達日射を受ける．

5. ダイレクトゲイン方式によるパッシブソーラーハウスを計画する場合，室内の熱容量を大きくしたほうが冬期における太陽熱の利用効果は高い．

【演習 2.4】

建築環境工学に関する次の記述のうち，**最も不適当**なものはどれか．

1. SET*（標準新有効温度）は，温度，湿度，気流，放射の四つの温熱要素に加え，人の着衣量と作業量を考慮した温熱環境指標のことである．

2. クロ (clo) 値は衣服の断熱性を表す指標であり，人の温冷感に影響する要素の一つである．

3. WBGT（湿球黒球温度）は「暑さ指数」とも呼ばれ，暑熱ストレスの評価に用いられる．

4. ある室内において PMV (予測平均温冷感申告) が 1 のとき，全ての滞在者がその温熱環境に満足する．

5. 不快指数は，気温と湿度から計算される温熱環境指標である．

【演習 2.5】

以下の壁体を貫いて流れる熱量について，以下の①～③に答えなさい．

① 熱の流れる方向は「室内→屋外」，あるいは「屋外→ 室内」のどちらか答えなさい．

② 壁体の熱貫流率を計算しなさい．

③ この壁体の面積を $15 \, m^2$ としたときの貫流熱量を計算しなさい．

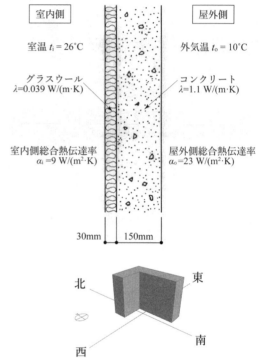

室内側　　　　　　　　　　　屋外側

室温 $t_i = 26°C$　　　　　　外気温 $t_o = 10°C$

グラスウール
$\lambda = 0.039 \, W/(m \cdot K)$

コンクリート
$\lambda = 1.1 \, W/(m \cdot K)$

室内側総合熱伝達率
$\alpha_i = 9 \, W/(m^2 \cdot K)$

屋外側総合熱伝達率
$\alpha_o = 23 \, W/(m^2 \cdot K)$

30mm　150mm

北　　　　東

西　　　　南

【演習 2.6】

下図は，冬至の日の名古屋におけるある建物の日影図である．以下の①～③に答えなさい．

① この建物による 2 時間の等時間日影線を描きなさい．

② 冬至の日における終日日影を描きなさい．

③ この建物によって永久日影ができるか答えなさい．できる場合には，その領域を描きなさい．

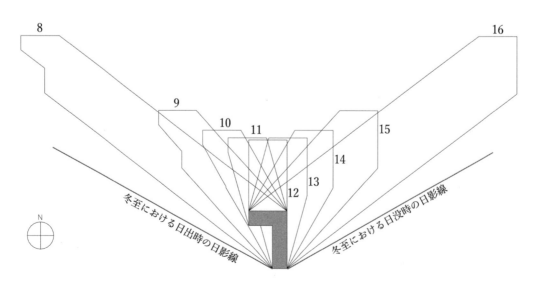

日影図 （8：00 ～ 16：00，名古屋）

この分野をさらに深く学ぶためのお薦めの図書

『Thermal Comfort』：P. O. Fanger 著，McGraw-Hill，1973

　デンマーク工科大学のファンガー教授が書いた名著．人体と周囲環境との熱収支から PMV の算出まで詳しく記述されています．現在，入手は極めて困難です．図書館で探してみてください．

『快適な温熱環境のしくみと実践』：空気調和・衛生工学会 編，丸善出版，2019

　温熱6要素や温熱環境指標などの温熱的快適性に関する基礎的な事項が詳しく書かれています．温熱的快適性を詳しく学びたい人には必携の書．

『温熱生理学』：中山昭雄 編，理工学社，1981

　温熱生理学のバイブル．温熱関係の専門家はぜひ持っておきたい一冊ですが，入手は極めて困難．

『からだと温度の事典』：彼末一之 監修，朝倉書店，2010

　人体と温度との関わりを，医学・衣・食・住・労働・運動・気象の視点から捉え，トピックスごとに簡潔にまとめられています．温度が人間にどう影響するのかについて多角的に学びたい人には最適の書．

『Heating, Cooling, Lighting: Sustainable Design Methods for Architects』：Norbert Lechner 著，Wiley，2014

　省エネルギーに貢献しながら快適な建築空間を創り出すため手法を，採暖・採涼・採光の視点から解説しています．多くの写真とイラストを使って平易な英語で書かれた良書．

論文検索

　この章に関連する論文が多く掲載されている学術雑誌を発刊する学会を列記します．

国内雑誌の論文は「J-Stage」や「CiNii」で検索できます．

『人間 - 生活環境系学会』『日本生気象学会』『空気調和・衛生工学会』『日本建築学会』『日本ヒートアイランド学会』

国際ジャーナルの論文検索は「Google Scholar」などが便利です．

『International Journal of Biometeorology』　『Building and Environment』

『Energy and Building』　『ASHRAE Transactions』

Under the principle of the human right to health, everyone
has the right to breathe healthy indoor air.
WHO Regional -Office for Europe (2000)

「健康に関する基本的人権に基づいて誰もが健康的な
室内空気を呼吸する権利を持っている」
世界保健機構 欧州地域事務局

私達は，毎日どのくらいの空気を吸っているのでしょうか？
1日に10〜20kgの空気を私達は体内に取り入れています．
同じように体内に取り入れている食物は1日に1〜2kg，水
は1日に1〜3kgです．食物や水については健康志向が強い
ですが，健康に良い室内空気について日頃考えたことはあり
ますか？　体内に取り入れている物質の多くが空気ですから，
1日の多くの時間を室内で過ごす私達にとって健康面から室
内の空気質を考えることは重要なことだといえます．

■なぜ建築学で空気を学ぶのでしょうか？

おせんべいや海苔などの袋には湿気を防ぐために乾燥剤が入っているのを見たことがあると思います．袋を密閉していたつもりでも乾燥剤の効果が薄れておせんべいや海苔が湿気てしまった経験はありませんか？これらの例からも分かるように，通常の空気中には湿気すなわち水蒸気が含まれているのです．そして，もう一つ，水蒸気は僅かな隙間でも通り抜けることが分かります．

夏に水蒸気が多いとジメジメして蒸し暑く不快になることや，一方で冬に乾燥すると静電気が起きたり，目や喉に痛みを感じたりして不快に感じることを多くの人が経験していると思います．さらに高温高湿の環境ではアレルギー症状を引き起こすカビやダニが発育しやすくなり，低温低湿の環境ではインフルエンザなどのウィルス性疾患が発症しやすくなります．このように，水蒸気は私たちの健康面にも大きく影響するのです．

また水蒸気は建物へも影響を与えます．冬の寒い日に石油ストーブで居間を暖房し，台所でガスを使って調理をしていたとします．石油ストーブやガス調理器具から発生した水蒸気は，僅かな隙間でも通り抜けるので，押入れの中や暖房をしていない部屋に流れ込みます．すると押入れの中や暖房をしていない部屋では**結露**が起こり，カビが発生したり，木材が腐ったりします．ですから健康で快適な環境，建物の維持保全のためには**湿気**について理解し，適正な状態に保つことが重要なのです．

1970年初頭，欧米ではオイルショックと省エネルギー意識の高まりから建物の気密性能を向上させ，新鮮外気の取り入れ量を削減しました．これにより，建物の居住者から頭痛や目，鼻，喉の痛み，疲労感，めまい，吐き気の訴えが増えました．発症の原因は不明ですが，問題となる建物から離れると症状が軽減・消失します．このことを**シックビルディング症候群（シックビル症候群）**といいます．気密性能の向上と新鮮外気の取り入れ量を削減したことにより，室内空気中の汚染物質が増加したことがシックビルディング症候群の一因と考えられています．

日本では当時，新鮮外気の取入れ量を削減しなかったため，シックビルディング症候群は深刻な状況になりませんでした．しかし，1990年代，新築やリフォームした住宅で起こった**シックハウス症候群**は大きな社会問題となりました．シックハウス症候群の症状として皮膚，

湿気（moisture）
　空気中の水蒸気ならびに建築材料に含まれる水蒸気あるいは水分を総称して湿気といいます．

シックビルディング症候群（シックビル症候群）
（sick building syndrome）

シックハウス症候群
（sick house syndrome）

目，喉などの痛み，全身倦怠感，めまい，吐き気，頭痛などがあります．発症の原因として，高気密住宅，化学物質を放散する建材・内装材の使用，換気不足が考えられています．シックハウス症候群はまだ全てが解明されていませんが，室内空気中の汚染物質に原因があるかもしれません．建築に携わる技術者にとって，汚染物質対策を行い，清浄な室内空気を維持することは責務であるといえます．

3.1 湿り空気

3.1.1 湿り空気と乾き空気

通常，空気中には水蒸気が含まれていますが，この水蒸気を含んだ空気のことを**湿り空気**といいます．一方，水蒸気を除いた，空気のことを**乾き空気**といいます．ですから湿り空気とは図3.1に示すように，乾き空気と水蒸気を混合した気体のことです．湿り空気中の水蒸気の質量組成は通常1〜3%程度ですが，水の蒸発熱（または気化熱）は非常に大きいため，わずかな量であっても熱量の変化は大きく，水蒸気の存在を通常，無視できません．建築環境工学では，湿り空気のことを単に空気と呼ぶこともあります．

湿り空気（moist air）

乾き空気（dry air）

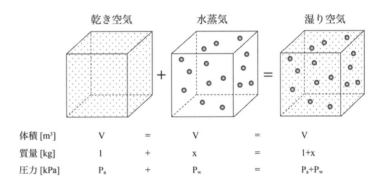

図3.1 乾き空気と湿り空気

3.1.2 水蒸気量の表示

天候などの変化により，大気中の水蒸気すなわち湿り空気中に含まれる水蒸気の量は変化します．湿り空気の温度が高くなるほど，含むことができる水蒸気量は多くなります．ただし，限界があります．ある温度において，それ以上は水蒸気を含むことができない状態の空気を**飽和湿り空気**または**飽和空気**といいます．湿り空気に含まれる水蒸気量は一定でないため，その含有量を目的に応じて表示する必要があります．ここでは，建築環境工学で主に使われる水蒸気量の表示方法について説明します．

飽和湿り空気
（saturated moist air）

飽和空気（saturated air）

(1) 相対湿度

湿り空気の圧力 P は，図3.1に示すように乾き空気の分圧 P_a [kPa] と水蒸気の分圧 P_w [kPa] の和 $P = P_a + P_w$ [kPa] になります．この時，水蒸気の分圧 P_w のことを**水蒸気分圧（水蒸気圧）**といいます．なお，建築環境工学では湿り空気の圧力 P は通常，大気圧として一定（101.325 kPa）とみなします．

相対湿度 ϕ [%] とは，ある温度の湿り空気の水蒸気分圧 P_w [kPa] と，等しい温度の飽和湿り空気の水蒸気分圧（**飽和水蒸気分圧**という）P_{ws} [kPa] との比を百分率で示したものです．相対湿度 ϕ は次の式で示します．

$$\phi = \frac{P_w}{P_{ws}} \times 100 \qquad (式3.1)$$

ϕ：相対湿度 [%]

P_w：ある温度の湿り空気の水蒸気分圧 [kPa]

P_{ws}：ある温度の湿り空気の飽和水蒸気分圧 [kPa]

相対湿度は，湿り空気に含まれる水蒸気量を百分率で示しているため（飽和湿り空気＝相対湿度100%），乾湿の状態をイメージしやすく，湿度の体感的な表示方法として一般的に使われています．ただし，飽和湿り空気の水蒸気分圧 P_{ws} は，温度により変化するので，水蒸気分圧 P_w が変化しなくても，湿り空気の温度が変化すると相対湿度は変化します．

(2) 絶対湿度

絶対湿度 x [kg/kg(DA)] は，湿り空気に含まれる水蒸気量を乾き空気を基準とした質量比で示したものです．図3.1に示すように乾き空気1kgにつき水蒸気が x kg 含まれている時，あるいは湿り空気 $(1 + x)$ kgにつき水蒸気が x kg 含まれている時，絶対湿度は x [kg/kg(DA)] となります．単位に含まれる kg (DA) は，乾き空気（Dry Air）の質量を示しています．相対湿度とは異なり，乾湿の状態をイメージしにくいですが，湿り空気の温度が変化しても水蒸気量が変化しない限り，絶対湿度は変化しません．また，ある温度の湿り空気の絶対湿度と，等しい温度の飽和湿り空気の絶対湿度との比を，相対湿度のように百分率で示したものを**飽和度（比較湿度）** ψ [%] といいます．低温から常温程度までは，相対湿度と飽和度の値は，ほぼ等しくなります．湿り空気を**理想気体**と仮定すると水蒸気分圧 P_w と絶対

相対湿度
（RH: relative humidity）

水蒸気分圧
（water vapor pressure）

飽和水蒸気分圧
（saturation pressure of water vapor）

絶対湿度（humidity ratio）

絶対湿度の呼称について
物理学や気象学で用いる絶対湿度 (absolute humidity) は，単位体積の空気中に含まれる水蒸気の質量です．単位は [kg/m³] です．定義が異なるので注意が必要です．

乾き空気の質量表示
古い文献では，[kg'] で示したものもあります．

飽和度
（degree of saturation）

理想気体
（ideal gas , perfect gas）
分子に大きさが無く，分子間力も無い気体です．理想気体は，気体の状態方程式に従うため，水蒸気分圧と絶対湿度の関係は，式3.2で示すことができます．

湿度 x の関係は次の式で示すことができます.

$$x = 0.622 \times \frac{P_w}{P - P_w} \qquad (式3.2)$$

x：絶対湿度 [kg/kg(DA)]

P：湿り空気の圧力 (大気圧) [kPa]（101.325 kPa）

P_w：湿り空気の水蒸気分圧 [kPa]

(3) 湿球温度

通常，温度計の感温部を水で湿らせたガーゼなどの布で覆うと布表面から水が蒸発して感温部の熱を奪い温度が下がります．温度が下がりますので，同時に周囲の空気から感温部に熱が与えられます．奪われる熱と与えられる熱が平衡状態となった時の温度を**湿球温度** [℃]といいます．ちなみに感温部が乾いた（湿った布で覆っていない）状態の温度計で測定した空気の温度は**乾球温度** [℃]といいます．いわゆる気温は，乾球温度のことです．湿球温度は，乾球温度から水の蒸発熱を温度換算した値を差し引いたものともいえます．ですから飽和湿り空気（相対湿度 100%）の状態では，湿った布の表面で蒸発は起こらないので湿球温度と乾球温度は等しくなります．相対湿度は，乾球温度と湿球温度から計算で求めることができます．また，測定器に付属している早見表で簡易的に求めることもできます．正確な乾球温度と湿球温度は，アスマン通風乾湿計などの機器を用いて，直射日光を遮り，感温部に一定の気流がある状態で測定します.

湿球温度（WB: wet bulb temperature）

乾球温度（DB: dry bulb temperature）

比エンタルピー（specific enthalpy）

3.1.3　比エンタルピー

湿り空気の保有する単位質量当たりの全熱量を**比エンタルピー** h [kJ/kg(DA)] といいます．湿り空気の比エンタルピーは 0 ℃の乾き空気を基準値，すなわち 0 kJ/kg(DA) として表現されます. 温度 t [℃], 絶対湿度 x [kg/kg(DA)] の湿り空気の比エンタルピー h [kJ/kg(DA)] は次の式で示すことができます.

$$h = C_{pa} + (r_o + C_{pw}t)\, x \qquad (式3.3)$$

h：比エンタルピー [kg/kg(DA)]

C_{pa}：空気の定圧比熱 [kJ/(kg·K)]（=1.005 kJ/(kg·K)）

C_{pw}：水蒸気の定圧比熱 [kJ/(kg·K)]（=1.846 kJ/(kg·K)）

t：温度 [℃]

r_o：0℃の水の蒸発潜熱 [kJ/kg]（=2501 kJ/kg）

x：絶対湿度 [kg/kg(DA)]

　右辺第 1 項は乾き空気の保有する熱量，第 2 項は水蒸気の保有する熱量であり，湿り空気の比エンタルピーは，それらの合計となります．（式 3.3）から，温度 25 ℃，絶対湿度 0.010 kg/kg(DA)（相対湿度 ≈ 50%）の湿り空気の比エンタルピーは，およそ 50.6 kJ/kg(DA) になります．このとき，乾き空気の保有する熱量と水蒸気の保有する熱量は，ほぼ等しくなります．3.1.1 で述べた水蒸気の存在を無視できない理由が保有する熱量の面から分かってもらえると思います．また，比エンタルピーは次の式のように示すこともできます．

$$h = (C_{pa} + C_{pw}x)t + r_0x \qquad\qquad (式 3.4)$$

　この時，右辺第 1 項は湿り空気を 0 ℃から t ℃まで変化させる熱量であり，これを**顕熱**といいます．第 2 項は 0 ℃，x kg の水が 0 ℃，x kg の水蒸気に相変化する際に必要な熱量であり，これを**潜熱**といいます．これまで説明した比エンタルピーについて概念図を図 3.2 に

顕熱（sensible heat）
　物質の温度変化に費やされる熱.

潜熱（latent heat）
　物質の相変化に費やされる熱. 物質が固体から液体へ相変化する際は融解熱, 液体から気体へ相変化する際は, 蒸発熱といいます. これらは周囲から熱を奪います. 気体から液体へ相変化する際は, 凝縮熱, 液体から固体へ相変化する際は, 凝固熱といいます. これらは周囲へ熱を与えます.

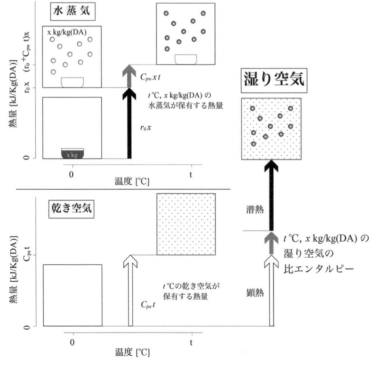

図 3.2 比エンタルピーの概念図

示します.

3.1.4　湿り空気線図

　湿り空気の状態を表す乾球温度，相対湿度，比エンタルピーなどを**状態量**といいます.湿り空気の圧力を大気圧として一定とみなした場合，状態量のうち2つを定めると，ほかの状態量を求めることができます.よって，2つの湿り空気の状態量を座標軸とした線図で状態量それぞれの関係を表すことができます.この線図のことを湿り空気線図といいます.

　2つの状態量の組み合わせから様々な**湿り空気線図**をつくることができますが，比エンタルピー h と絶対湿度 x を斜交座標とした湿り空気 h-x 線図が，湿り空気線図として一般的に使われています.縦軸は絶対湿度，斜軸は比エンタルピーです.線図には乾球温度，相対湿度，水蒸気分圧，湿球温度などを示す状態線が描かれています（図3.3）.相対湿度の状態線は右上がりの曲線であることから，乾球温度が高いほど飽和水蒸気分圧が高くなり，湿り空気が含むことのできる水蒸気量は多くなることが分かります.乾球温度は横軸に示されていますが，温度が低くなると絶対湿度とは直交せず，わずかに左に傾いています.比エンタルピーは，乾球温度 0 ℃，絶対湿度 0.000 kg/kg(DA) のとき，基準値 0 kJ/kg(DA) となっています.

　いま，湿り空気の2つの状態量（例えば，乾球温度と相対湿度）が与えられると，湿り空気線図上で1つの点が定まります.この点のこ

湿り空気線図
（psychrometric chart）
　湿り空気 h-x 線図は，湿り空気の状態量の変化を求める場合や空気調和設備の負荷計算によく使用されています.他に温度と比エンタルピーを直交座標とした湿り空気 t-h 線図も使用されています.

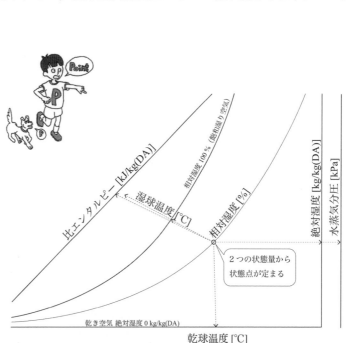

図3.3 湿り空気線図の状態量と状態点

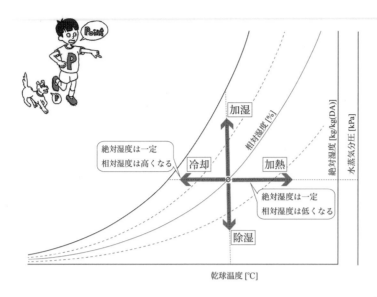

図3.4 湿り空気の状態点の移動

とを**状態点**といいます（図3.3）．この状態点が決まると線図上に示された他の状態量を読み取ることができます．例えば，乾球温度25 ℃，湿球温度18 ℃の湿り空気は線図から，およそ相対湿度50％，絶対湿度0.010 kg/kg(DA)，比エンタルピー50 kJ/kg(DA)と読み取ることができます．

図3.4に示すように湿り空気の水蒸気量を変化させずに**加熱**すると，状態点は湿り空気線上を水平に右方向に移動します．この時，相対湿度は低くなります．逆に湿り空気の水蒸気量を変化させずに**冷却**すると，状態点は湿り空気線上を水平に左方向に移動します．この時，相対湿度は高くなります．湿り空気の乾球温度が変化せずに**加湿**されると，状態点は湿り空気線上を上方向に移動します．逆に湿り空気の乾球温度が変化せずに**除湿**されると，状態点は湿り空気線上を下方向に移動します．

3.2　結露とその防止

3.2.1　露点温度と結露

湿り空気 $h-x$ 線図上で絶対湿度0 kg/kg(DA) の線上の状態は，乾き空気を示しています．一方，相対湿度100 ％の線上の状態は飽和湿り空気（飽和空気）を示しています．湿り空気は，飽和湿り空気と乾き空気の間の領域では**不飽和湿り空気（不飽和空気）**と呼ばれ，通常の環境では湿り空気は不飽和湿り空気の状態にあります．

ある状態点の不飽和湿り空気を冷却していくと，先ほど述べたよ

不飽和湿り空気
（unsaturated moist air）

露点温度
（dew-point temperature）

冷却時における湿り空気線図上の状態点の移動

図 3.5 では，湿り空気が露点温度以下に冷却される時，状態点は，露点温度まで左方向に水平に移動して，その後，相対湿度100%の曲線に沿って移動しています．しかし，実際は，冷却と凝縮（除湿）は，同時に行われるので，状態点は左斜め下に移動します．露点温度と結露を分かりやすく説明するため，冷却と凝縮（除湿）の過程を分けて示しました．なお，露点温度以上で冷却される時は，凝縮（除湿）は起きないので状態点は左方向に水平に移動します．

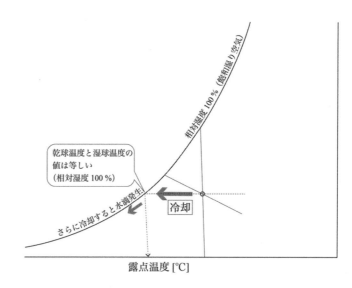

相対湿度100%（飽和湿り空気）

乾球温度と湿球温度の値は等しい（相対湿度100%）

さらに冷却すると水滴発生

冷却

露点温度 [℃]

図 3.5 湿り空気線図上の露点温度

うに湿り空気線図上を左方向に水平に移動しますので，やがて飽和湿り空気（相対湿度100%）の状態になります．この時の温度のことをある状態点の**露点温度**といいます（図 3.5）．先ほどの乾球温度25℃，湿球温度18℃の状態点の露点温度は約14℃です．

さらに冷却して湿り空気が露点温度以下になると，水蒸気として空気中に含むことができないため一部が凝縮して水滴として現れます．結果として湿り空気は除湿されます．湿り空気が露点温度よりも低い温度の固体に接触して冷却され，固体表面に凝縮した水滴が現れることを**結露**といいます．ちなみに霧や霞は大気が露点温度以下に冷却され，凝縮した水滴が大気中に浮遊している状態のことです．建物で結露が発生すると，内装材にシミをつくり，木材を腐らせる腐朽菌も発生します．またアレルギー疾患や喘息の原因となるカビやダニも発生しやすくなります．結露は，建物の耐久面，居住者の健康面に被害をもたらします．

3.2.2 表面結露と内部結露

建物で発生する結露は，場所により表面結露と内部結露に分類されます．**表面結露**は，壁や窓などの部位の表面温度が周囲の湿り空気の露点温度以下になり部位の表面に結露が発生することをいいます．冬の寒い日に窓ガラスに水滴がついているのが表面結露の例です．**内部結露**は，壁などの部位の内部の温度が湿り空気の露点温度以下になり，日常では目に見えない部位の内部で結露が発生することをいいます．同じ理由から，目に見えない部分の天井裏や床下で起こる表面結露も

表面結露
（surface condensation）

内部結露
（internal condensation）

内部結露ということがあります．内部結露により木材腐朽菌が発生した場合，建物の寿命を縮める危険性があります．

3.2.3　冬型結露と夏型結露

結露の発生する状況は季節により異なるため，冬型結露と夏型結露に分類されます．冬季，気温は室内より屋外は低く，そのため外壁などの部位では室内側表面温度は低くなります．室内では，人体や調理などの生活行為で発生した水蒸気により，屋外よりも高湿の状態になることがあります．この高湿の湿り空気が，低温な外壁の室内側表面などに接触して露点温度以下まで冷却されると結露が発生します．これを**冬型結露**といいます．一般的に結露といえば冬型結露のことをいいます．

冬型結露
(dew condensation in winter)

夏季，日本は高温・高湿の気候になります．地下室，床下など温度の低い場所に屋外から高温・高湿の空気が流入すると結露が発生します．これを**夏型結露**といいます．また，屋外から外壁などの断熱材に侵入した水蒸気や日射により木造の躯体から発生する水蒸気により冷房時に内部結露が発生することがあります．これも夏型結露（**逆転結露**）と呼ばれています．

夏型結露
(dew condensation in summer)

逆転結露

3.2.4　結露の防止

結露は，湿り空気が露点温度以下になると発生します．ですから，結露を防止するためには①温度の低い場所をなくす，②水蒸気量の多い場所をなくす，この2つを考えればよいわけです．基本的な対策は2つですが，具体的な対策は建物だけでなく，気候，生活スタイルなど多岐にわたり考慮すべきことがあります．ここでは，主に躯体構造，工法，建物部位，設備，季節に分類して結露防止対策を述べていきます．はじめに共通する基礎事項である**断熱**，**防湿**，**換気**，**調湿**について説明します．

断熱　(thermal insulation)

防湿　(moisture prevention)

換気　(ventilation)

調湿　(humidity control)

（1）**断熱**

温度の低い場所をなくすためには，室内の温度をくまなく高くすればよいのですが，その結果，高温で不快になったり，エネルギーを浪費したりするのであれば，あまり現実的な対策とはいえません．そこで，主に冬型結露対策では，建物各部位の熱を通しにくくする，即ち熱貫流率を小さく（断熱性能を高く）する対策が取られます．

第2章熱環境の例題2.2にあるように，壁体にグラスウール（断熱材）を挿入することにより室内側壁面の表面温度が低下することを防

熱橋（heat bridge）

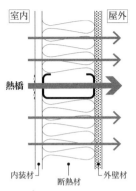

図 3.6 鉄骨造の熱橋

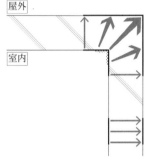

図 3.7 隅角部（フィン効果）の熱橋

透湿
（moisture transmission）

透湿抵抗
（moisture resistance）

水蒸気の移動量（透湿量）

壁体を移動する熱量が熱貫流率と温度差から求められるように，壁体を移動する水蒸気量（透湿量）は，湿気貫流抵抗と水蒸気圧差で求めることができます．

$$w = \frac{1}{R'}(p_i - p_o)$$

$$R' = r_i' + \sum r_w' + r_o'$$

w：透湿量 [ng/ (m²·s)]
p_i, p_o：室内外の水蒸気分圧 [Pa]
R'：湿気貫流抵抗 [m²·s·Pa/ng]
r_i', r_o'：壁体内外表面の透湿抵抗 [m²·s·Pa/ng]
r_w'：壁体各層の透湿抵抗 [m²·s·Pa/ng]

ぐことができます.

例題 2.2 と同じ条件の時，室内側壁面の表面温度は 20.9 ℃となります．もしも，グラスウールがないとすると室内側壁面の表面温度は 17.0 ℃になります．室内の湿り空気が気温 22 ℃，相対湿度 75 ％の時，露点温度は 17.4 ℃です．この時，グラスウールがなければ，局所的に高湿の場所では，表面結露が発生する恐れがあります．

このように，断熱材を付加して部位の断熱性能を向上させることにより，温度の低い場所をなくし結露を防止できるのです．ただし，躯体構造，工法，建物部位によっては断熱材を付加しにくい，あるいは十分な厚さの断熱材を付加できない場合があります．そのような部分は，**熱橋**（ヒートブリッジ）と呼ばれ，熱貫流率が大きく局部的に室内側表面温度が低下し，結露が発生しやすくなります．鉄骨造の壁体内の鉄骨柱部分（図 3.6）は，以上の理由から熱橋となります．また内側に対して外側の表面積が大きくなる**隅角部**（図 3.7）などはフィン効果により熱橋となります．このような部分は熱橋対策が必要となります．具体的な熱橋対策は，3.2.5 壁体の結露防止対策で説明します．

（2）防湿

水蒸気量の多い場所をなくすためには，室内での水蒸気発生量を減らせばよいのですが，日常生活を送る上で調理，入浴などの生活行為による発生量を抑えるのは難しいですし，人体からも水蒸気は発生します．冬季は，室内より屋外は低湿になるので換気により水蒸気量を減らすことができます．しかし，換気量を多くして低温になるのは熱環境の観点からは望ましくありません．冬型結露対策では，室内が屋外よりも高湿となることを前提として，水蒸気量の多い場所をなくすことを考えなければなりません．

熱と同じように水蒸気（湿気）は水蒸気分圧（または絶対湿度）の高い方から低い方へ流れます．金属やガラスを除けば建築材料の多くは内部に微細な空隙があるため水蒸気が通り抜けます．このことを**透湿**といいます．この時，水蒸気の流れにくさを表す係数を**透湿抵抗** [m²·s·Pa/ng] といいます．

例題 2.2 の条件で水蒸気の移動量（透湿量）を考えて，内部結露が発生するか考えてみましょう．石こうボード，グラスウール（繊維系断熱材），コンクリートの透湿抵抗をそれぞれ，0.0003 m²·s·Pa/ng，0.0003 m²·s·Pa/ng，0.0504 m²·s·Pa/ng とします．壁体表面の透湿抵抗はきわめて小さい数値なので省略します．室内の相対湿度40％（水蒸気分圧 1058.1 Pa），屋外の相対湿度50％（水蒸気分圧 436.3 Pa）と

します．この条件で計算をすると，グラスウールとコンクリートとの境界での水蒸気分圧は1050.8 Pa，温度は6.8℃になります．この時の飽和水蒸気分圧は991.1 Paですから，グラスウールとコンクリートの境界付近で内部結露が発生する危険性があります（図3.8）.

　繊維系断熱材であるグラスウールは，水分を含むと熱伝導率が大きくなるため，熱抵抗が小さくなり，さらに周囲の温度が低くなります．石こうボードやグラスウールは透湿抵抗が小さいため，水蒸気が移動しやすく壁体内部に水蒸気量の多い場所ができてしまいます．また，グラスウールは断熱材ですのでコンクリートとの境界部分は温度の低い場所になっていて内部結露が起こりやすくなっています．そこで壁体内部の水蒸気量の多い場所をなくすために室内から屋外へ通り抜ける水蒸気を流れにくくする対策（防湿）を行います．透湿抵抗の大きい材料を繊維系断熱材より室内側の部分に防湿層として加え，水蒸気の移動量を少なくすることで内部結露を防ぐことができます（図3.9）．ここで気をつけることは，水蒸気は僅かな隙間でも通り抜けますので防湿層は隙間なく施工する必要があります．すなわち気密性能を向上させる必要があります．

　ここまで断熱材による内部結露のことを述べましたが，同じような理由で結露が起こりやすい場所があります．それはタンスなどの家具の裏側の壁や押入れです．家具や押入れは断熱材と同じ働きをするので，家具の裏側の壁や押入れ内部は水蒸気量が多く，温度の低い場所になります．そのため，このような場所では結露が発生しやすくなり

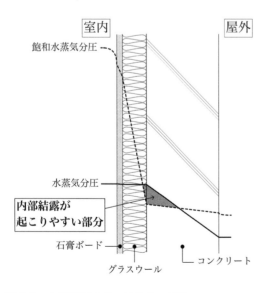

図3.8　内部結露の起こりやすい部分

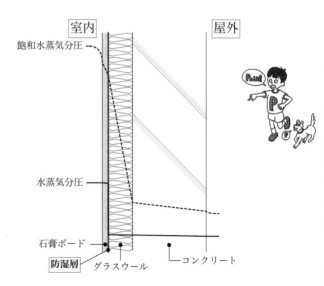

図3.9　防湿層による内部結露の防止対策

ます（あまり日常的に目にする部分ではないので一種の内部結露と言えるかもしれません）．家具や押入れに防湿や気密性能を期待することはできませんので，家具の裏側は少し隙間を開ける，押入は襖を少し開けて，空気を通りやすくします．そして温度が低くならないようにして結露を防ぎます．

（3）換気

冬季，室内よりも屋外は低湿であることが多いため，冬型結露の場合は換気により外気を取り入れることは結露対策として有効です．夏季については，夏型結露の箇所で述べたように，換気により外気を取り入れることにより結露が発生する場合がありますので注意が必要です．結露対策に必要な換気量については，3.4.2 必要換気量と換気回数で説明しています．

（4）調湿

建築材料の多くは，内部に微細な空隙があるため水蒸気が通り抜けると述べましたが，その空隙は湿気を含むこと（含水）もできます．一般に湿度が高い時は吸湿し，湿度が低い時は放湿する性質がありますが，建築材料によりその湿気を含む量（含水率）は異なります．吸放湿により室内の湿度変化を緩和する作用のことを調湿作用あるいは吸放湿効果といいます．先ほどの（2）防湿では，室内外の湿度や建築材料の含水量は時間とともに変化しないと仮定した計算（定常計算）により内部結露の発生を判断しています．結露の発生や結露被害をより正確に判断する際には，建築材料の調湿作用を考慮した計算（非定常計算）が必要になります．

3.2.5　壁体の結露防止対策

（1）鉄筋コンクリート造

鉄筋コンクリート造の場合，内断熱と外断熱で結露防止対策が異なります．冬型結露を考えた場合，先ほどの 3.2.4 結露の防止で述べたように，内断熱の場合は断熱材とコンクリートの境界部分の温度が低いので（図 2.6 参照），室内から水蒸気が透過したときに結露が発生します．ですから断熱材には通常，透湿抵抗が大きい発泡プラスチック系断熱材が用いられています．外断熱の場合はコンクリートと断熱材の境界部分の温度は高く（図 2.7 参照），またコンクリートは透湿抵抗が大きいため内部結露発生の危険性は低いといえます．

内断熱の場合，外壁と内壁や床の取り合い部分は断熱材を付加することができません．外断熱の場合，バルコニーは断熱材を付加しにく

い部分です．これらの部分は熱橋となり表面結露の発生する危険性が
あります．そのため，熱橋により温度が低下する部分には，断熱材を
補強して結露を防止する対策が施されます（図3.10，図3.11）．

第2章で説明しているようにコンクリートは，熱容量が大きいた
め熱しにくく冷めにくい性質があります．外断熱の場合，間欠暖房を
行うと暖房を運転した時に壁体温度が低いと表面結露が発生する危険
性があります．同様に梅雨の時期など，壁体温度が低い時に高湿の外
気を取り入れると，夏型結露が発生する危険性も考えられます．これ
らの危険性については，熱と湿気について非定常計算により判断する
ことが必要になる場合もあります．

（2）木造

木造の場合，充填断熱工法（内断熱）と外張断熱工法(外断熱)で
結露防止対策が異なります．充填断熱工法は柱の間に断熱材を充填し
ます（図3.12）．グラスウールなどの透湿抵抗の小さい繊維系断熱材
を使用する場合は，先ほど述べたように断熱材の室内側に透湿抵抗の
大きい防湿層を設けます．断熱材の屋外側には，透湿抵抗の小さい防
風層を設けます．防風層には水蒸気は通り抜けることができますが，
水や空気は通り抜けることができない性質の材料を使います．木材は
水分を含むことができるので，柱などから発生した水蒸気や室内から
通り抜けてしまった水蒸気を防風層から屋外へ透過させることができ
ます．外装材には透湿抵抗の大きい材料を用いることが多いので，防
風層と外壁の間を離して通気層を設け，透過してきた水蒸気を排出し
ます．防湿層と防風層を逆に施工すると大変なことになります．

これで冬型結露による内部結露は防止できますが，最近は夏型結露
（逆転結露）による内部結露が問題となっています．冷房運転をして
いると，夏季は室内よりも屋外のほうが高湿の状態になります．防風
層は透湿抵抗が小さいので屋外（通気層）からの水蒸気は通り抜けて
断熱材に侵入します．防湿層は透湿抵抗が大きいため，この部分に水
蒸気量の多い場所ができます．室内で冷房運転をしていて，防湿層付
近の温度が露点温度以下まで下がると，内部結露が発生する危険性が
あります．また壁体内で使用される構造用合板や木材が日射などの影
響で高温になることにより含んでいる水分が蒸発して壁体内が高湿に
なり，内部結露が発生しやすくなることもあります．この夏型結露（逆
転結露）による被害については，詳細な検討が必要になりますが，冷
房の設定温度を過度に低くしないことで防ぐことができる場合があり
ます．

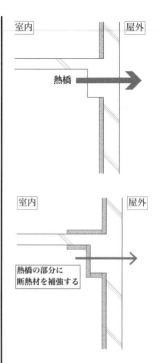

**図3.10 内断熱における床ス
ラブ部分での断熱補強**

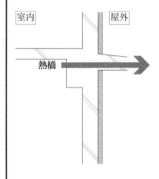

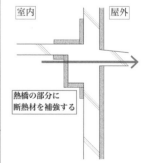

**図3.11 外断熱におけ
るバルコニー部分での断
熱補強**

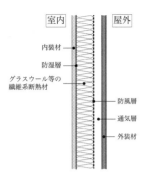

図3.12　充填断熱工法

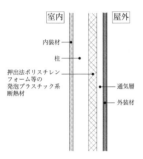

図3.13　外張断熱工法

外張断熱工法は柱の外側に断熱材を貼り付けます（図3.13）．断熱材は多くの場合，透湿抵抗の大きい発泡プラスチック系断熱材が用いられます．冬型結露を考えた場合，透湿抵抗の大きい断熱材が柱の外側にありますので，壁体の温度は高く，室内からの水蒸気が透過しても内部結露の危険性は低くなります．夏型結露を考える場合も同様です．ただし，どちらの場合も気密性能が高いことが前提です．

（3）鉄骨造

鉄骨造の場合，充填断熱工法では鉄骨部分が熱橋となりますので，熱橋対策として外張断熱工法が一般的です．内部結露の防止対策は木造と同じです．

3.2.6　窓面の結露防止対策

窓面の結露は，冬型結露についてガラスとサッシ（窓枠）それぞれで対策を考えます．板ガラスの熱伝導率は0.78 W/(m·K)でコンクリートの熱伝導率よりも小さく，それほど熱が伝わりやすい材料ではありません．ただしガラスは厚くすると重くなるので通常は3〜6 mm程度の板ガラスが使用されています．そのためガラスの熱貫流率は大きくなってしまい，温度の低い場所となります．ガラスは水蒸気が透過しないので結露防止対策を考える際には断熱性能を向上させることだけで十分です．

断熱性能に優れたガラスについては第2章で説明しているように複層ガラスがあります．複層ガラスや高性能のLow-E複層ガラスにすることでガラスの結露を防ぐことができます．

次にサッシについて考えます．現在，サッシの材料としてアルミニウム，樹脂，木材が主流です．アルミニウムの熱伝導率は210 W/(m·K)と非常に大きく，熱を通しやすい材料です．ですから複層ガラスを用いてもアルミニウム製のサッシの部分は温度の低い場所のままです．サッシもガラス同様に断熱性能を向上させて結露を防止します．

断熱性能を向上させたサッシには熱伝導率の小さい樹脂製（図3.14）や木製のサッシ，屋外側をアルミニウム，室内側を樹脂とした複合材のサッシ，アルミニウムの一部に樹脂を使用したサッシなどがあります．これで窓面の結露は防止できますが，障子やカーテンを閉めると，これらが断熱材の働きをして場合によっては，窓面に結露が発生してしまうこともあります．その場合は，押入れでの結露防止対策を思い出してください．障子やカーテンを少し開けて，空気を通りやすくします．ただし，窓面で冷やされた空気はコールドドラフトとなります

図3.14 樹脂製サッシの例
（YKKAP株式会社HPカタログより）

ので，結露が発生した時だけ障子やカーテンを開けたほうが良さそうです．雨戸があれば，雨戸を閉めることも結露防止対策になります．

3.2.7　地下室の結露防止対策

地下は，地上よりも恒温性に優れているため夏涼しく，冬暖かい環境になります．しかし，その恒温性により，地中からの水分の透過や外気を取り入れることにより夏型結露が発生する危険性があります．地中からの水分の透過を防ぐためには，躯体外部に防水層を設ける必要があります．外断熱はコンクリートの熱容量と保水により結露防止に有効であるといわれています．湿度の高い日に外気を取り入れることにより結露が発生する場合は，除湿を行う必要があります．図3.15 に示すドライエリアを地下室の一部に設けると恒温性は多少損な

図 3.15　ドライエリア

われますが，結露の発生を抑える働きはあります．

3.3　空気質

3.3.1　室内空気の汚染物質

空気とは地球を包む大気のなかで地表に近い低層に存在する混合気体のことをいい，表 3.1 に示すように主要成分は窒素，酸素，アルゴンです．少量成分として二酸化炭素，そして，その他の気体が微量成分として含まれています．また大気中には空気の他に，3.1 や 3.2 で説明した水蒸気や粒子状物質も存在しています．

空気質を考えるとき，成分としてごく僅かな気体，粒子状物質のなかには健康を害する**空気汚染物質**が含まれていて，それらへの対策が重要になります．ところで室内空気の汚染物質はどこから発生しているのでしょうか？　図3.16 に室内空気の汚染物質の発生源を示しま

表 3.1　空気の組成

成　分	体積比［%］
窒素（N₂）	78
酸素（O₂）	21
アルゴン（A）	0.93
二酸化炭素（CO₂）	0.039
ネオン（N）	0.0018
ヘリウム（H）	0.00052
一酸化炭素（CO）	0.000012

（理科年表 2020，p.87 丸善，2020．より作成）
理科年表 2000 では二酸化炭素の体積比は 0.032% でした．漸次，増加しています．

空気汚染物質
（air pollutant）

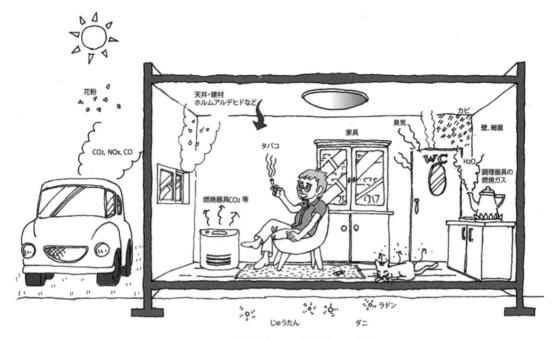

図 3.16 室内空気の汚染物質の発生源

汚染物質濃度の単位

　汚染物質の濃度は体積濃度あるいは質量濃度で示されます．ガス状物質の濃度は，多くの場合，体積濃度で示されます．粒子状物質の濃度は，多くの場合，質量濃度で示されます．ガス状物質のホルムアルデヒド，揮発性有機化合物は質量濃度で示されることもあります．

　体積濃度の単位は $[m^3/m^3]$ ですが分母と分子の次元が等しいので，通常は比率の単位 [%]，[ppm] が用いられます．ppm（parts per million）は

す．発生源として，①私たち人体，②内装材，③燃焼器具，④生活用品・機器が考えられます．場合によっては，ペットや屋外から侵入する物質も含まれます．

　これらの室内空気の汚染物質は**ガス状物質**と**粒子状物質**の 2 つに大別できます．図 3.17 に室内空気の汚染物質の分類を示します．ガス状物質の代表的なものとして，**二酸化炭素**，**一酸化炭素**，**ホルムアルデヒド**，**揮発性有機化合物（VOC）**，**窒素酸化物**，**硫黄酸化物**，**オゾン**，**臭気**などがあります．粒子状物質は，非生物系粒子状物質と生物系粒子状物質に細分され，前者の代表的なものには，**浮遊粒子状物質**，**アスベスト**，**たばこ煙**，**ラドン**などがあります．後者の代表的なものには，**微生物**，**アレルゲン**などがあります．

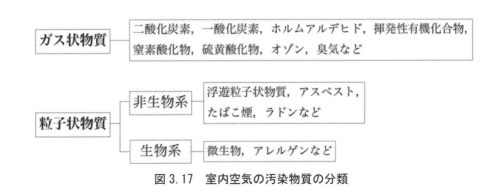

図 3.17　室内空気の汚染物質の分類

3.3.2 ガス状物質

(1) 二酸化炭素 (CO_2)

二酸化炭素の室内での主な発生源は，人の呼吸や燃焼器具です．表3.2に人体からの二酸化炭素発生量，表3.3に二酸化炭素の人体影響を示します．二酸化炭素が生理的に人体へ影響を及ぼす濃度は4%以上ですが，人からの呼気などで濃度がそこまで高くなることは通常ありません．しかし，二酸化炭素の濃度が高くなると，それに比例して人体や人間の活動により発生した様々な室内空気汚染物質の濃度も高くなっています．そのため，二酸化炭素は室内空気の清浄度の総合的な指標として用いられ，濃度はその許容限界を示す値と位置付けられています．

表3.2　人体からの二酸化炭素発生量

作業状態	代謝量 [met]	二酸化炭素発生量 [m³/h・人]
椅座（安静）	1.0	0.0152
椅座（軽作業）	1.1	0.0167
事務作業一般	1.2	0.0182
事務作業(タイプ)	1.3	0.0198
立位（料理）	1.8	0.0274
立位（商品販売）	2.0	0.0304
椅座（中作業）	2.2	0.0334
歩行（4.8km/h）	2.5	0.0380
重作業	3.7	0.0562

(日本建築学会編：建築環境工学用教材　環境編，p.99　丸善，2011)

百万分の1であることを示していて，10,000 ppm=1％です．

質量濃度の単位は，[mg/m³]，[μg/m³] が用いられます．

標準状態における体積濃度と質量濃度の関係は以下のとおりです．

$$ppm = mg/m^3 \times \frac{22.41}{M} \times \frac{T}{273.15}$$

M：分子量 [g]
T：絶対温度 [K]

二酸化炭素
(carbon dioxide)
　炭酸ガスとも呼ばれる，無色，無臭，不燃性の気体．固体の二酸化炭素はドライアイスと呼ばれています．

二酸化炭素濃度の測定方法
　二酸化炭素濃度の測定には，簡易的な検知管法，連続自動測定が可能な非分散型赤外線吸収法があります．

検知管法

検知管

気体採取器

表3.3　二酸化炭素の人体影響

濃度 [%(ppm)]	意　　義	適　　用
0.07 (700)	多数継続在室する場合の許容濃度 (Pettenkopferの説)	CO_2そのものの有害限度ではなく、空気の物理的,化学的性状がCO_2の増加に比例して悪化すると仮定した時の汚染の指標としての許容度を意味する。
0.1 (1000)	一般の場合の許容濃度 (Pettenkopferの説)	
0.15 (1500)	換気計算に使用される許容濃度 (Riletchelの説)	
0.2〜0.5 (2,000〜5,000)	相当不良と認められる	
0.5以上 (5,000以上)	最も不良と認められる	
4〜5 (40,000〜5,000)	呼吸中枢を刺激して,呼吸の深さ,回数を増す。呼吸時間が長ければ危険,O_2の欠乏を伴えば, 障害は早く生じ決定的となる。	
8前後 (80,000前後)	10分間呼吸すれば, 強度の呼吸困難, 顔面紅潮, 頭痛を起こす。O_2の欠乏を伴えば, 障害はなお顕著となる。	
18以上 (180,000以上)	致命的	

（建築学大系編集委員会：建築学体系22 室内環境計画, p.414, 彰国社, 1978. 一部加筆）

表3.4　一酸化炭素の人体影響

濃度[ppm]	曝露時間	影　　響
5	20分	高次神経系の反射作用の変化
30	8時間以上	視覚・神経機能障害
200	2〜4時間	前頭部頭重, 軽度の頭痛
500	2〜4時間	激しい頭痛, 悪心・脱力感・視力障害・虚脱感
1,000	2〜3時間	脈拍亢進, 痙攣を伴う失神
2,000	1〜2時間	死亡

一酸化炭素による中毒のじょ限度は, 濃度・曝露時間・作業強度・呼吸強度・個人の体質の差などで, それを設定することは難しいが, Hendersonによれば濃度(ppm)×時間(h)<600であるといわれる。

非分散型赤外線吸収法

二酸化炭素検知器
（理研計器株式会社 HP より）

一酸化炭素
（carbon monoxide）
　無色, 無臭, 可燃性の気体. 赤血球ヘモグロビンとの結合力が酸素よりも強く, 肺に吸入されると, 血液の酸素輸送能力を低下させ, 体内組織の酸素欠乏を引き起こします.

（2）一酸化炭素（CO）

　一酸化炭素は僅かな量でも体内組織に酸素欠乏を引き起こすため, 表3.4 に示すように低濃度であっても人体にとっては有害な物質です. 一酸化炭素は燃焼器具の不完全燃焼, 自動車排気ガス, たばこ煙などから発生します. 酸素濃度が18％以下となると不完全燃焼が進み, 一酸化炭素濃度が急激に高くなります. 燃焼器具や**開放型暖房器具**を使用する時には換気を行い, 不完全燃焼にならないよう注意をする必要があります.

表 3.5　ホルムアルデヒドの人体影響

影　響	ホルムアルデヒド濃度[ppm]	
	推定中央値	報告値
におい検知閾値	0.08	0.05〜1
目への刺激閾値	0.40	0.08〜1.6
喉の炎症閾値	0.50	0.08〜2.6
鼻・目への刺激	2.6	2〜3
催涙（30分なら耐えられる）	4.6	4〜5
強度の催涙（1時間続く）	15	10〜21
生命の危機，浮腫，炎症，肺炎	31	31〜50
死亡	104	50〜104

（3）ホルムアルデヒド（HCHO）

　ホルムアルデヒドは，接着剤，合板，塗料，尿素樹脂発泡型断熱材，カーペットなどの建材に含まれています．その他，皮革製品，衣類などの生活用品，たばこ煙などからも発生します．表 3.5 に示すようにホルムアルデヒドは僅かな濃度でも刺激臭を感じ，濃度が高くなると喉の炎症，目や鼻に刺激が起こります．また，発がん性があると警告されていて，濃度によっては人体に有害な物質です．シックハウスの原因物質の1つとして考えられています．

（4）揮発性有機化合物（VOCs）

　揮発性有機化合物（VOCs）とは，沸点が50-100℃〜240-260℃の有機化合物のことをいい，トルエン，キシレン，エチルベンゼンなどが含まれます．揮発性有機化合物は，石こうボードや合板などの建材や塗料，防虫剤，消臭剤，接着剤などから発生します．揮発性有機化合物はシックハウスの原因物質とされており，目や呼吸器を刺激し，アレルギーを引き起こします．

　揮発性有機化合物は種類が多いため，総量である総揮発性有機化合物（TVOC: Total Volatile Organic Compounds）として扱われることもあります．表 3.6 は総揮発性有機化合物の人体影響を示していま

表 3.6　総揮発性有機化合物（TVOC）の人体影響

TVOC濃度[mg/m³]	反　応	曝露範囲
<0.20	無影響	快適範囲
0.20〜3.0	刺激/不快感があり得る	多要因曝露範囲
3.0〜25.0	刺激/不快感	不快感範囲
	頭痛があり得る	
>25.0	頭痛に加えて神経毒性	毒性範囲

一酸化炭素濃度の測定方法

　一酸化炭素濃度の測定は，検知管法，非分散型赤外線吸収法，定電位電解法があります．

開放型暖房器具

　燃焼の排気ガスを室内へ放出する暖房器具．排気管のない石油ファンヒーターや石油ストーブなどが該当します．

ホルムアルデヒド
（formaldehyde）

　無色，刺激臭のある可燃性の気体．水，アルコール，エーテルなどによく溶け，水溶液はホルマリンと呼ばれています．

ホルムアルデヒド濃度の測定方法

　ホルムアルデヒド濃度の測定には，簡易的な検知管法，試験紙を用いた光電光度法，高速液体クロマトグラフ（HPLC）を用いた精密法などがあります．

光電光度法

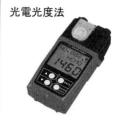

ホルムアルデヒド検知器
（理研計器株式会社 HP より）

揮発性有機化合物
（VOCs: volatile organic compounds）

　常温・常圧で空気中に揮発（蒸発）しやすい有機化合物の総称．揮発性有機化合物よりも沸点範囲が低い物質は，超揮発性有機化合物（VVOC: very volatile organic compound，沸点範囲<0℃〜50-100℃）と呼ばれます．揮発性有機化合物よりも沸点範囲が高い物質は，半揮発性有機化合物（SVOC: semi volatile organic compound 沸点範囲 240---

260℃～),粒子状物質（POM: Particulate Organic Matter, 沸点 >380 ℃）と呼ばれます.

揮発性有機化合物濃度の測定方法

揮発性有機化合物濃度の測定には,ガスクロマトグラフ質量分析（GC-MS）法があり,3種類の測定対象物質の捕集方法があります.その他,FID 法があります.

窒素酸化物
（nitrogen oxide）

窒素の酸化物で NO, NO₂, N₂O, N₂O₅, N₂O₄ などがあります.NO は無色,無臭の気体,NO₂ は赤褐色,刺激臭のある気体です.

窒素酸化物濃度の測定方法

二酸化窒素濃度の測定には,検知管法,光電光度法,定電位電解法などがあります.また一酸化窒素と二酸化窒素を同時に測定可能な吸光光度法があります.

硫黄酸化物
（sulfur oxides）

硫黄の酸化物で SO, SO₂, SO₃ などがあります.SO₂ は無色,刺激臭のある水に溶けやすい気体です.

硫黄酸化物濃度の測定方法

二酸化硫黄濃度の測定には,検知管法,紫外線蛍光法,溶液伝導率法などがあります.

オゾン（ozone）

酸素の同素体で,独特な刺激臭のある薄青色の気体.不安定な分子なので,放置しておくと酸素に変化します.

臭気（odor）

においの評価尺度の一つに,ウェーバー・フェヒナーの法則に基づいた臭気指数があります.臭気指数は以下の式から求めます.

す.

（5）窒素酸化物（NOx）

窒素の酸化物を総称して窒素酸化物といい,NOx と表記されます.大気汚染物質としては,窒素酸化物のうち,一酸化窒素（NO）,二酸化窒素（NO₂）を指すことが多く,自動車などの排気ガス,ボイラー,石油ストーブなどから発生します.室内空気の汚染物質の発生源を考えた場合,窒素酸化物は開放型の石油ストーブを使用していなければ屋外から侵入する物質といえます.一酸化窒素は,一酸化炭素と同様に体内組織に酸素欠乏を引き起こすことがありますが,空気中では二酸化窒素に変化します.しかし二酸化窒素も人体にとっては有害で,目,鼻,喉を刺激し,気管支炎や喘息など引き起こします.

（6）硫黄酸化物（SOx）

硫黄の酸化物を総称して硫黄酸化物といい,SOx と表記されます.硫黄酸化物のうち,二酸化硫黄（SO₂）が主な大気汚染物質です.二酸化硫黄は硫黄を含んだ化石燃料（石油,石炭）を燃焼すると発生するため,工場などが主な発生源です.開放型の石油ストーブを使用する場合は室内でも発生します.二酸化硫黄は,呼吸器を刺激し,気管支炎やぜん息を引き起こします.また,酸性雨の原因物質でもあります.

（7）オゾン（O₃）

紫外線から生物を守るオゾンですが,酸化作用が強いため吸入すると呼吸器系に健康被害を及ぼす物質です.また大気汚染物質の1つである光化学スモッグの原因物質（光化学オキシダント）の主成分でもあります.室内では,コピー機,レーザープリンター,放電式の空気清浄器などから発生します.また揮発性有機化合物から光化学オキシダントや浮遊粒子状物質が生成されるともいわれています.

（8）臭気

臭気の原因物質による直接的な健康被害は少ないといわれていますが,心理的,感覚的な被害を与えるため,心身ともに健康に良い室内空気を考えた場合,汚染物質の一つであるといえいます.現在,消臭剤,芳香剤あるいは空気清浄機など,臭気対策に関する商品は数多く販売されていることから,人々の臭気に対する関心は高いといえます.臭気の発生源となる化学物質は数十万種あるといわれ,発生源は建材,日用品,人体やペット,調理や排泄等の生活行為など多岐にわたります.

日本建築学会では室内の臭気に関して,良質な環境を保持することを目指して**日本建築学会環境規準**を制定しています.この規準では,

生ごみ臭，排泄物臭，たばこ臭，調理臭，体臭について**臭気濃度**で基準値を示しています．

3.3.3　粒子状物質

（1）浮遊粒子状物質（SPM）

大気中に浮遊する固体または液体の粒子のうち，粒径が 10 μm 以下のものを浮遊粒子状物質といいます．浮遊粒子状物質は，黄砂や火山灰などの自然起源のものと人為的起源のものがあります．浮遊粒子状物質のうち，物を粉砕などして発生した粒子を**粉塵**（ダスト），燃焼により排出された粒子を**煤塵**（すす），ディーゼルエンジンの排ガスから発生した粒子を**ディーゼル排気微粒子（DEP）**といいます．浮遊粒子状物質で特に粒径が 2.5 μm 以下のものは**微小粒子状物質（PM2.5）**と呼ばれています．

表3.7に粉塵の人体影響を示します．浮遊粒子状物質は呼吸により，体内に取り込まれ呼吸器に沈着します．PM2.5 のような粒径が小さい物質ほど肺の奥まで達する割合が高くなります．健康への影響としては，呼吸器系疾患を起こすことが報告されています．DEP は喘息やアレルギー性疾患を悪化させることが報告されています．

表 3.7　粉塵の人体影響

濃度[mg/m³]	影　　響	備　　考
0.025～0.05	バックグラウンド濃度	0.1mg/m³ 以上になると死亡率が増加する
0.075～0.1	多くの人に満足される濃度	
0.1～0.14	視程減少	
0.15～0.2	多くの人に「汚い」と思われる濃度	
0.2以上	多くの人に「全く汚い」と思われる濃度	

（2）アスベスト

アスベストは安価で耐熱性，吸音性，耐久性に優れているため，3000 種類以上の製品に使用されてきました．そして，その用途の多くは断熱材などの建材でした．アスベストの繊維は，粒径 0.02 ～ 0.2 μm（毛髪の 5000 分の 1 程度）と非常に細く，吸入すると容易に肺の奥に沈着して半永久的に分解されません．アスベストを吸入すると肺がんや長い期間をかけて悪性中皮腫を発症することが明らかになっているため，現在では製造・使用が禁止されています．すでにアスベストを使用している建物については飛散防止対策が必要となります．建物を解体するときは，アスベスト使用の有無について事前に調査を

臭気指数 =10・log（臭気濃度）

また，Fanger らは，臭気の単位としてオルフ（olf），知覚されるレベルを示す単位としてデシポル（decipol）を提案しています．

日本建築学会環境規準 AIJES-A0003-2019

室内の臭気に関する対策・維持管理規準・同解説

臭気濃度

臭気のある気体を無臭の空気で希釈して，臭いが感じられなくなった時の希釈倍数を臭気濃度といいます．

浮遊粒子状物質

（SPM: suspended parti-culate matter）

粉塵（dust）

人為的起源の粉じんは，工場などで金属や木材を加工する際，あるいは鉱山で鉱石を採取・加工する際に発生します．

煤塵（soot dust）

工場などで燃料を燃焼する際，あるいは熱源として電気を使用する際に発生します．

ディーゼル排気微粒子

(DEP: diesel exhaust particles)

微小粒子状物質

(PM2.5: particulate matter)

燃焼に伴い発生するものと NOx，SOx，VOC などのガス状物質が大気中で化学反応をして粒子状となり発生するものがあります．

浮遊粉塵濃度の測定方法

浮遊粉塵濃度の測定には，重量濃度測定法（ロウボリウムエアサンプラー）と相対濃度測定法（光散乱式デジタル粉塵計，パーティクルカウンター）などがあります．

行います．そして，アスベストを使用している場合は飛散防止対策を講じて除去します．

（3）たばこ煙

たばこ煙にはガス状物質と粒子状物質が含まれています．ガス状物質として，一酸化炭素，アセトアルデヒド，窒素酸化物など4000種類以上の化学物質が含まれています．粒子状物質には，タール，ニコチンなどがあります．たばこ煙は，喫煙者が口から吸い込む主流煙と吐き出された呼出煙並びに燃焼部分から発生する副流煙に分類されます．副流煙は主流煙に比べ，ガス状物質，粒子状物質ともに人体に有害な物質を多く含んでいます．たばこ煙のうち，呼出煙と副流煙を合わせて環境たばこ煙といい，室内空気の汚染物質となります．非喫煙者が環境たばこ煙を吸い込むことを受動喫煙といい，健康に影響を及ぼします．現在は，法律により建物内での喫煙が規制され，たばこ煙が室内空気の汚染物質として問題とされることは少なくなりつつあります．

（4）ラドン

ラドンは天然の気体状の放射性物質で，土壌・地下水・岩石などに含まれています．土壌や地下水に含まれるラドンは大気中に放出され室内に侵入します．また，ラドンが含まれるコンクリートや，石材などの建材からも放出されます．ラドンを長期間に渡り吸入すると肺がんのリスクが高くなります．地下室や，RC造などの建築物は換気を行うことで室内濃度を低くすることができます．

（5）微生物

微生物には，**ウイルス**，**細菌**，**真菌**があります．微生物の多くは人体に有害ではありませんが，中にはインフルエンザなどの病原性ウイルス，大腸菌など感染症の原因となる細菌，カビなどアレルギーを引き起こす真菌も存在します．室内に浮遊するウイルスと細菌の主な発生源は滞在者（くしゃみ，せき，衣服）です．真菌は屋外から侵入することが多いですが，空気調和システムがある建築物は，衛生管理を怠ると，空気調和機器からも発生して室内を汚染します．

（6）アレルゲン

アレルギー症状を引き起こす原因物質をアレルゲンといい，室内に存在するものとしては，**ダニ**（虫体と糞），**カビ**，**ハウスダスト**，昆虫（ゴキブリなど），ペット（猫，犬など）の毛，フケ，花粉など様々です．これらのアレルゲンが空気中に浮遊して，長期にわたり体内に吸入されると，気管支喘息，アトピー性皮膚炎，アレルギー性鼻炎（花

相対濃度測定法

光散乱デジタル粉塵計
（柴田科学株式会社HPより）

アスベスト（asbestos）
　天然の繊維状けい酸塩鉱物の総称で石綿とも呼ばれています．

たばこ煙
（cigarette smoke）

ラドン（radon）
　無色，無臭の放射性気体．

微生物（microorganism）

ウイルス（virus）
　核酸(DNAもしくはRNA)とタンパク質の外殻からなる微生物の一種．自己増殖ができないため細菌や生物の細胞に寄生して増殖する．

細菌（bacteria）
　原核細胞からなる単細胞の微生物．バクテリアとも呼ばれる．

真菌（fungus）
　キノコ，カビ，酵母など細胞内に細胞核を有する微生物．

アレルゲン（allergen）

ダニ（order acarina）

カビ（mold）

ハウスダスト
（house dust）

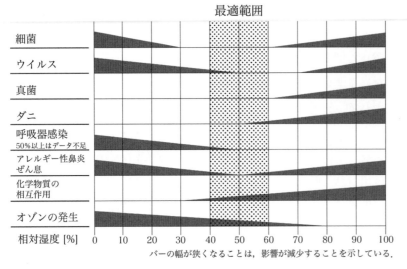

バーの幅が狭くなることは，影響が減少することを示している．

(Sterling, E.M., Arundel, A. and Sterling T.D.: ASHRAE Transactions, Vol. 91, part 1, pp. 611-622, 1985 に基づき作成)

図 3.18 衛生的な観点による相対湿度の最適範囲

粉症），アレルギー性結膜炎などを発症します．ダニやカビは様々な
アレルギー症状を引き起こすため室内に存在するアレルゲンの中でも
特に対策が必要な物質といえます．

　図 3.18 に衛生的な観点による相対湿度の最適範囲を示します．微生
物やアレルゲンによる疾病を予防するために，低湿と高湿環境は望ま
しくないといえます．

3.3.4　室内空気環境の基準

　室内空気を清浄な状態に維持するためには，これまで述べてきた汚
染物質の発生を可能な限りゼロに近づけることが理想ですが，屋外な
どの環境条件や経済的，社会的，技術的に実現が困難な場合もありま
す．そこで，現在までの科学的知見に行政的判断が加わり，室内に長
時間滞在していても健康上問題のない汚染物質の濃度の基準が法律な
どにより定められています．

(1) 建築物における衛生的環境の確保に関する法律（建築物衛生法）

　この法律は，不特定多数の人が使用または利用する規模の大きな建
築物（**特定建築物**）の維持管理に関して，環境衛生上必要な事項等が
定められています．建築物衛生法では，空気調和設備または機械換気
設備を設けている特定建築物の空気環境に関して，表 3.8 に示す環境
衛生管理基準が定められています．

　温度は通年の許容限度の範囲である 17 〜 28℃ としています．相対
湿度は，健康面，衛生面から冬季の低湿度条件の下限値 40％ から，

特定建築物

　特定建築物とは，興行場，
百貨店，集会場，図書館，博
物館，美術館，遊技場，店舗，
事務所，学校（研修所を含む），
旅館の用途に使用される建築
物で，延べ面積が 3,000m² 以
上（ただし学校は 8,000m² 以
上）の建築物と定義されていま
す．

**建築物における衛生的環
境の確保に関する法律の
通称**

　略称は建築物衛生法です
が，通称としてビル管法，ビ
ル管理法，ビル衛生管理法な
どが使われています．

表 3.8　空気環境に関する環境衛生管理基準

項　　目	管理基準値	備　　考
温　　度	(1)17℃以上28℃以下 (2)居室における温度を外気の温度より低くする場合は,その差を著しくしないこと	空気調和設備を設けている場合
相対湿度	40%以上70%以下	空気調和設備を設けている場合
気流	0.5m/s以下	－
浮遊粉塵量	0.15mg/m³以下	－
二酸化炭素(CO_2)	1,000ppm以下	－
一酸化炭素(CO)	10ppm以下	特例として外気がすでに10ppm以上ある場合には20ppm以下とする
ホルムアルデヒド	0.1mg/m³(0.08ppm)以下	－

（厚生労働省 / 建築物環境衛生管理基準）

夏季の高湿度条件の上限値 70 ％までを範囲としています．気流は，通年の居住域における許容風速 0.5 m/s 以下としています．浮遊粉塵量は，不快感と健康影響を考慮した基準値 0.15 mg/m³ 以下としています．なお，この基準における浮遊粉塵とは，粒径が 10 μm 以下の浮遊粒子状物質のことを指しています．二酸化炭素は，先に述べたように空気清浄度の評価基準として 1000 ppm 以下に設定しています．一酸化炭素濃度は，健康影響を考慮した基準値 10 ppm 以下 としています．ホルムアルデヒドは，厚生労働省の揮発性有機化合物の室内濃度指針値 0.1 mg/m³ 以下を基準値としています．

ホルムアルデヒドについては，新築，増築，大規模の修繕・模様替えを完了し，その使用を開始した時点から直近の 6 月 1 日から 9 月 30 日までの間に 1 回測定します．その他の項目については，2 ヶ月以内ごとに 1 回測定する必要があります．

(2) 建築基準法

建築基準法では，居室の換気設備の規定において空気環境に関する技術的基準を定めています．中央管理方式の空気調和設備を設ける場合は，建築物衛生法における空気環境に関する項目（ホルムアルデヒドを除く）について，管理基準値に適合する性能を有するものとしなければなりません．国土交通大臣の認定を受けた換気設備については，二酸化炭素と一酸化炭素に関して建築物衛生法の管理基準値を保つ換気性能が求められます．

シックハウス対策として，原則，**機械換気設備の設置**の義務付けと

機械換気設備の設置
　住宅等の居室は，換気回数 0.5 回 /h 以上，住宅等の居室以外の居室は，換気回数 0.3 回 /h 以上の 24 時間換気システムが必要となります．
　換気回数については，3. 4. 2 必要換気量と換気回数で説明します．

表3.9　換気回数とホルムアルデヒド発散建築材料の使用面積制限

居室の種類	換気回数[回/h]	ホルムアルデヒドの発散量により仕上げ部分の面積に乗ずる数値	
		第2種ホルムアルデヒド 発散建築材料	第3種ホルムアルデヒド 発散建築材料
住宅等の居室*	0.7回/h以上	1.2	0.20
	0.5回/h以上0.7回/h未満	2.8	0.50
住宅等の居室 以外の居室	0.7回/h以上	0.88	0.15
	0.5回/h以上0.7回/h未満	1.4	0.25
	0.3回/h以上0.5回/h未満	3.0	0.50

*：住宅の居室、下宿の宿拍室、寄宿舎の寝室、家具その他これに類する物品の販売業を営む店舗

（国土交通省ホームページ／建築基準法に基づくシックハウス対策）

表3.10　ホルムアルデヒド発散速度による建築材料の区分

建築材料の区分	夏季ホルムアルデヒド 発散速度[mg/m²·h]	JIS,JASなどの 表示記号	内装仕上げの制限
規制対象外	0.005以下	P☆☆☆☆	制限なし
第3種ホルムアルデヒド 発散建築材料	0.005〜0.02以下	P☆☆☆	使用面積に制限あり
第2種ホルムアルデヒド 発散建築材料	0.02〜0.12以下	P☆☆	使用面積に制限あり
第1種ホルムアルデヒド 発散建築材料	0.12以上	表示記号なし	使用禁止

（国土交通省ホームページ／建築基準法に基づくシックハウス対策）

ホルムアルデヒドの発散量に応じた居室での建築材料の使用面積制限を定めています．表3.9に換気設備による換気回数とホルムアルデヒド発散建築材料の使用面積制限を示します．また，表3.10にホルムアルデヒド発散速度による建築材料の区分を示します．ただし，建築物衛生法に示す基準値を保つことができ，国土交通大臣の認定を受けた居室であれば，その適用は除外されます．また，アスベストに関して，建築基準法では使用を制限しています．

（3）学校保健安全法

この法律は，学校における換気，採光，照明，保温，清潔保持その他環境衛生に係る事項について，児童生徒等および職員の健康を保護する上で維持されることが望ましい基準を定めています．学校保健安全法において学校環境衛生基準のうち，空気環境に関しては表3.11に示す基準が定められています．

この基準では，遵守すべき検査項目「であること」と，概ね遵守すべき検査項目「であることが望ましい」とに区分されています．健康被害が大きいと考えられる検査項目は「であること」に分類されてい

学校環境衛生基準の改正

　温度は，平成30年の改正前は「10℃以上，30℃以下であることが望ましい」でした．冷暖房機器の普及により児童生徒等が快適な温熱環境で過ごす時間が長くなったことを配慮した結果，建築物衛生法の基準値と等しくなりました．ただし，平成20年の改正前には「最も望ましい温度は，冬期では18〜20℃，夏期では25〜28℃であること」も合わせて記載されていました．

表 3.11　空気環境に関する学校環境衛生基準

検査項目		基準
換気および保温等	(1)換気	換気の基準として,二酸化炭素は1,500ppm以下であることが望ましい
	(2)温度	17℃以上,28℃以下であることが望ましい
	(3)相対湿度	30%以上,80%以上であることが望ましい
	(4)浮遊粉塵	0.10mg/m³以下であること
	(5)気流	0.5m/s以下であること
	(6)一酸化炭素	10ppm以下であること
	(7)二酸化窒素	0.06ppm以下であることが望ましい
	(8)揮発性有機化合物	
	ア. ホルムアルデヒド	100μg/m³以下であること
	イ. トルエン	260μg/m³以下であること
	ウ. キシレン	870μg/m³以下であること
	エ. パラジクロロベンゼン	240μg/m³以下であること
	オ. エチルベンゼン	3800μg/m³以下であること
	カ. スチレン	220μg/m³以下であること
	(9)ダニまたはダニアレルゲン	100匹/m³以下またはこれと同等のアレルゲン量以下であること

（厚生労働省 / 学校環境衛生基準）

ます．建築物衛生法の基準に記載されている項目に加え,二酸化窒素,揮発性有機化合物，ダニまたはアレルゲンに関しても基準が定められています．二酸化炭素濃度は，換気の基準であることが明記されています．一酸化炭素と二酸化窒素は，教室等で燃焼器具を使用している場合のみ検査対象となります．浮遊粉塵と揮発性有機化合物に関しては，検査の結果が著しく基準値を下回る場合には，以後，教室などの環境に変化が認められない限り，次回からの検査を省略することができます．なお，この基準における浮遊粉塵とは，粒径が10μm以下の浮遊粒子状物質のことを指しています．

3.4　換気・通風

3.4.1　換気・通風の目的

　換気とは，室内の空気を外気と入れ替える，または入れ替わることをいいます．換気の主な目的として，①空気の浄化，②酸素の供給,③水蒸気や熱の排除があります．

　①空気の浄化は，室内で発生した空気汚染物質を排出して，建築物衛生法などの法律で定めた基準値以下の濃度まで下げることです．ただし，屋外での空気汚染物質の濃度が基準値以下であることが前提となります．空気汚染物質については，換気以外に空気清浄機などにより濃度を低下させる方法もあります．

②酸素の供給は，人体が呼吸に必要な酸素を供給することと，燃焼器具を使用する場合においては不完全燃焼を防止するために酸素を供給することです．ただし，屋外の酸素濃度が要求される濃度以上であることが前提となります．

③水蒸気や熱の排除は，台所や浴室などで発生する水蒸気や熱を排除して結露を防ぎ，カビやダニの発生を抑えることです．ただし，屋外が室内よりも低温か低湿であることが前提となります．いずれの目的であっても換気の場合，室内の空気を外気と入れ替える量，すなわち換気量が重要となります．

風通しの良い家は涼しくて過ごしやすいというイメージはありませんか？夏季に，気流により体感温度を下げたり，建物を冷却したりする目的で室内の空気を外気と入れ替えることを**通風**といいます．冬季に換気をする際に気流を感じると不快となるので，こちらは**隙間風**と呼ばれることがあります．通風は温熱環境を改善することが主な目的になります．そのため，通風の場合，気流速度，室内での気流の経路，室内と外気との温度差が重要となります．

通風（cross ventilation）

隙間風（infiltration draft）

3.4.2 必要換気量と換気回数

換気の目的を達成するためには，どの程度の換気量が必要なのかを把握する必要があります．そこで，汚染物質の濃度を例にして，換気量を考えてみたいと思います．図3.19に示すように汚染物質が常に一定の量で発生していて，屋外の汚染物質濃度は変化しないとします．そして，室内で発生した汚染物質，屋外から流入した汚染物質は，瞬時に室内に均等に拡散する（瞬時一様拡散または完全混合）と仮定します．

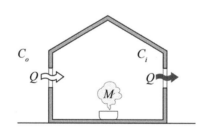

図 3.19　室内の汚染物質濃度

汚染物質が発生してからt時間後の室内の汚染物質濃度は次の式となります．

$$C = C_o + (C_i - C_o)e^{-\frac{Q}{V}t} + \frac{M}{Q}(1 - e^{-\frac{Q}{V}t})　　　（式3.5）$$

C：t時間後の室内の汚染物質濃度 [m³/m³]

C_o：外気の汚染物質濃度 [m³/m³]

C_i：室内の汚染物質の初期濃度 [m³/m³]

Q：換気量 [m^3/h]

V：室容積 [m^3]

M：室内での汚染物質の発生量 [m^3/h]

t 時間後の室内の汚染物質の濃度は，外気の汚染物質濃度（右辺第1項），室内の汚染物質の初期濃度の換気による減衰分（右辺第2項），室内で発生する汚染物質濃度の増加分（右辺第3項）で示すことができます．

ここで $t \to \infty$ とすると，（式3.5）は次の式で表せます．

$$C = C_0 + \frac{M}{Q} \qquad （式3.6）$$

この（式3.6）を次のように変形します．

$$CQ = C_0Q + M \qquad （式3.7）$$

ある程度時間が経過すると，換気により屋外に排出される汚染物質量 CQ は，換気により屋外から流入した汚染物質量 C_0Q と室内で発生する汚染物質量 M とで平衡状態となります．この時，室内の汚染物質濃度は時間に関係なく一定（定常状態）になります．室容積が大きいと定常状態になるまでに時間がかかりますが，定常状態では室内の汚染物質濃度は，換気量と屋外から流入する汚染物質濃度と室内で発生する汚染物質量で決まり，室容積の大小には関係しません．この定常状態での室内の汚染物質濃度が法律などで定めた基準値以下となるような換気量を求めればよいわけです．そこで，（式3.7）を次のように変形します．この換気量 Q_r を**必要換気量**といいます．

$$Q_r = \frac{M}{C_s - C_o} \qquad （式3.8）$$

Q_r：必要換気量 [m^3/h]

C_s：法律などで定めた汚染物質濃度の基準値 [m^3/m^3]

C_o：外気の汚染物質濃度 [m^3/m^3]

M：室内での汚染物質の発生量 [m^3/h]

換気量や必要換気量は，1時間当たりに入れ替わる空気の体積で

必要換気量
（ventilation requirement）

濃度と発生量の単位
（式3.5）〜（式3.8）では，汚染物質をガス状物質と仮定して濃度の単位に [m^3/m^3]，汚染物質の発生量の単位に [m^3/h] を用いましたが，粒子状物質の場合は，濃度の単位を [mg/m^3]，汚染物質の発生量の単位を [mg/h] として必要換気量を求めることができます．
水蒸気の必要換気量を求める場合，以下の式で求めることができます．

$$Q_r = \frac{L}{\rho\,(x_s - x_o)}$$

Q_r：必要換気量 [m^3/h]
L：水蒸気の発生量 [kg/m^3]
x_s：水蒸気の基準値 [kg/kg（DA）]
x_o：屋外の水蒸気量 [kg/kg（DA）]
ρ：空気の密度 [kg/m^3]
結露対策の場合，水蒸気の基準値に飽和湿り空気の絶対湿度以下の値を設定します．

示されていますが，どの程度換気が行われているのかを感覚的に把握しにくい面があります．そこで次の式のように換気量を室容積で除してみます．

$$n = \frac{Q}{V}$$ （式 3.9）

n：換気回数 [回 /h]
Q：換気量 [m^3/h]
V：室容積 [m^3]

この値を**換気回数**といい，換気の対象室に 1 時間当たりどの程度外気が導入されたのかを表しています．例えば換気回数 0.5 回 /h は 1 時間で対象室の容積の半分，外気が導入されたことになります．または 2 時間で対象室の全容積分，外気が導入されたともいえます．建築基準法ではシックハウス対策の措置で必要換気量を換気回数により規定しています（表 3. 9）．また，ホルムアルデヒドを発散する建材を使用しない場合でも，原則，機械換気設備の設置が義務付けられています．機械換気設備の必要有効換気量を求める際にも換気回数が用いられていて，住宅等の居室は 0.5 回 /h，その他の居室は 0.3 回 /h となっています．学校環境衛生管理マニュアルでは，授業開始から 1 時間経過後に学校環境衛生基準の二酸化炭素濃度 1500ppm 以下を保持するための換気回数が記載されています．

換気回数
(air changes rate per hour)

換気回数の測定方法
　トレーサーガスを放出して室内の初期濃度を高くした後，その放出を止めて以降トレーサーガスの濃度を一定の時間内に複数回測定して換気回数を求める方法があります．その際，（式 3.5）が用いられます．M＝0 として，常用対数を用いて以下のように変形します．

$$\log_{10} \frac{C - C_0}{C_i - C_0}$$
$$= -\frac{1}{2.303 V} \frac{Q}{V} t$$

$C - C_0 / C_i - C_0$ を縦軸，時間 t を横軸にして，測定結果を片対数グラフにプロットすると，以下の式のように回帰直線の傾きから換気回数を求めることができます．

$$-\frac{1}{2.303} \frac{Q}{V} = -\frac{1}{2.303} n$$

トレーサーガスには二酸化炭素が用いられることが多いです．

【例題 3.1】
　5 名が滞在する居室（室容積 120m^3）において，室内の二酸化炭素濃度を基準値の 1,000ppm 以下に保つために必要な換気量，および換気回数を求めなさい．人体からの二酸化炭素発生量は事務作業を行っているとして 1 人当たり 20 ℓ /h・人，外気の二酸化炭素濃度は 350ppm とする．

【解　答】
　はじめに量を表す単位を [m^3] に統一します．1 ℓ ＝ 0.001m^3 なので 20 ℓ /h 人は 0.02m^3/h 人．5 名滞在しているので二酸化炭素の発生量は，0.02m^3/h 人 × 5 人 ＝0.1m^3/h となります．1ppm ＝ 1 × 10^{-6} m^3/m^3 なので 1,000ppm は 0.001 m^3/m^3，同じく 350 ppm は 0.00035 m^3/m^3．これを（式 3.8）に代入して必要換気量を求めます．

$$Q_r = \frac{M}{C_s - C_0} = \frac{0.1}{0.001 - 0.00035} \approx 153.8$$

必要換気量は約 153.8m³/h となります.

　次に換気回数は，求めた必要換気量を（式3.9）に代入して求めます.

$$Q_r = \frac{Q}{V} = \frac{153.8}{120} \approx 1.3$$

換気回数は約 1.3 回/h となります.

　【例題3.1】で求めた必要換気量を 1 人当たりで換算すると 30.8m³/h になります. オフィスビルなど事務作業を行う建物では，二酸化炭素濃度を建築物衛生法や建築基準法の基準値以下とするためには 1 人当たり 30m³/h 程度の換気量が必要となります. 建築基準法では居室に対して必要換気量を 1 人当たり 20m³/h としています. これは成人男子が静かに座っている時の二酸化炭素発生量に基づいています.

3.4.3 換気効率

　必要換気量の計算では，瞬時一様拡散と仮定しましたが，実際には汚染物質は複雑な広がり方を示し，均等に拡散していないことが一般的です. 外気を取り入れる給気口の近くでは空気の清浄度は高く，一方，排気口の近くでは室内で発生した汚染物質の濃度が高いことは想像できますが，室内の隅々まで外気が行き渡っているのかは想像しにくいと思います.

　また，給気口と排気口が近接している場合などは，取り入れられた外気がすぐに排出されて十分な換気が行われません. この現象をショートサーキットと呼んでいます. 以上のような複雑な換気性状の評価は瞬時一様拡散を仮定した必要換気量や換気回数の式では行うことはできません. そこで，室内のある空気がどの程度外気と入れ替わるかを評価する指標として換気効率があります.

　換気効率の評価には空気齢が広く用いられています. 図3.20に示すように給気口から導入した外気が，ある点に到達するまでの時間を人の年齢に例えて空気齢といいます. ある点に到達するまでには様々な経路をたどるため時間には分布が生じますので平均時間で扱いま

ショートサーキット
（short circuit）

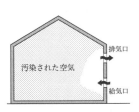

換気効率
（ventilation efficiency）

空気齢（age of air）

す．空気齢が小さいほど空気の清浄度が高いといえます．また，ある点の空気が排気口まで移動するまでの平均時間を空気余命といいます．空気齢と空気余命の和は空気寿命といいます．現在，換気効率の評価には数値流体解析（CFD: computational fluid dynamics）が利用されています．

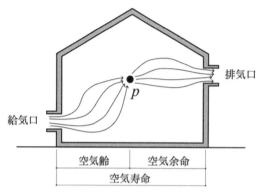

図 3.20　空気齢

3.4.4　換気の原理と駆動力による換気方式の分類

　これまで主に室内空気の汚染物質の種類とそれらを排出し，清浄にするために必要な換気量について解説しました．次に，この換気量を確保するための建物の換気性能について述べていきます．

　空気は圧力の高いところから低いところへ流れます．1つの壁に開口部があり，壁の内外で圧力差があれば開口部を通って空気は流れます．開口部が1つのみで密閉された空間では，しばらくすると圧力差がなくなり平衡状態となり空気は流れなくなります．しかし，開口部が2つ以上あり，それぞれの開口部で圧力差があれば，圧力差を生じさせる駆動力が続く限り，空間の内外で空気が流れ続けます．すなわち換気が行われます．したがって，換気を行うためには，圧力差を生じさせる駆動力があること，空気の流出入口となる2つ以上の開口部があることが必要となります．

　圧力差を生じさせる駆動力によって換気方式を分類すると，**自然換気**と**機械換気**に大別されます．通風は通常，自然換気に含まれるため，自然換気・通風とも呼ばれます．自然換気は，自然風による圧力差を利用した**風力換気**と室内外の温度差を利用した**温度差換気（重力換気）**に分類されます．機械換気は送風機（ファン）を利用した換気方式で，後述するように送風機の設置方式により3種類に分類されます．自然換気は機械力に頼らないので省エネルギーの観点からは優れています

圧力

　圧力は単位面積当たりに作用する力の大きさで，単位は[Pa=N/m^2]です．また，液体柱の高さで圧力を表すこともあり，水柱[mmAq]や水銀柱[mmHg]などがあります．天気予報では高気圧や低気圧，台風の単位に[hPa]が使われています．1hPa=100Paです．国際標準大気では海面上の大気圧は1013.25hPa（=101325Pa）であり，これを1気圧（1atm）といいます．大気圧は，はるか上空の真空の地点から地上面までのすべての空気の重量を表しているともいえ，普段，気にしませんが1気圧では約100kPa=N/m^{2}の力がかかっていることになります．一方，換気の駆動力となる圧力差は，自然換気で10Paのオーダー，機械換気で100Paのオーダーです．大気圧に比べると非常に小さな値です．そのため任意の高さでの大気圧を基準として相対的な圧力で示すことが一般的です．

自然換気
（natural ventilation）

機械換気
（mechanical ventilation）

風力換気
（ventilation based on wind）

温度差換気
（ventilation caused by temperature difference）

が，換気量が不安定な側面もあります．機械換気は送風機（ファン）を運転するためのエネルギーが必要ですが，安定的な換気量を確保することができます．

3.4.5　換気量の計算

(1) 開口部における換気量

開口部における換気量を考えてみます．図 3.21 に示すように開口部前後の圧力（静圧）を p_1, p_2 とします．$p_1 > p_2$ とすると空気は開口部を通って流れます．その時の流速を v とします．開口部を通過する際，開口部出入口の形状や開口内部での摩擦による抵抗で圧力が損失し，その圧力損失は流速 (動圧) に比例します．ここで

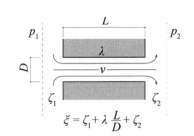

$$\xi = \zeta_1 + \lambda \frac{L}{D} + \zeta_2$$

図 3.21　開口部を通る空気の流れ

ベルヌーイの定理を適用すると，開口部前後の圧力と圧力損失は，次の式で表せます．

$$p_1 = p_2 + \xi \frac{\rho}{2} v^2 \qquad\qquad (式 3.10)$$

p_1, p_2：開口部近傍の圧力（静圧）[Pa]

ξ：開口部での圧力損失係数 [-]

ρ：空気の密度 [kg/m³]

v：開口部内の流速 [m/s]

p_1 と p_2 の圧力を圧力差 $\Delta p = p_1 - p_2$ で表すと（式 3.10）は次の式のようになります．

$$\Delta p = \xi \frac{\rho}{2} v^2 \qquad\qquad (式 3.11)$$

この式を流速について変形すると

$$v = \frac{1}{\sqrt{\xi}} \sqrt{\frac{2}{\rho} \Delta p} = \alpha \sqrt{\frac{2}{\rho} \Delta p} \qquad\qquad (式 3.12)$$

$$\alpha = \frac{1}{\sqrt{\xi}}$$

ベルヌーイの定理
（Bernoulli's theorem）

　管内を流れる理想流体は，各断面でのエネルギーの和は常に一定であるという定理です．エネルギーを圧力 [Pa] の単位で表すと次の式のように示されます．

$p_1 + \dfrac{\rho}{2} v_1{}^2 + \rho g h_1 =$

$p_2 + \dfrac{\rho}{2} v_2{}^2 + \rho g h_2$

p_1, p_2：断面 1,2 の圧力 [Pa]

ρ：流体の密度 [kg/m³]

v_1, v_2：断面 1,2 の流速 [m/s]

g：重力加速度 [m/s²]

h_1, h_2：断面 1,2 の高さ [m]

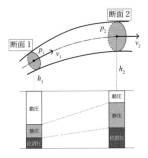

　両辺とも第 1 項は静圧，第 2 項は動圧（速度圧），第 3 項は位置圧です．静圧と動圧の合計を全圧といいます．

開口部での圧力損失

　開口部での圧力損失 ξ（クサイ）は，入口と出口の形状抵抗係数 ζ_1, ζ_2（ゼータ）開口部内部の摩擦抵抗 λ（L/D）の和となります．

αは**流量係数** [–] と呼ばれています．開口部の圧力損失係数（抵抗）の逆数なので値が大きいほど，開口部で空気が流れやすくなります．開口部の面積を A [m^2] とすると，換気量 Q [m^3/s] は流速と開口部面積の積となりますので，換気量は次の式で求めることができます．

$$Q = \alpha A \sqrt{\frac{2}{\rho} \Delta p}$$ 　　　　（式 3.13）

Q：換気量 [m^3/s]

αA：相当開口面積 [m^2]

ρ：空気の密度 [kg/m^3]

Δp：圧力差 [Pa]

αA [m^2] は**相当開口面積**や**実効面積**と呼ばれ，開口部の換気量に関わる実質的な面積を表しています．表 3.12 に示すように単純な窓の流量係数は 0.65 〜 0.7 程度なので，窓を開けても面積の 3 割程度は換気には使われていない部分になるといえます．（式 3.13）が換気量の基本となる式です．換気量は，どの駆動力でも開口部前後の圧力差と相当開口面積で求めることができます．

（2）開口部の合成

換気を行うためには 2 つ以上の開口部が必要であることは先ほど述べましたが，開口部それぞれの換気量を求めようとすると連立方程式を解くこともあり計算が複雑になります．そこで，あらかじめ複数の開口部を合成して 1 つの開口部とみなし換気量を計算する簡便な方法が用いられています．この時，合成した相当開口面積のことを**総合開口面積**や**総合実効面積**といいます．

流量係数
（coefficient of discharge）

相当開口面積
（effective opening area）

開口部が並列に 2 つある場合の総合開口面積の合成

$$Q_1 = \alpha_1 A_1 \sqrt{\frac{2}{\rho}(p_1 - p_2)}$$

$$Q_2 = \alpha_2 A_2 \sqrt{\frac{2}{\rho}(p_1 - p_2)}$$

$$Q = Q_1 + Q_2$$

$$= \alpha_1 A_1 \sqrt{\frac{2}{\rho}(p_1 - p_2)}$$

$$+ \alpha_2 A_2 \sqrt{\frac{2}{\rho}(p_1 - p_2)}$$

$$= (\alpha_1 A_1 + \alpha_2 A_2) \sqrt{\frac{2}{\rho}(p_1 - p_2)}$$

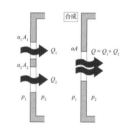

図 3.22　開口部が並列にある場合の合成

表 3.12　開口部の流量係数・圧力損失係数

名　称	形　状	流量係数 α	圧力損失係数 ζ	摘　要	文　献
単純な窓		0.65〜0.7	2.4〜2.0	普通の窓等	
刃形オリフィス		0.60	2.78	刃　形 オリフィス	Fan Eng. 5th. Ed.
ベルマウス		0.97〜0.99	1.06〜1.02	十分滑らかな吹出口	Fan Eng. 5th. Ed.
よろい戸	→ β 90° 0.70 / 70° 0.58 / 50° 0.42 / 30° 0.23				（齋藤 石原

開口部が直列に2つある場合の総合開口面積の合成

$$Q_1 = \alpha_1 A_1 \sqrt{\frac{2}{\rho}(p_1 - p_2)}$$

$$Q_2 = \alpha_2 A_2 \sqrt{\frac{2}{\rho}(p_2 - p_3)}$$

$Q_1 = Q_2 = Q$として2つの開口部の換気量の式の両辺を相当開口面積で除して，2乗します．

$$\left(\frac{Q}{\alpha_1 A_1}\right)^2 = \frac{2}{\rho}(p_1 - p_2)$$

$$\left(\frac{Q}{\alpha_2 A_2}\right)^2 = \frac{2}{\rho}(p_2 - p_3)$$

この両式の両辺の和を求めると

$$Q^2\left\{\left(\frac{1}{\alpha_1 A_1}\right)^2 + \left(\frac{1}{\alpha_2 A_2}\right)^2\right\} = \frac{2}{\rho}(p_1 - p_3)$$

よって

$$Q = \frac{1}{\sqrt{\left(\frac{1}{\alpha_1 A_1}\right)^2 + \left(\frac{1}{\alpha_2 A_2}\right)^2}} \sqrt{\frac{2}{\rho}(p_1 - p_3)}$$

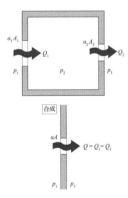

図 3.23　開口部が直列にある場合の合成

図3.22のように開口部が並列にあり，開口部前後での圧力差が等しい場合は，それぞれの開口部における換気量の合計が全換気量となります．ですから，並列開口の総合開口面積はそれぞれの相当開口面積を単純に加算して次の式で求めることができます．

$$\alpha A = \alpha_1 A_1 + \alpha_2 A_2 + \cdots + \alpha_n A_n \qquad (式 3.14)$$

図3.23のように開口部が直列にある場合は，それぞれの開口部での換気量が等しいと考えます．換気量の式をそれぞれの開口部で作成して，式を変形すると直列開口の総合開口面積は次の式で求めることができます．

$$\alpha A = \cfrac{1}{\sqrt{\left(\dfrac{1}{\alpha_1 A_1}\right)^2 + \left(\dfrac{1}{\alpha_2 A_2}\right)^2 + \cdots + \left(\dfrac{1}{\alpha_n A_n}\right)^2}} \qquad (式 3.15)$$

並列開口と直列開口がある場合は，はじめに並列開口の総合開口面積を求め，その後，直列開口の総合開口面積を求めます．

$$\alpha A = \sqrt{\left(\cfrac{1}{\alpha_1 A_1 + \alpha_2 A_2}\right)^2 + \left(\cfrac{1}{\alpha_3 A_3}\right)^2} \qquad (式 3.16)$$

3.4.6　自然換気

(1) 風力換気

建物に風が吹き付けると壁面や屋根面に風圧力（静圧）が加わります．これにより図 3.24 に示すように建物内外で換気の駆動力となる圧力差が生じます．通常，風上側には圧縮力（正圧）が風下側には引張り力（負圧）が作用しますので，それぞれに面に開口部があれば換気が行われます．これが風力換気です．風圧力は風速の 2 乗に比例しますので，障害物のない上空で観測された風速と建物各部に作用する風圧力の関係は次の式で表されます．

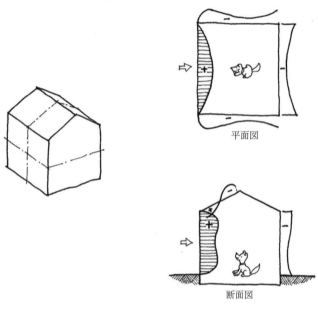

平面図

断面図

図 3.24　風圧力の分布

$$p_w = C \frac{\rho}{2} v^2 \qquad\qquad (式\ 3.17)$$

p_w：風圧力 [Pa]

C：風圧係数 [-]

ρ：空気の密度 [kg/m³]

v：外部風速 [m/s]

風圧係数 C は，建物形状や風向とのなす角によって異なる値になります．風圧係数は圧縮力（正圧）を正の値，引張り力（負圧）を負の値で示します．様々な建物形状の風圧係数分布の例を図 3.25 に示します．

風力による換気量を求めてみましょう．風上側，風下側の風圧係数

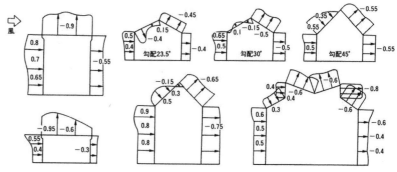

図 3.25　様々な建物形状の風圧係数分布

をそれぞれ C_1, C_2 とすると風圧力の差 (圧力差 Δp) は次の式になります.

$$\Delta p = C_1 \frac{\rho}{2} v^2 - C_2 \frac{\rho}{2} v^2 = (C_1 - C_2) \frac{\rho}{2} v^2 \qquad (式3.18)$$

この式を換気量の基本となる (式 3.13) に代入します.

$$Q = \alpha A \sqrt{\frac{2}{\rho} \Delta p} = \alpha A \sqrt{\frac{2}{\rho} (C_1 - C_2) \frac{\rho}{2} v^2} = \alpha A v \sqrt{C_1 - C_2} \qquad (式3.19)$$

Q：風力による換気量 [m^3/s]

αA：相当開口面積 [m^2]

v：外部風速 [m/s]

C_1：風上側の風圧係数 [-]

C_2：風下側の風圧係数 [-]

　風力による換気量は相当開口面積, 風速, 風圧係数の差により求まります. このことから開口部面積, 敷地周辺の風の特性, 風圧係数の差が最大となる開口部位置を考慮することで風力換気を効率よく行うことができます.

【例題 3.3】

図に示す開口面積，流量係数，風圧係数の条件で風力による換気量を求めなさい．外部風速は 2 m/s とする．

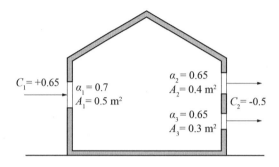

【解　答】

風下側に開口部が 2 つあるので，はじめに並列開口の総合開口面積を求め，その後，直列開口の総合開口面積を求めます．（式 3.16）より，

$$\alpha A = \frac{1}{\sqrt{\left(\dfrac{1}{\alpha_1 A_1}\right)^2 + \left(\dfrac{1}{\alpha_2 A_2 + \alpha_3 A_3}\right)^2}}$$

$$= \frac{1}{\sqrt{\left(\dfrac{1}{0.7 \times 0.5}\right)^2 + \left(\dfrac{1}{0.65 \times 0.4 + 0.65 \times 0.3}\right)^2}} \approx 0.28 \text{ m}^2$$

風力による換気量を求めます．（式 3.19）より，

$$Q = \alpha A v \sqrt{C_1 - C_2} = 0.28 \times 2 \times \sqrt{0.65 - (-0.5)} \approx 0.6 \text{ m}^3/\text{s}$$

1 時間当たりの換気量は，$0.6 \times 60 \times 60 = 2160$ およそ 2160 m³/h になります．

（2）風力による室内での気流経路

　風力による換気量は（式 3.19）で示したように求めることができます．しかし，通風により体感温度を下げることを目的とする場合は，換気量の他に室内での気流の速度と経路が重要となります．風力によ

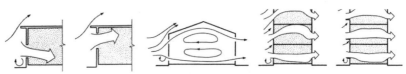

図 3.26　開口位置と通風輪道
（日本建築学会編：建築設計資料集成Ⅰ環境 ,p.111, 丸善, 1978）

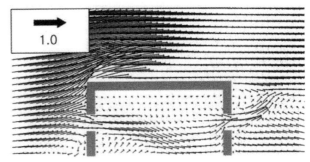

図 3.27　CFD による風速ベクトル分布図
（空気調和・衛生工学会編：はじめての環境・設備設計シミュレーション CFD ガイドブック，p.104,
オーム社, 2017）

通風輪道

る室内での気流経路のことを**通風輪道**といいます．図 3.26 に開口位置と通風輪道を示します．開口部の位置や袖壁などにより通風輪道は変化します．これらを工夫することによって居住域に外部の風を積極的に取り入れ，効果的に通風を行うことができます．設計段階で数値流体解析（CFD）を利用することにより，室内での気流分布を予測することができます（図 3.27）．

（3）温度差換気（重力換気）

　地上での大気圧は，その上空にある全空気の重量によって生じる圧力ですから，地上から上空に行くほど全空気の重量は小さくなり大気圧は低くなります．ですから，ある位置と鉛直方向に高さ h [m] 離れた位置との気圧差は，その区間の空気の重量と等しくなります．密度は絶対温度に反比例して小さくなりますが，区間内で空気の密度 ρ [kg/m^3] が変化しないとみなせると，その気圧差は $-\rho g h$ [Pa] となります（図 3.28）．g は重力加速度 [m/s^2] です．マイナスは高さの増分に対して気圧が減少することを示しています．密度が変化しなければ，気圧は高さに対して直線的に減少します．

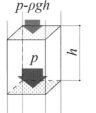

大気圧は全ての方向に働きますが，図は簡略化して 1 方向のみ示しています．以降も同様に 1 方向のみ示しています．

図 3.28　大気圧差

建物内外で温度差がある場合の気圧分布を考えてみます．暖房時を想定して，室温は外気温より高温とします．密度は絶対温度に反比例して小さくなるので，室内の空気は屋外より密度が小さい，すなわち屋外より気圧が低くなります．この建物の下端に図3.29に示すように開口部が1つあると，気圧の高い屋外から低い室内へ空気が流れますが，やがて平衡が保たれ圧力差がなくなると空気が流れなくなります．この時，室内空気の密度をρ_i [kg/m³]，外気の密度をρ_o [kg/m³]とし（$\rho_o > \rho_i$），高さ$h = 0$ mでの大気圧をP_0 [Pa]とすると，建物内外の高さ方向の気圧分布P_i [Pa]，P_o [Pa]はそれぞれ次の式で表せます．

$$P_i = P_0 - \rho_i gh \qquad （式3.20）$$
$$P_o = P_0 - \rho_o gh \qquad （式3.21）$$

$h = 0$では，建物内外ともに気圧はP_0ですが，室内は密度が小さい分，高くなるほど屋外より気圧は高く（正圧）になります．この圧力差を，同じ高さの屋外の気圧を基準にして示すと次の（式3.22）になります．

$$p_h = P_0 - \rho_i gh - (P_0 - \rho_o gh) = (\rho_o - \rho_i)\, gh \qquad （式3.22）$$

p_h：大気基準圧 [Pa]

P_0：大気圧（$h = 0$ m）[Pa]

ρ_o：外気の密度 [kg/m³]

ρ_i：室内空気の密度 [kg/m³]

g：重力加速度 [m/s²]

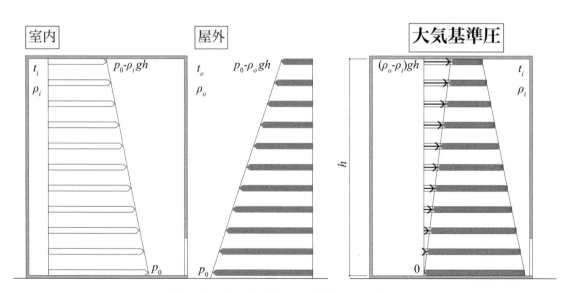

図3.29　開口部が1つの場合の気圧分布

h：高さ [m]

大気基準圧

この p_h を**大気基準圧**といいます．大気基準圧は，大気圧の高さ方向の減少を考慮しない相対的な圧力の表示といえます．

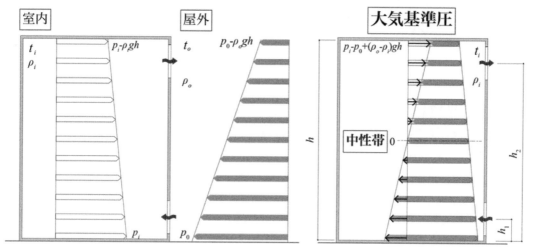

図3.30　開口部が2つの場合の気圧分布

次に同じ条件で，図3.30 に示すように建物の下端と上端に開口部が1つずつある場合を考えてみます．建物上端では室内のほうが気圧は高いので上端の開口部で室内から屋外へ空気は流出します．その分，室内の気圧は低く（負圧）なりますので，下端の開口部で屋外から室内へ空気は流入します．屋内外の温度（密度）に変化がなければ，建物内外で空気は流れ続けます．これが温度差換気です．この温度差換気は**煙突効果**とも呼ばれます．この時の気圧分布を大気基準圧 p_h で示すと次の式となります．$h=0$ での室内の気圧を P_i[Pa] とします．

煙突効果（stack effect）

$$p_h = P_i - \rho_i gh - (P_0 - \rho_o gh) = P_i - P_0 + (\rho_o - \rho_i) gh \quad 式(3.23)$$

p_h：大気基準圧 [Pa]

P_0：大気圧（$h = 0$ m）[Pa]

P_i：室内の気圧（$h = 0$ m）[Pa]

ρ_o：外気の密度 [kg/m³]

ρ_i：室内空気の密度 [kg/m³]

g：重力加速度 [m/s²]

中性帯（neutral zone）

h：高さ [m]

図3.30 で大気基準圧 $p_h=0$ となる位置があります．この位置を**中性帯**といいます．中性帯では圧力差がないため温度差換気は行われませ

ん．上下に同じ面積の開口部がある場合は，中性帯は2つ開口部の中心に位置します．上下の開口部の面積が異なる場合は，図3.31に示すように中性帯は大きい開口部のほうに近づきます．

次に温度差換気の駆動力となる2つの開口部の圧力差を求めます．2つの開口部中心の $h=0$ からの高さをそれぞれ h_1, h_2 とし，それぞれの高さにおける大気基準圧を p_{h1}, p_{h2} とします．圧力差 Δp は次の式となります．

$$\Delta p = p_{h2} - p_{h1} = P_i - P_0 + (\rho_o - \rho_i)\, gh_2 - \{P_i - P_0 + (\rho_o - \rho_i)\, gh_1\}$$
$$= (\rho_o - \rho_i)\, g\, (h_2 - h_1) \qquad\qquad (式3.24)$$

この圧力差 Δp を換気量の基本となる（式3.13）に代入します．この時，（式3.13）の密度は ρ_o とします．

$$Q = \alpha A \sqrt{\frac{2}{\rho_o} \Delta p} = \alpha A \sqrt{\frac{2}{\rho_o} (\rho_o - \rho_i)\, g\, (h_2 - h_1)} \qquad (式3.25)$$

Q：温度差による換気量 $[\mathrm{m^3/s}]$

αA：相当開口面積 $[\mathrm{m^2}]$

ρ_o：外気の密度 $[\mathrm{kg/m^3}]$

ρ_i：室内空気の密度 $[\mathrm{kg/m^3}]$

g：重力加速度 $[\mathrm{m/s^2}]$

h_1：下端開口部の高さ $[\mathrm{m}]$

h_2：上端開口部の高さ $[\mathrm{m}]$

空気の密度の代わりに温度を用いると温度差による換気量は次の式になります．この時，室温を t_i，外気温を t_o とします（$t_i > t_o$）．

$$Q = \alpha A \sqrt{\frac{2}{t_i + 273.15} (t_i - t_o)\, g\, (h_2 - h_1)} \qquad\qquad (式3.26)$$

Q：温度差による換気量 $[\mathrm{m^3/s}]$

αA：相当開口面積 $[\mathrm{m^2}]$

t_i：室温 $[\mathrm{℃}]$

t_o：外気温 $[\mathrm{℃}]$

g：重力加速度 $[\mathrm{m/s^2}]$

h_1：下端開口部の高さ $[\mathrm{m}]$

h_2：上端開口部の高さ $[\mathrm{m}]$

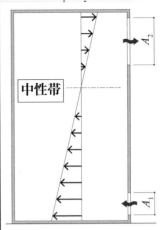

$A_1 < A_2$

中性帯

図3.31　中性帯の位置

空気の密度と温度の関係

　空気の密度 ρ $[\mathrm{kg/m^3}]$ と気温 t $[\mathrm{℃}]$ との関係は，状態方程式から大気圧を一定（1013.25hPa）とする次の式で求めることができます．

$$\rho = \frac{353.25}{t + 273.15}$$

温度差による換気量は相当開口面積，密度（温度）差，開口部位置の高低差に影響されます．このことから開口部面積，開口部位置の高低差を大きくすることで温度差換気を効率よく行うことができます．

（4）煙突効果を利用した自然換気

階段室や吹き抜けなどのシャフト（竪穴）空間を利用した自然換気手法があります．これを煙突効果を利用した自然換気といいます．階段室や吹き抜けは高低差のある開口部を設置しやすいため効率的な温度差換気を行うことができます．図3.32のように自然換気のために煙突(チムニー)のような換気用シャフトを設けている事例もあります．地上に比べ上空は風速が強いので，このような事例では風力換気も期待できます．シャフト上端の形状を工夫して，誘引効果(ベンチュリー効果)によりシャフト内部を負圧にすることにより風力換気を促進させます．また温度差換気は，室内外の温度差が大きいほど，より大きな換気量を得ることができます．室温を上げることなく温度差を大きくする手法として太陽熱を利用した**ソーラーチムニー**があります（図3.33）．太陽熱で煙突状のシャフト内部の空気を高温にして温度差換気を促進させます．

ソーラーチムニー
（solar chimney）

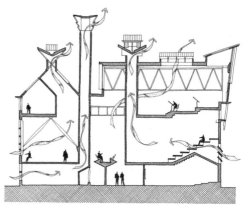

図3.32 煙突効果を利用した自然換気（Queens Building, Leicester University）

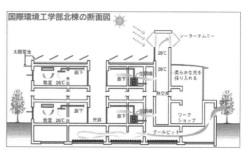

日本建築学会論文集／ソーラーチムニーと地中ピットとを組み合わせた自然換気システムの基本性能に関する実測調査
品田宣輝・木村健一

図3.33 ソーラーチムニー（北九州市立大学国際環境工学部北棟）

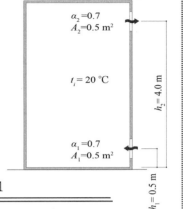

【例題 3.4】

図に示す条件で温度差による換気量を求めなさい.

重力加速度を $9.8 \mathrm{~m/s^2}$ とする.

【解　答】

（式 3.15）より総合開口面積を求めます.

$$\alpha A = \cfrac{1}{\sqrt{\left(\cfrac{1}{\alpha_1 A_1}\right)^2 + \left(\cfrac{1}{\alpha_2 A_2}\right)^2}} = \cfrac{1}{\sqrt{\left(\cfrac{1}{0.7 \times 0.5}\right)^2 + \left(\cfrac{1}{0.7 \times 0.5}\right)^2}}$$

$$\approx 0.25 \mathrm{m}^2$$

次に，（式 3.26）より温度差による換気量を求めます.

$$Q = \alpha A \sqrt{\cfrac{2}{t_i + 273.15}(t_i - t_0)\, g\,(h_2 - h_1)}$$

$$= 0.25 \times \sqrt{\cfrac{2}{20 + 273.15} \times (20 - 10) \times 9.8 \times (4.0 - 0.5)} \approx 0.38 \mathrm{~m^3/s}$$

1 時間当たりの換気量は，$60 \times 60 \times 0.38 = 1368$　およそ 1370 $\mathrm{m^3/h}$ になります.

3.4.7　機械換気

機械換気は，送風機（ファン）を駆動力とした換気方式です．図 3. 34 に示すように，送風機を室内に空気を供給する給気側，屋外へ空気を排出する排気側のどちらか一方，あるいは両方に設置するパターンにより 3 種類の方式に分類されます．機械換気は，室の用途，特性に適した方式を採用して，計画的に運転すれば安定的な換気量を確保

できます. 送風機の運転により, 室内の気圧を屋外より高く（正圧）すると, すき間などから室内に汚染物質などが流入しません. 反対に室内の気圧を屋外より低く（負圧）すると, すき間などから室外へ汚染物質などが流出しません.

第1種換気方式
（balanced ventilation system）

(1) 第1種換気方式

第1種換気方式は, 給気側と排気側の両方に送風機を設置する方式です. 給気側の風量を排気側より大きくすることで, 室内を正圧にすることができます. 逆に排気側の風量を給気側より大きくすることで, 室内を負圧にすることができます. そのため, 幅広い用途に適用することができます. ただし, 送風機を給気と排気の2系統で設置するため, 他の方式と比べてイニシャルコストとランニングコストが高くなり, エネルギーの消費量も増えます. 安定した換気量が確保でき, 短時間で換気を行うことができる方式のため屋内駐車場, 機械室, クリーンルームなどに採用されます.

第2種換気方式
（supply-only ventilation system）

(2) 第2種換気方式

第2種換気方式は, 送風機を給気側のみに設置する方式です. 排気は排気口から自然に流出させます. 室内は正圧になり, 給気側でフィルターなどにより汚染物質の処理を行えば室内を清浄な空気に維持することができます. そのため, 手術室, クリーンルーム, 非常用エレベータの附室などに使われています.

第3種換気方式
（exhaust-only ventilation system）

(3) 第3種換気方式

第3種換気方式は, 送風機を排気側のみに設置する方式です. 給気は給気口から自然に流入します. 室内は負圧になり, 室内で発生した汚染物質は周囲に漏出することなく, 排気側の送風機から処理することができます. そのため, 汚染物質や臭い・湿気が排出される厨房, 便所, 浴室などに使われています.

全熱交換器
（total heat exchanger）

(4) 全熱交換器

必要換気量に応じて換気を行うと, 換気と同時に室内の顕熱（温度）と潜熱（湿度）も外気と入れ替わります. 冷暖房を行っている場合, 冷やした空気や暖めた空気は換気により排出されてしまいます. 同じように除湿や加湿を行っている場合, 換気によりジメジメしたり, 乾燥したりしてしまいます. 換気により空気は浄化されますが, 室内の温度・湿度も変化して冷暖房や除湿・加湿のために消費する空調エネルギーの効率が悪くなります. そこで, 換気のために排出する室内の

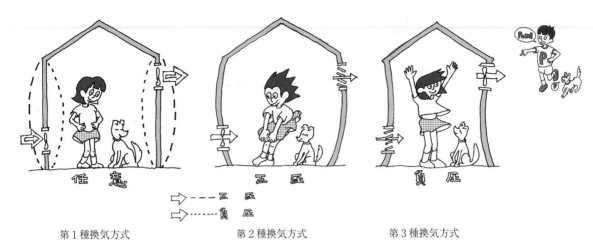

第1種換気方式　　　　　　第2種換気方式　　　　　　第3種換気方式

図 3.34　機械換気方式の種類

空気と外気から取り入れる空気との間で熱を交換することができれ
ば，空調エネルギーの消費量を削減することができます．このような
機械換気設備のことを熱交換器といいます．熱交換器には室内の顕熱
のみを交換する顕熱交換器と室内の顕熱と潜熱を交換する全熱交換器
（図 3.35）があります．

（5）置換換気方式

　この方式は，自然換気の温度差換気と機械換気を組み合わせたもの
です．図 3.36 に示すように室内に人体や機器などの発熱体があると，
周囲の空気は加熱されて上昇気流となります．この時，床面近くから
室温より若干低い温度の外気を非常に低速で供給すると，外気は上昇
気流とともに天井面へ上昇します．それに伴い汚染物質も上昇するの
で，天井面に排気口があれば，排出されます．外気が混合することな
く汚染物質の含まれた室内空気を天井面へ押し出すため，外気の取り

置換換気方式
（displacement ventilation）

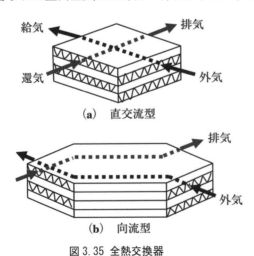

（a）直交流型

（b）向流型

図 3.35　全熱交換器

（空気調和・衛生工学会編：第 14 版空気調和・衛生工学便覧 2 機器・材料編，p.145，空気調和・衛
生工学会，2010）

入れ量が少なくても効率的に換気
を行うことができ, 居住域の空気
の清浄度を保つことができます.

3.4.8 全般換気と局所換気

換気方式のもう一つの分類とし
て, **全般換気**と**局所換気**がありま
す (図 3.37). 全般換気は, 汚染
物質などの発生場所が固定されて
おらず室内全体に拡散している場
合に, 空気を入れ替えることに
よって汚染物質などの濃度を希釈

全般換気
(general ventilation)

局所換気
(local ventilation)

図 3.36 置換換気方式

する方式です. 全般換気は, 居室などで一般的に用いられています.
一方, 局所換気は, 汚染物質などの発生場所が固定されていて, 室内
に拡散する前に発生場所の近くで室外に排出する方式です. そのため
換気量は比較的少なくても汚染物質を排出することができます. 具体
例としては, 台所にあるレンジフードファンや実験室などのドラフト
チャンバーです. 局所換気は通常, 機械換気設備が用いられます.

図 3.37 全般換気と局所換気

【設計事例】 昭和初期のパッシブデザイン

　聴竹居は，建築家・藤井厚二が1928年（昭和2年）に京都府大山崎町に建てた自邸であり，5棟目の実験住宅でもあります．藤井厚二は京都帝国大学（現在の京都大学）において建築計画原論などの講義を担当していたプロフェッサーアーキテクトでした．日本の気候・風土に適した住宅を科学的に解明するために，実験住宅（自邸）を何回も建てて実験を積み重ねました．聴竹居は，その実験住宅の集大成です．藤井厚二が聴竹居で実践した環境調節に関わる数多くの手法は，日本の気候・風土に適したパッシブデザインの原点といえます．

　聴竹居に見られる環境調節手法には，日射日照の調節，断熱・遮熱，換気・通風などがあります．これらは体感温度に基づいて，主に夏に涼しく過ごすために考案・採用した手法です．換気・通風に関しては，温度差換気の理論を活用しています．床下から冷気を取り入れて，天井から室内の空気を屋根裏に流出させ，そして屋根裏から屋外へ排気させています．そのために，床下には冷気を導くための導気筒（地中に埋められた土管とそれにつながる木製のダクト），室内には開閉可能な導気口と排気口，屋根裏には屋根の妻面に通風窓が設けられています．導気口と排気口はデザイン面でも配慮されていて，建築と設備の一体化が考えられています．

　現在，事前予約をすれば聴竹居は見学することができます．現地を訪れることで環境調節手法と建築デザインを融合させ，日本の風土に適した住宅を体験することができます．また藤井厚二の著書『日本の住宅』には，実験住宅の平面図・写真ならびに考案した環境調節の手法，実験結果について詳細に記載されています．『日本の住宅』には聴竹居での実験結果は記載されていませんが，下記の研究報告は，聴竹居の室内温熱環境を実測して，通風および体感温度SET*を低減させる効果を検証しています．

　（伊藤帆奈美，橋本剛：藤井厚二の自邸における通風計画に関する研究，第36回人間 - 生活環境系シンポジウム報告集，pp.191-194，2012）

写真 -1　聴竹居外観 （撮影：橋本剛）

写真 -2　座敷下の開いた状態の導気口 （撮影：橋本剛）

写真 -3　縁側天井の開いた状態の排気口 （撮影：橋本剛）

【トピック】　周囲の湿度に応じて透湿性能が変化するシート

　木造の充填断熱工法（内断熱）で透湿抵抗の小さい繊維系断熱材を使用する場合は，冬型結露による内部結露の予防対策として断熱材の室内側に透湿抵抗の大きい防湿層を設けることは，3.2.5で説明しました．その際に，冷房使用時における夏型結露（逆転結露）が問題となっていることについて述べました．この夏型結露の積極的な予防対策として，近年，周囲の湿度に応じて透湿性能が変化するシートが開発され防湿層の代わりに施工されるようになりました．この周囲の湿度に応じて透湿性能が変化するシートは，可変透湿気密シートや調湿気密シートと呼ばれています．ここでは可変透湿シートとします．可変透湿シートは，周囲の相対湿度によりシートの高分子素材の分子構造が変化します．通常程度の湿度環境では透湿抵抗は大きいのですが，高湿度の環境となると透湿抵抗が低下して水蒸気が透過しやすくなります．

　低温・低湿の冬季，水蒸気は室内から屋外へ流れます．この時，可変透湿シートの透湿抵抗は大きいため，防湿層として機能して水蒸気は壁体内部に流れにくくなり冬型結露による内部結露を防ぎます．高温・高湿の夏季，冷房使用時に水蒸気は屋外から室内へ流れます．また，壁体の建材から発生した水蒸気により壁体内部が高湿となっていることもあります．この時，可変透湿シートの透湿抵抗は小さいため，壁体内部から室内へ水蒸気は透過して夏型結露（逆転結露）による内部結露を防ぎます．

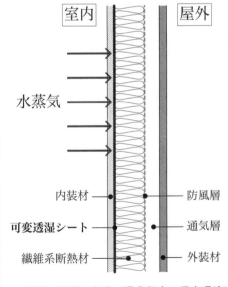

低温・低湿の冬季（通常程度の湿度環境）

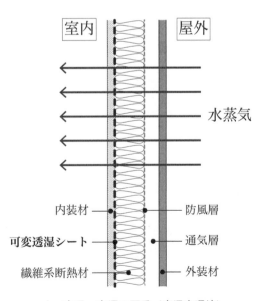

高温・高湿の夏季（高湿度環境）

演 習 問 題

【演習 3.1】（二級建築士 令和元年出題 No. 6）

湿り空気に関する次の記述のうち，最も不適当なものはどれか．

1. 絶対湿度が同じであれば，空気を加熱しても，露点温度は変化しない．
2. 絶対湿度が同じであれば，空気を冷却すると，相対湿度は高くなる．
3. 乾球温度が同じであれば，乾球温度と湿球温度との差が小さいほど，相対湿度は低くなる．
4. 乾球温度が同じであれば，相対湿度が高くなると，絶対湿度も高くなる．
5. ある空気を露点温度以下に冷却した後，元の温度に加熱すると，相対湿度は低くなる．

【演習 3.2】（二級建築士 平成 28 年出題 No. 4）

冬期の結露に関する次の記述のうち，最も不適当なものはどれか．

1. 外壁の室内側に生じる表面結露は，防湿層を設けても防ぐことができない．
2. 外壁を内断熱とする場合，断熱材を厚くしても内部結露防止には効果がない．
3. 保温性の高い建築物であっても，暖房室と非暖房室がある場合，非暖房室では表面結露が生じやすい．
4. 開放型石油ストーブの使用は，表面結露の原因となる場合がある．
5. 室内の表面温度を上昇させると，表面結露が生じやすい．

【演習 3.3】（二級建築士 平成 30 年出題 No. 4）

換気に関する次の記述のうち，最も不適当なものはどれか．

1. 換気回数は，室の 1 時間当たりの換気量を室容積で除した値である．
2. 汚染質が発生している室における必要換気量は，汚染質の発生量が同じ場合，その室の容積の大小によって変化する．
3. 第 3 種機械換気方式は，室内を負圧に保持することにより，周辺諸室への汚染質の流出を防ぐことができるので，便所などに用いられる．
4. 温度差換気において，外気温度が室内温度よりも低い場合，中性帯よりも下方から外気が流入する．
5. 居室の空気中において，一般に，二酸化炭素の許容濃度は 0.1 ％（1,000 ppm）であり，毒性の強い一酸化炭素の許容濃度は 0.001 ％（10 ppm）である．

【演習 3.4】（一級建築士 令和元年出題 No. 2）

容積が 100 m³ の室において，室内の水蒸気発生量が 0.6 kg/h，換気回数が 1.0 回 /h のとき，十分に時間が経過した後の室内空気の重量絶対湿度として，最も適当なものは，次のうちどれか．ただし，室内の水蒸気は室全体に一様に拡散するものとし，外気の重量絶対湿度を 0.010 kg/kg (DA)，空気の密度を 1.2 kg/m³ とする．なお，乾燥空気 1 kg を 1 kg(DA) と表す．

1. 0.005　kg/kg(DA)
2. 0.010　kg/kg(DA)
3. 0.015　kg/kg(DA)
4. 0.020　kg/kg(DA)

【演習 3.5】（一級建築士 令和元年出題 No. 3）

外気温度 5 ℃，無風の条件の下で，図のような上下に開口部を有する断面の建築物A・B・Cがある．室内温度がいずれも 18 ℃に保たれ，上下各々の開口面積がそれぞれ 0.4 m², 0.6 m², 0.7 m²，開口部の中心間の距離がそれぞれ 4 m，2 m，1 m であるとき，建築物A・B・Cの換気量 Q_A・Q_B・Q_C の大小関係として，正しいものは，次のうちどれか．ただし，いずれの開口部も流量係数は一定とし，中性帯は開口部の中心間の中央に位置するものとする．なお，$\sqrt{2} \fallingdotseq 1.4$ として計算するものとする．

1. $Q_A > Q_B > Q_C$
2. $Q_B > Q_A > Q_C$
3. $Q_B > Q_C > Q_A$
4. $Q_C > Q_B > Q_A$

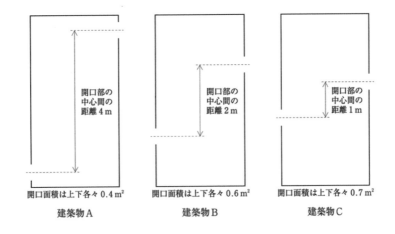

【演習 3.6】

図に示す開口面積，流量係数，風圧係数の条件で風力による換気量を求めなさい．外部風速は 2 m/s とする．

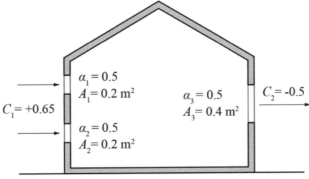

この分野をさらに深く学ぶためのお薦めの図書

『第14版空気調和・衛生工学便覧1基礎編』 空気調和・衛生工学会 編，空気調和・衛生工学会，2010

　空気調和・衛生工学会による暖冷房・換気，給水・排水，衛生設備に関する実務書．湿り空気，空気質，換気の知識と理論が詳しく記載されています．

『ASHRAE Handbook Fundamentals 2017』 ASHRAE 編，ASHRAE，2017

　ASHRAE による空気調和設備に関する実務書．湿り空気，空気質，換気の知識と理論が詳しく記載されています．

『Heating, Cooling, Lighting: Sustainable Design Methods for Architects』
Norbert Lechner 著，Wiley，2014

　省エネルギーに貢献しながら快適な建築空間を創り出すため手法を，採暖・採涼・採光の視点から解説している．多くの写真とイラストを使って平易な英語で書かれた良書．

論文検索

　国際ジャーナルの論文検索は「Google Scholar」などを利用すると便利です．以下，この章に関連する論文が多く掲載されている学術雑誌を列記します．

『Building and Environment』

『Energy and Building』

『Indoor Air』

『Wind Engineering』

　国内雑誌の論文は「J-Stage」や「CiNii」を利用して検索することができます．

『空気調和・衛生工学会』

『日本建築学会』

『室内環境学会』

『日本風工学会』

"Light is space ." Louis I.Kahn(1901-1974)
「光あるところに空間は生まれる」　　－ルイスカーン－

キンベル美術館（ルイスカーン 1972）

4章　光環境

■なぜ建築学で光を学ぶのでしょうか？

空間の体験は五感によって得られるものですが，視覚の影響が飛び抜けて大きいことは，皆さんも気づいていることでしょう．私達が視覚で捉えているものは光です．壁や床があっても，光がないと見ることはできません．建築を設計するときには，季節や時刻，あるいは天候によって大きく変化する昼光をどのように室内に取り込むかを十分に考える必要があります．昼光のある昼間でも多くの施設では人工照明を利用しています．変動の大きい昼光と安定制御できる人工照明を協調させることで，良い光環境を形成する照明方式を**昼間人工照明**（PSALI：プサリ）と言います．

夜間は人工照明の下で生活しています．少し前までの私達の暮らしでは，明るいことが良いこととされ，白く，すみずみまで明るい空間を目指していました．現在は，光源を分散して配置し，調光や調色も可能となり，**局部照明**や**間接照明**による空間の雰囲気作りに関心が高まっています．ますます，良い照明が良い建築の多くを占めることになりそうです．

省エネルギーの視点も大切です．建築用の照明にも LED が本格的に普及し，エネルギー消費量は大きく低下しています．しかし，室内で使われたり，侵入したりしたエネルギーの多くは熱に変わり，空調負荷になることはすでに学習した通りです．

人工照明の排熱は低下していますが，日中は昼光をうまく利用することが大切です．日射の内で日光と呼ばれる可視光の割合はおおよそ半分です．さらに，昼光光源は天空光のみを扱います．晴れている日は日光の内で天空光は数分の 1 にしか過ぎません．赤外光や直射光のように昼光照明に利用しずらい日射を室内に取り入れない工夫も求められます．

この章では，光環境に関する物理量と私達居住者の生理・心理に与える影響といった基礎を学んだ上で，室内や屋外における照明計画への応用を学びます．

■なぜ建築学で色彩を学ぶのでしょうか？

建築には色彩があります．建築空間を構築し，建築材料を選定し，その色彩を決定することで建築の設計は進められます．空間の見え方を決める大きな要素に光があることを記してきましたが，光によって照らされた建築には明るさだけではなく色彩があります．光環境の大

光環境
（luminous environment）
視環境
（visuall environment）
　光と私達の関わりを捉えていることは同じですが，光環境は物理的な側面が強く視環境は生理・心理的な側面が強く感じられます．

昼間人工照明
P S A L I（P e r m a n e n t Supplementary Artificial-Lighting of Interiors）

局部照明（local lighting）
　全体を均一に照らす全般照明に対して，特定の狭い範囲のみを照らす照明方式．特定の対象物を最適な方向から照らすことができます．

間接照明（indirect lighting）
　天井や壁などに直接光を当て，その反射光を照明に利用する方法．柔らかい拡散光が利用できます．反射面の意匠を演出することもできます．

色，色彩（colour, color）
　光の分光分布によって現れる視覚上の特性です．色と色彩は同義語ですが，色が光を含めてあらゆる対象に用いられるのに対して，色彩は物体色に限定して使われることが多いです．

切な要素と言えます.

　絵画や映像などの色彩と，建築の色彩の違いは何でしょうか？

　視対象を模様とその背景の地に分けてみると，建築の色彩は地の色彩になることが多いでしょう．目にする時間を考えてみると，時々ではなく，いつもであったり，長年であったりと比較的長い時間見ることが多いのも建築の色彩の特徴です．生活の基盤を形成する大切な要素に建築の色彩があると言えます.

　また，建築全体では一定の色彩になっているとしても，部材毎に異なる色彩が用いられるのが一般的です．色彩によって部材の役割の違いを伝えています．サイン表示のように情報そのものを伝えるための色彩もあります．什器備品まで考えると，建築では非常に多くの色彩が用いられています.

　こうしたたくさんの色彩をうまくまとめて建築を構成する必要があります．実際には，設計から施工に至るまで色彩を正確に伝えて建築を作り，竣工後には適切な維持保全をしていくことが必要です.

4.1　光の基礎

4.1.1　光とは

　光は**電磁波**です．しかし，私達が目にする光は，目で見て脳で知覚した情報になります．単なるエネルギーの強弱ではなく，意味を持っています．このため，光は物理心理量と言われます．電磁波は，様々な波長で私達の生活に利用されています．宇宙線やX線，γ線などの放射線のように非常に短い波長から，電波のように長い波長まで広く利用されている中で，可視光線と呼ばれる狭い波長帯域の電磁波が，私達が見ることのできる光です．図 4.1 で確認してみましょう．可視光線は，波長 380 〜 780 nm の帯域です．短い波長の紫から長い波長の赤まで，波長によって違った色を知覚します．白色光がプリズ

電磁波
（electromagnetic wave）
　電界と磁界が直交する方向に振動しながら真空中や物質中を伝わっていく波動現象．波長が異なるとその性質は別のもののように思われるほど大きく変わります.

光のプリズムによる分散
　ニュートンが行った光学上の実験として有名（「光学」1704）．波長によって屈折率が異なることから，プリズムを透過した白色光は分解します．波長が長いと屈折率が小さく，波長が短いと屈折率が大きくなります．（『4.8 建築の色彩』参照）

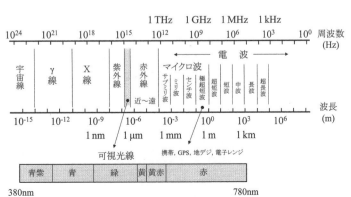

図 4.1　電磁波の波長帯域と呼び名

ムによって虹色に分解する現象は分散とよばれ，よく知られています．

4.1.2　人の目

　私達の目は光による刺激を受け取る受容器です．目が受け取った刺激によって生じる感覚が視覚です．光環境を捉える視覚の入り口となる眼球の構成を理解しておきましょう．目と同じように光を捉えて写真撮影をするカメラと対比させてみると分かりやすくなります（図4.2）．

　カメラのフィルムやセンサーに対応するのが，網膜上の視細胞です（図4.3）．視細胞には桿体細胞と錐体細胞の2種類があります．両者には役割分担があり，色覚の有無，感度，応答速度に大きな違いがあります．また，網膜上での分布範囲と細胞数も大きく異なります（図4.4）．

　錐体細胞は中心窩と呼ばれる視軸の中心部分に集中しているのに対して，桿体細胞は中心窩以外に広く分布しています．細胞数は錐体細胞600万個程に対して，桿体細胞1億2,500万個程と桁違いに多くなっています．

桿体（rod）

錐体（cone）

視野（visual field）
　私達は一度に広い範囲を見ることができます．下図の35mmカメラのレンズの視野と比較するとその広さがわかります．動的には，眼球の回転と頭部の回転によってさらに広い範囲を見ることができます．

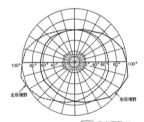

焦点距離50mm
対角画角46°

（日本建築学会編：建築設計資料集成1，環境，p.72，1978.カメラの撮影範囲を記入）

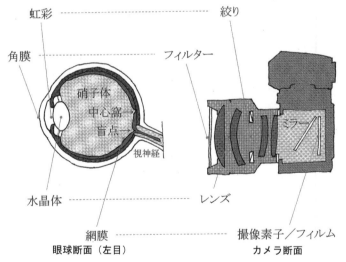

図4.2　眼球の構成とカメラとの比較

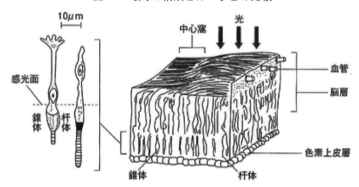

図4.3　網膜の構成と視細胞

（新建築物の環境衛生管理 中巻，p.60，日本建築衛生管理教育センター，2019）

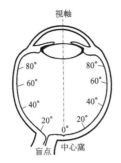

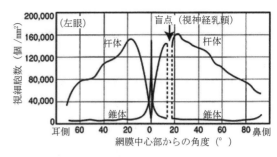

図4.4　網膜上の視細胞の分布
（日本建築学会編：建築環境工学用教材環境編第4版，p.55，彰国社，2011.加筆）

　桿体細胞は，可視光全域に感度を持つため，色を認識することは出来ません．色覚を生じさせる視細胞は錐体細胞です．光の3原色に対応する3波長帯域に感度を持つ3種類の錐体細胞があり，それぞれが感じる光の強さから，私達は色を感じることができます．

　桿体細胞は，錐体細胞に比べて感度が高い視細胞です．桿体の最大感度は錐体の3倍近くになります．モノクロームの世界ですが，夜闇のように暗い環境で活躍できます．こうした感度は視感度と呼ばれています．実際の視感度には個人差がありますが，CIE（国際照明委員会）による標準化された視感度が利用されます．図4.5に各波長の視感度を最大視感度に対する比率で表した**比視感度**を示します．V（λ）は，明るい環境で錐体細胞が主となる明所視の比視感度で，標準比視感度と呼ばれます．$V'(\lambda)$は，暗い環境で桿体細胞が主になる暗所視の比視感度です．

　明所視と暗所視では視感度が最大となる波長が異なっています．こ

CIE
Commission Interna-
tionale del' Éclairage (仏
語)

比視感度
（spectral luminous
efficiency)
　分光視感効率とも言います．

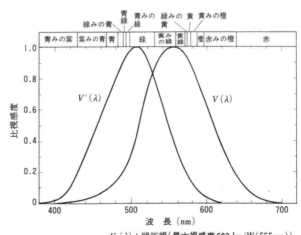

$V(\lambda)$：明所視（最大視感度683 lm/W(555nm)）
$V'(\lambda)$：暗所視（最大視感度 1725 lm/W(507nm)）

図4.5　標準比視感度
（日本建築学会編：建築環境工学用教材環境編第3版，p.34，彰国社，2002)

153

の違いは，鮮やかに見える色彩が昼間のように明るい場所と夜間のように薄暗い場所で異なる**プルキンエ現象**として現れます．

　私達の視覚は，常に最大感度を持っているわけではなく，時間経過によって感度を上昇させていきます．これを順応といいます．明暗差のある建物内を移動する場合には順応状態が変化し，時間の経過につれて視認性も変化します．　錐体細胞と桿体細胞では，最大感度を得るまでの順応時間に大きな差異があります．図4.6は，明るい環境から暗い環境に移動し，再び明るい環境に移動したときの順応状態の変化を表しています．明順応にはほとんど時間を要しないのに対して，暗順応により最大の感度を得るまでには30分以上の長い時間がかかります．

　こうした暗順応に時間を要する生理特性は，建築の照明計画において考慮する必要があります．例えば，住宅玄関を明るく，廊下を徐々に暗くするような設計によって帰宅時の足下の視認性を確保するような設計につながります．また，明るさの分布が大きい居室では，視線の移動によっても順応状態の変化が起こることも考慮しておきたいことです．

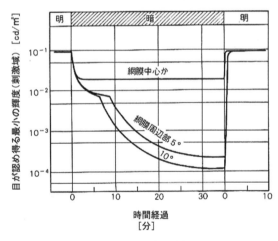

図4.6　明暗順応経過
（日本建築学会編：建築設計資料集成1，環境，p.72，丸善，1978．一部修正）

4.1.3　光の量

　照明の分野での光は，私達が見ることの出来る可視域の電磁波のみを指します．さらに，私達の目の感度による重み付けを行う工夫をすることで，視覚に対応した量として扱うことが出来るようにしたものが**測光量**です．

　電磁波を量的に取り扱うには放射量を用いました．光では，測光量

プルキンエ現象
（Purkinje phenomenon）
　明所視と**薄明視**において，鮮やかに見える色彩が異なる現象．信号機を例にすると，昼間は赤信号が夜間には青信号がより鮮やかに感じられる現象です．チェコの実験生理学者であるJan Evangelista Purkyně（1787-1869）が1825年に発見したことからプルキンエ現象として知られています．

薄明視（mesopic vision）
　暗所視と明所視との中間状態の視覚を薄明視と呼びます．

測光量
（luminous quantities）

を用います．表 4.1 は，測光量と対応する放射量です．放射量が１秒当りの放射エネルギー量を表す放射束を基本量としているのに対して，測光量では光束を基本量としている関係がわかります．各測光量の概念を図 4.7 に示す模式図で確認した上で，次項からそれぞれの測光量を詳細にみていきましょう．

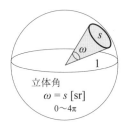

立体角
$\omega = s$ [sr]
0〜4π

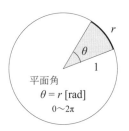

平面角
$\theta = r$ [rad]
0〜2π

光束（luminous flux）

表 4.1　測光量と放射量との対応

測　光　量				放　射　量	
名　称	単位	単位記号	組立単位	名　称	単位
光　束	ルーメン	lm	lm	放射束	W
照　度	ルクス	lx	lm/m^2	放射照度	W/m^2
光束発散度	ラドルクス	rlx	lm/m^2	放射発散度	W/m^2
光　度	カンデラ	cd	lm/sr	放射強度	W/sr
輝　度	カンデラ / m^2	cd/m^2	$lm/sr\cdot m^2$	放射輝度	$W/sr\cdot m^2$

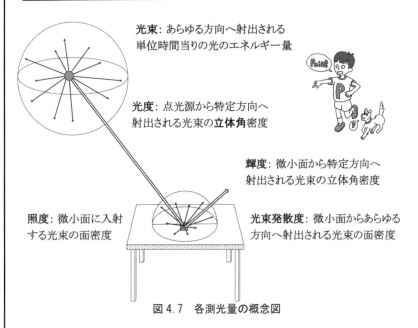

光束：あらゆる方向へ射出される単位時間当りの光のエネルギー量

光度：点光源から特定方向へ射出される光束の**立体角**密度

輝度：微小面から特定方向へ射出される光束の立体角密度

照度：微小面に入射する光束の面密度

光束発散度：微小面からあらゆる方向へ射出される光束の面密度

図 4.7　各測光量の概念図

（1）光束

　測光量の基本単位は光束です．１秒当りの光のエネルギー量を表します．固有の名称を持つ単位で，ルーメン (lumen)，単位記号 [lm] を用います．定義式を (式 4.1) に示します．

　各波長の放射束に標準比視感度を乗じて積分します．積分範囲は可視域の波長帯域 380 〜 780 nm です．可視域以外の比視感度は 0 ですから，積分範囲を明示しない場合もあります．積分したものに明所視の最大視感度 683 lm/W を乗じたものが光束です．広い波長帯域の電磁波から，可視光を視感度の重み付けを行い，切り出したものとなります．図 4.8 に模式図を示します．

こうした処理を行って光を扱うのは，光の量の大小を検討すると
きに，私達の視覚と対応させるためです．知覚されない紫外や赤外
領域のエネルギーは照明には関係しません．

測定は**積分球**を用いて行います．この測定は容易ではないため，
測定値が用いられるのは主に照明器具の全光束量としてです．

$$\phi = 683 \int_{380}^{780} V(\lambda)\phi_e(\lambda)\mathrm{d}\lambda \qquad (式 4.1)$$

ϕ：光束 [lm]

$\phi_e(\lambda)$：分光放射束，単位波長当りの放射束 [W/nm]

$V(\lambda)$：標準比視感度 [-]

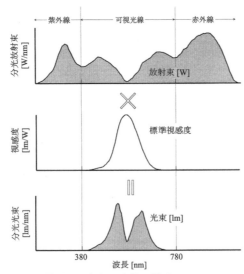

図 4.8　光束の定義の模式図

積分球
（integrating sphere）

　光源や照明器具の全光束の測定には，積分球と呼ばれる中空の球体が利用されます．その内壁は高い反射率と拡散性を持つ面になっています．積分球の内部に設置した光源からの光は，内壁で拡散反射を繰り返し，均一な強度分布となります．これを計測し演算することで光源の全光束を測定することができます．

（㈱システムズエンジニアリング）

照度（illuminance）

（2）照度

　照明器具や窓からの光は，床や壁などの表面を照らします．微小
面にあらゆる方向から入射する光束の密度が照度です．単位ルクス
lux，単位記号 lx，組立単位 lm/㎡ を用います．定義式を (式 4.2)
に示します．照度の定義の模式図は，次項の光束発散度と比較して
図 4.9 に示します．

$$E = \frac{d\phi}{dS} \qquad (式 4.2)$$

E：照度 [lx]

$d\phi$：入射する放射束 [lm]

dS：入射する微小面積 [m^2]

　測定は，**照度計**を用いて行います．机や床のように水平な面に照

照度計

受光部分離型デジタル照度計
（コニカミノルタジャパン㈱）

光束発散度
（luminous exitance）

度計を置いて測定を行った結果を水平面照度と呼びます．顔や壁のように鉛直な面に平行に照度計を設置して測定した結果は鉛直面照度です．入射面の光学的性質にかかわらず入射光束の密度である照度は一定です．このため，設計段階の空間の光環境を検討する場合に良く用いられます．また，測定が容易な測光量であるため，建築空間の光環境を表すときにも良く用いられます．

(3) 光束発散度

照度とは反対に，微小面からあらゆる方向に射出する光束の密度が**光束発散度**です．単位は組立単位の lm/㎡ が用いられます．単位ラドルクス radlux，単位記号 rlx も使われます．定義式を (式 4.3) に示します．

図 4.10 が定義の模式図です．照度と比較してみましょう．照度はある面に入射した全ての光束をカウントします．面に入射した光束は一部が吸収・透過します．残りの反射された光束をカウントしたものが光束発散度です．私達が見ることのできる光束は反射されたものの一部で，視線方向に向かってくるものだけです．照度よりも私達の見ている光の量の表現に近づいたことがわかります．

ただし，入射光を遮らずにあらゆる方向に射出する光束を捉えることが容易でないのは全光束の計測と同じです．簡単に測定することが出来ないことから，照度のように実用的な測光量ではありません．

$$M = \frac{d\phi}{dS}$$

（式 4.3）

M：光束発散度 $[\mathrm{lm/m^2}]$
$d\phi$：射出する放射束 $[\mathrm{lm}]$
dS：射出する微小面積 $[\mathrm{m^2}]$

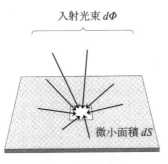

図 4.9　照度の定義

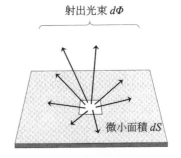

図 4.10　光束発散度の定義

(4)　光度

人が目にする光ということになると，あらゆる方向ではなく，人の目の方向のように特定方向への光束のみを扱いたくなります．方向を定めた測光量の一つが光度です．

光度は，点光源からある方向へ射出される光束の立体角密度です（図4.11）．単位はカンデラ candela，単位記号 cd，組立単位 lm/sr です．光度は，**SI 基本単位**の一つです．定義式を（式4.4）に示します．

大きさのある光源に対しては，光源の大きさに対して十分に距離を大きくした状態で考えます．照明器具の重要な特性の一つである配光特性は光度で表現されます．

$$I = \frac{d\phi}{dS} \qquad (式4.4)$$

I：光度 [cd]

$d\phi$：射出する光束 [lm]

$d\omega$：微小立体角 [sr]

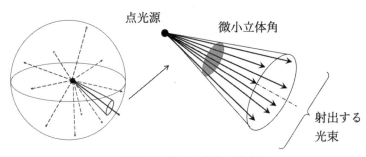

図4.11　光度の定義の模式図

（5）　輝度

私達が建物をみるときに目にする光は，壁や床などの表面から目の方向に射出しているものに限られます（図4.12）．こうした私達が目にしている光の量に対応する測光量が輝度です．

微小面からある方向へ射出された単位立体角当りの光束が輝度です．単位はカンデラ /m^2 candela/m^2，単位記号 cd/m^2，組立単位 lm/(m^2·sr) です．定義式を (式4.5)に示します．

$$L = \frac{dI_\theta}{dS \cdot \cos\theta} \qquad (式4.5)$$

L：輝度 [cd/m^2]

dI_θ: 見る方向への見かけの光度 [cd]

dS：射出する微小面積 [m^2]

θ：法線との成す角度 [rad]

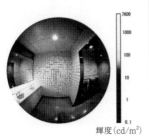

輝度分布画像

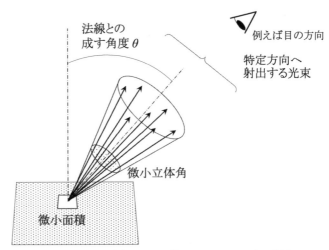

図 4.12　輝度の定義の模式図　見ている光に対応

4.1.4　測光量の相互関係

　これらの 5 つの測光量は相互に関係しています（図 4.13）．いくつかの条件を定めることで，測光量間の演算をすることができる様になります．定量的に照明計画を進めることができ便利です．では，以下にそれぞれの関係を見ていきましょう．

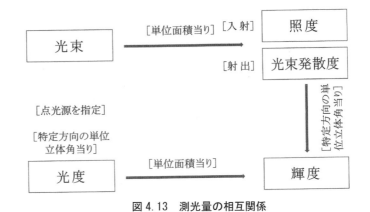

図 4.13　測光量の相互関係

(1)　照度と光束発散度の関係

　照度 E と光束発散度 M は，入射・射出面の反射率 ρ を媒介として（式 4.6）のような関係があります．

$$M = \rho \cdot E \tag{式 4.6}$$

M：光束発散度 [lm/m^2]

ρ：反射率

E：照度 [lx]

　一様に照明された床面に反射率の異なる床材が貼られている場合で見てみましょう（図 4.14）．前項で記したように床面の照度は床材の光学的性質にかかわらず一定です．一方，光束発散度は，反射率の大きい床材で大きくなり，反射率の小さい床材では小さくなります．床面や壁面を明るくするには，照明によって面の照度を高くすることに加えて，材料の選択によって表面の反射率を高くすることも必要なことが分かります．

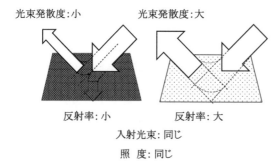

光束発散度：小　　　　光束発散度：大

反射率：小　　　　反射率：大

入射光束：同じ

照　度：同じ

図 4.14　照度と光束発散度との関係

(2)　光度と照度の関係

　微小な点から光を射出する光源を点光源と呼びます．白熱球やLED のようにある程度の大きさがあっても，照明される対象からの距離が十分に離れている場合も点光源と見なすことができます．例えば，天井から吊り下げられた白熱球が床面をどの程度明るく出来るかが分かれば便利です．

　点光源の照明対象方向の光度 I [cd] と，照明対象までの距離 r [m] から，照明対象面の照度 E [lx] を求めることができます．点光源から射出された光束は球状に拡散します．距離 r の位置では，球の表面積 $4\pi r^2$ [m²] を照らします．照度は入射する光束の密度ですから距離の自乗に反比例することになります．特定方向の単位立体角当りの光束である光度を用いて，式 4.7，図 4.15 のように表すことができます．この関係は，照度の**逆二乗則**（ぎゃくじじょうそく）と呼ばれます．

逆二乗則
（inverse-square law）

$$E = \frac{1}{r^2}$$　　　　　　　　　　（式 4.7）

E：照度 [lx]

I：光度 [cd]

r：距離 [m]

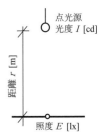

図4.15 照度の逆二乗則の定義

この逆二乗則は照明対象面が水平面の時の関係です．面が傾いている時には，面が傾くことで，同じ光束が入射する面積が増加することを補正する関係式が必要です．

法線面照度 E_n「lx」に対して，θ「rad」または [°] 傾いた面の照度 E_θ「lx」は，傾き角度 θ の余弦 $\cos \theta$ だけ減衰します．(式4.8)，図 4.16 のように表すことができます．こうした関係は，照度の**余弦則**（よげんそく）と呼ばれています．

余弦則（cosine low）

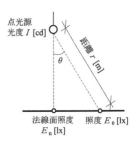

図4.16 照度の余弦則の定義

$$E_\theta = E_n \cdot \cos \theta \qquad (式 4.8)$$

E_θ：傾斜面照度 [lx]

E_n：法線面照度 [lx]

θ：傾斜角 [rad]

完全拡散面
（perfectly diffused surface）

(3)　完全拡散面の照度と輝度

照明されている対象面への入射光束の密度が照度でした．照度は，光源と面の距離や傾きが決まると一律に定まり便利です．しかし，私達が見ているものは，面からの目の方向に射出している光束であり，輝度に対応していました．こうしたことから，照度と輝度の関係式が定まると照明計画に活用できます．

両者の関係を定めるには，入射した光束をあらゆる方向に均等に射出する面を用いると簡単になります．こうした性質を持つ面は，均等に拡散することから均等拡散面や完全拡散面と呼ばれます．提案者の名前からランバート面と呼ばれることもあります．均等拡散面は仮想的な面ですが，ロウソクのススが薄く付着したようなつや消し面が，これに近い性質を持ちます．

均等拡散面の法線から角度 θ 方向の光度は，法線方向の光度 I_n に角度 θ の余弦を乗じたものとなる関係が成立します（図4.17，式4.9）．

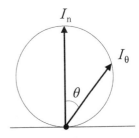

図4.17 均等拡散面の光度

この関係は **ランバートの余弦則**といいます.

$$I_\theta = I_n \cdot \cos \theta \qquad\qquad (式4.9)$$

I_θ：法線から角度 θ 方向の光度 [cd]

I_n：法線方向の光度 [cd]

θ ：法線と成す角度 [rad]

多少煩雑になるため導出方法は割愛しますが，この関係を基にして均等拡散面を照明対象としたときの光束発散度 M と輝度 L の関係式を定めることができます（式4.10）.

$$M = \pi \cdot L \qquad\qquad (式4.10)$$

M：光束発散度 $[lm/m^2]$

L：輝度 $[cd/m^2]$

先に記した光束発散度 M と照度 E の関係式（式4.6）と合わせることで，照度 E と輝度 L の関係式を定めることができます（式4.11）.

$$\rho \cdot E = \pi \cdot L \qquad\qquad (式4.11)$$

E：照度 [lx]

L：輝度 $[cd/m^2]$

ρ ：反射率 [-]

ランバートの余弦則
(lambert's cosine law)

【**例題 4.1**】

点光源で照らされた面の照度と輝度を計算してみましょう.

① 光源の直下にあるA点の照度 E_A を求めなさい.

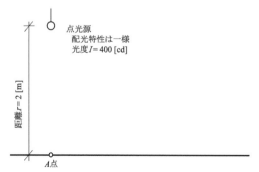

点光源
配光特性は一様
光度 $I = 400$ [cd]

距離 $r = 2$ [m]

A点

【**解　答**】

①の解答

式 4.7 の照度の逆二乗則を用いて計算します.

照度 E_A = 光度 I / (距離 r)^2

E_A = 400/2^2 = 100 [lx]

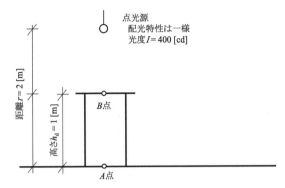

② 高さ 1 m の机を設置した. 机上面にある B 点の照度 E_b を求めなさい.

②の解答

E_b = I/(r - h_d)^2 = 400 / (2 - 1)^2 = 400 [lx]

光源に近いほど照度を大きく出来ることを確認しましょう.

③ 机を一台追加した. 机上面にある C 点の照度 E_C を求めなさい.

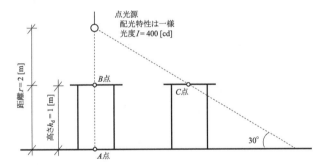

③の解答

式 4.8 の照度の余弦則を使います. 入射角が与えられていますが, 射出角 θ を用いる点に注意しましょう. 光源との距離 r' が変化していることにも注意しましょう.

θ = 60°, r' = 2m を用いて,

$E_C = I \cdot \cos \theta / r'^2$ = 400 × 1/2 ÷ 2^2 = 50 [lx]

④ 追加した机の天板が, 反射率 50% の均等拡散面とみなせるとき, C 点の輝度 L_C を求めなさい.

④の解答

$\rho E = \pi L$ の関係を用います.

$L_C = \rho_C \cdot E_C / \pi$ = 0.5 × 50/3.14 = 7.96 [cd/㎡]

4.2 明視照明

　照明の目的は，建築や居室の用途に応じた視認性や雰囲気を持つ環境を提供することです．視認性を高めるための機能を主体とした照明を明視照明と言います．視対象以外も含めた空間全体の印象や快適性を高めるための演出を主体とした照明を雰囲気照明と言います（図4.18）．

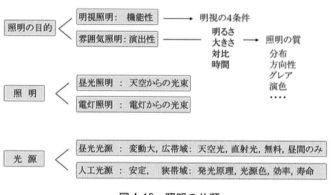

図 4.18　照明の分類

4.2.1　明視の 4 条件

　明視照明において視認性に影響する要因は，明るさ，大きさ，対比，時間であり，これらを明視の 4 条件と言います．

　建築空間の視対象には，居住者や家具などのようにその大きさを自由に設定することが出来ないものが少なくありません．内装材と居住者の衣服のように，対比も同様です．また，視認時間も建築側から制限することは困難です．そこで，建築環境としては明るさを提供することになります．

　人の視認能力を測る指標に視力があります．**視力**は図 4.19 の様に視角 α の逆数として定義されています．視対象とする**ランドルト環**が一定の明るさにあることも必要です．私達の視力は暗いと低下し，明るいと向上するからです．図 4.20 は輝度と視力との関係を示してい

視力（visual acuity）

ランドルト環
　白地に黒で描かれる円環の開いている方向を答えさせます．円環の直径，円弧の幅，開いている幅の比率は 5 : 1 : 1 に設定されています．

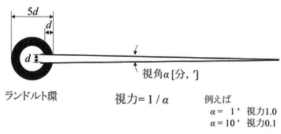

図 4.19　視力の定義

ます．一定の輝度からは，輝度の上昇につれて視力は向上していま
す．十分に高い輝度を超えると視力の向上は小さくなるか，逆に低下
していることが分かります．

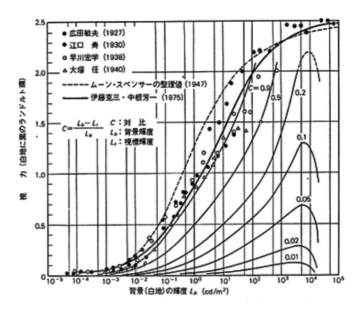

図 4.20 輝度と視力との関係

(日本建築学会編：建築設計資料集成 1, 環境, p.72, 丸善, 1978.)

4.2.2 適正な照度

1950 年代に発熱量の少ない蛍光ランプが普及すると，オフィスの
照明は非常に明るくすることができるようになりました．明るさに関す
る技術的な課題がクリアされたことになります．この頃より，居住者の
多くが満足する明るさついての研究が進められ，図 4.21 にまとめる
ように 2,000 lx 程度の照度で快適性が高いことが分かっています．

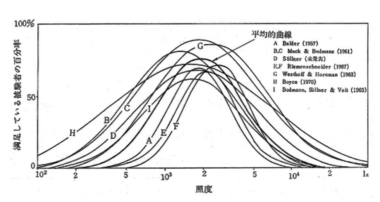

図 4.21 居室の照度と居住者の快適性

(乾正雄：建築設計講座 照明と視環境, p.69, 理工図書, 1978)

快適な照度とそれを実現する技術だけではなく，電力コストや環境対応も考える必要があります．居室の用途や作業内容に応じて，適正な照度を考えることが求められます．このとき，照明技術，エネルギー消費量，快適性のそれぞれがバランスすることが求められています（図4.22）．

照明技術

適正な照度

エネルギー　　　快適性

図4.22　照度設定に関わる要素

4.2.3　推奨照度

　建築計画で利用される照明に関する基準に JIS の推奨照度があります．この基準は，安全，容易，快適に活動できる視環境を作ろうとする照明計画の基準です．従来は，推奨照度だけが示されていましたが，直近の改正によって照明の質（図 4.18 参照）に関する要件が併記されるようになっています．

　屋内作業に対する基本的な照明要件を表 4.2，照明設計基準の例として事務所の抜粋を表4.3に示します．表に示している照明要件と記号は，**維持照度** E_m，**照度均斉度** U_o，**屋内統一グレア制限値** UGR_L，**平均演色性評価数** R_a です．詳しい定義や内容は「4.4 電灯照明」で学びます．

表4.2　屋内作業の基本的な照明用件

領域，作業又は活動の種類		E_m [lx]	U_o	UGR_L	R_a
作業	設計，製図	750	0.7	16	80
	キーボード操作，計算	500	0.7	19	80
執務空間	事務室	750	-	19	80
	診察室	500	-	19	90
	受付	500	-	22	80
共用空間	会議室，集会室	500	-	19	80
	化粧室	300	-	-	90
	便所，洗面所	200	-	-	80
	廊下，エレベータ	100	-	-	40

4.3 昼光照明

　昼間には，太陽光に照らされた天空を光源とした昼光を利用することができます．天空の状態は天候や時間帯によって大きく変化します．建築では，外壁や屋根に設けた窓から天空光を室内に取り込みます（図4.23）．

推奨照度

　JIS Z 9110:2010: 照明総則　この基準などに示されている用語の定義を一部修正して引用します．

維持照度

　ある面の平均照度を，使用期間中に下回らないように維持すべき値．

照度均斉度

　ある面における平均照度に対する最小照度の比．

屋内統一グレア制限値

　照明施設 に対して許容できる不快グレア評価値（UGR 値）の上限値．

平均演色性評価数

　規定された 8 種類の試験色に対する特殊演色評価数の平均値

表 4.3　事務所の照明設計基準

$\bar{E}_\mathrm{m}$ [lx]	照度範囲 [lx]	UGR_L	R_a				
			90	80	60	40	-
750	500～1,000	16		設計・製図(0.7), 設計室, 製図室, 役員室			
		19		事務室			
		-		玄関ホール(昼間)			
500	300～750	16		集中監視室, 制御室			
		19	診察室	キーボード操作・計算(0.7), 印刷室, 電子計算機室, 守衛室, 会議室, 集会室, 応接室			
		22		調理室			
300	200～500	19		宿直室			
		22		受付			
		-	化粧室	食堂	エレベータホール		
200	150～300	-		喫茶室, オフィスラウンジ, 湯沸室, 書庫, 更衣室, 便所, 洗面所	電気室, 機械室, 配電盤・計器盤, 常時使用する倉庫		
150	100～200	-				階段	
100	75～150	-		休憩室	玄関ホール(夜間) 倉庫	廊下, エレベータ	
75	50～150	-					
50	30～75	-				屋内非常階段	
30	20～50	-					

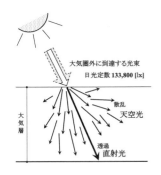

大気圏外に到達する光束
日光定数 133,800 [lx]

大気層

散乱
天空光

透過
直射光

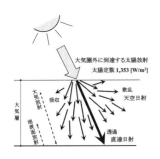

大気圏外に到達する太陽放射
太陽定数 1,353 [W/m²]

大気層

大気放射
吸収

散乱
天空日射

地表面放射

透過
直達日射

　こうした様々な天空の状態と開口部の形状や設置位置の組み合せによって，室内の明暗が現れ，空間に表情が生まれます（図 4.24）.

　和の空間はどうでしょう. 私達は和室に入ると床の間や畳，障子などによって，洋室とは異なる空間を読み取ります. これに加えて，昼光の入射・反射方向と拡散によって和室独特の表情を感じています. 図 4.25 は，縁側を持つ和室への昼光の方向性を例示しています.

図4.23　室内への光の取り入れ方

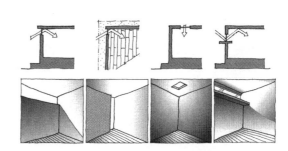

図4.24　窓により現れる室内の明暗分布

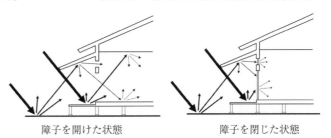

障子を開けた状態　　　　　　　障子を閉じた状態

図4.25　前庭・縁側・障子のある和室への昼光のながれ

4.3.1　昼光率

　昼光光源は光環境のパッシブデザインの中心になるものですが，太陽位置（高度と方位）や天候の変化などによって大きく変動します．昼光照明による室内の照度も連動して変化し，一定になることはありません．こうした安定していない昼光照明を計画するには，昼光光源の変化の影響を受けない指標を導入するのが便利です．そこで，開口部から天空がどれだけ見えるか，すなわち，外部光をどれだけ内部に取り込めるかという指標を用います．

　昼光率の定義を (式 4.12) と図 4.26 に示します．図右のように，建物がない屋外空間に机などの作業面を設置したときに得られる昼光の照度を**全天空照度**と呼び基準にします．この全天空照度に対して，図左のように，ある居室の同じ作業面の照度を比較して昼光率を求めます．

　このとき，作業用の照明には強すぎる直射日光を除いて検討することに注意してください．見方を変えると，昼光率は直射日光がある場合の昼光照明の検討には適していないと言えます．

昼光率
(daylight factor)

全天空照度
(diffuse sky illumin(a)nce)

$$D = \frac{E}{E\mathrm{s}} \times 100 \qquad\qquad (式 4.12)$$

D：昼光率［％］

E：照度［lx］

$E\mathrm{s}$：全天空照度［lx］

4.3.2　直接昼光率と立体角投射率

(1) 直接昼光率と間接昼光率

　作業面へ届く光は，天空からの直接光だけではなく，屋外にある様々な物体や室内で反射した反射光を合わせたものです．そこで，昼光率は直接光のみを対象とした直接昼光率と反射光を対象とした間接昼光

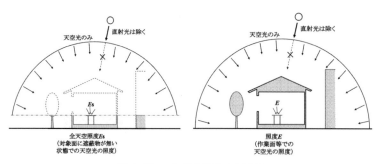

図 4.26　全天空照度と昼光率

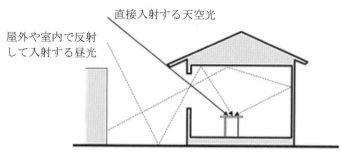

昼光率 D＝ 直接昼光率 D_{d} ＋間接昼光率 D_{r}

図 4.27　直接昼光率と間接昼光率

率に分けて検討することができます（図 4.27）．

(2)　開口の大きさと位置からの直接昼光率の算定

天空率（sky factor）

　室内や屋外で私達が見ることの出来る天空の割合を**天空率**と言います．屋外では開放感の評価などに利用されます．室内で天空が見えるのは開口部からです．天空輝度が均一で，開口部に窓枠やガラスがないなどの条件によって単純化して昼光率を検討する場合には，天空率は直接昼光率を表します．

立体角投射率
（configuration factor）

　この天空率は，私達がいる場所の見かけの天空部分の**立体角投射率**です．図 4.28 に示すように，半径 1 の球体の中心を頂点とする錐体が球面を切り取ったときの面積 S が立体角 ω でした（p.7 参照）．立体角は窓面の大きさを表しています．同じ大きさの窓（立体角が等しい）であっても，窓の設置位置によって室内の明るさは異なります（図 4.24 参照）．これを表す指標が立体角投射率です．球面上の S を球体の中心を通る水平面に投影した S' が円の面積に占める割合で定義されます．立体角投射率は，同じ面積に入射する光束量の割合を示します．

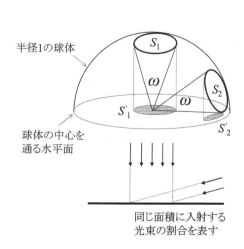

図 4.28　立体角投射率の定義

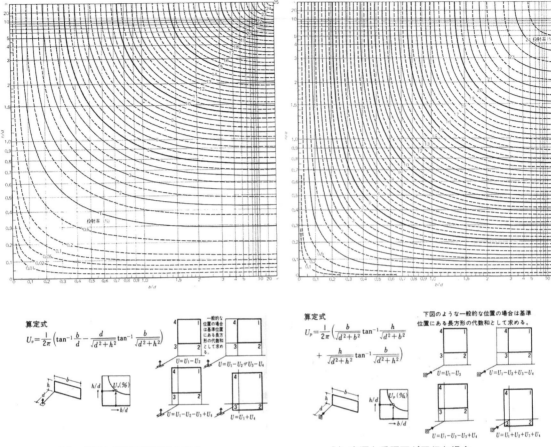

(a) 光源と受照面が垂直な場合　　　　(b) 光源と受照面が平行な場合

図 4.29　　長方形の立体角投射率

(日本建築学会編：建築設計資料集成 1, 環境, p.81-82, 丸善, 1978.)

　窓の形状として多い長方形を対象面として，立体角投射率を算定したのが図 4.29 です．図 (a) は昼光光源となる対象面と受照面が垂直の場合です．側窓の場合の机上面や床面に対応します．図 (b) は対象面と受照面が平行の場合です．天窓の場合の机上面や側窓の場合の壁面などに対応します．

　この図は，受照面上の測定点が長方形の 1 つの頂点からの法線上にある場合を基準位置として作成されています．窓が受照点の正面から始まっていない場合や高さが異なっている場合には，対象面を含む面を分解して，基準位置にある長方形の代数和として立体角投射率を求めます．

(3) 窓の構成を考慮した直接昼光率の算定

　実際には，昼光は窓を通して室内に入ります．窓は窓枠とガラスで構成され，ガラス面のみが日光を透過します．使われるガラスは様々な種類があり，日光の透過率が異なります．汚れによっても透過率が変化します．これらの影響を反映したものが直接昼光率であり，(式

ガラスの透過率

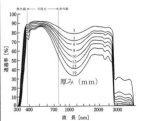

**透明フロート板ガラスの
分光透過率**

(空気調和・衛生工学会編：
居住空間とガラス, p.71, 技術
書院 2004. 一部修正)

4.13) で求められます. 開口部の面積から窓枠を除いたガラスの面積の比率が窓面積有効率 R です. 汚れの影響は保守率 m で表します. 窓の位置による影響は, 立体角投射率 U で表します.

$$D_d = \tau \cdot m \cdot R \cdot U \qquad (\text{式 4.13})$$

D_d：直接昼光率 [%]

τ：ガラスの透過率 [%]

m：保守率 [-]

R：窓面積有効率 [-]

U：立体角投射率 [-]

4.3.3　天空モデル

昼光照明の光源となる天空をモデル化する試みも続けられています. CIE（国際照明委員会）の CIE 標準一般天空は天空輝度分布の代表的なモデルです. 天空輝度分布を天頂輝度に対する相対値として定義しています. CIE 標準曇天空と CIE 標準晴天空を見てみましょう（図 4.30）. 曇天空は太陽が見えていない状態の曇り空です. 同心円状の輝度分布が見られ, 最も明るい天頂から地表に近づくにつれて暗くなる天空です. 晴天空では, 太陽と建物を結んだ直線と 90 度の角度となる天空が最も暗くなっています. 晴天空は太陽高度によって輝度分布は異なります. 昼光光源は直射光を含めないため, 曇天空の方が使いやすいことが分かります.

設計用の全天空照度としてもまとめられています（表4.4）. 特に明るい天空は薄曇りの日で, 快晴の青空の 5 倍の照度となっています. 大気圏外での**日光定数**は 133,800 lx で一定ですから, 雲の状態によっ

日光定数
（sunlight constant）

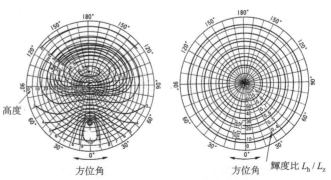

CIE 標準晴天空（太陽高度 30°）　　CIE 標準曇天空

図 4.30　CIE 標準天空輝度分布

(CIE: Standarization of Luminance Distribution in Clear Skies, CIE Publication,No.22, 1973.)

表 4.4　設計用の全天空照度

条　件	全天空照度 [lx]
とくに明るい日（薄曇り, 雲の多い晴天）	50,000
明るい日	30,000
普通の日（標準の状態）	15,000
暗い日（最低の状態）	5,000
非常に暗い日（雷雲, 降雪中）	2,000
快晴の青空	10,000

て散乱した天空光と直射日光の割合が大きく変動することが分かります. 昼光光源としては, 直射日光を含めないため, 大気を透過した直射日光が多い快晴の日は昼光照明に向いていないことも分かります.

　昼光のみで適切な作業面照度を確保するための下限値を基準昼光率と言います. 表4.5 は日本建築学会の規定する基準昼光率です. 全天空照度が15,000［lx］となる普通の日の作業面照度を基にして, 基準昼光率を9段階で示しています.

表 4.5　基準昼光率

段階	基準昼光率 [%]	視作業・行動のタイプ（例）	室空間の種別（例）	標準の状態の照度 [lx]
1	5	長時間の精密な視作業（精密製図, 精密工作）	設計・製図室（天窓・頂側光による場合）	750
2	3	精密な視作業（一般製図, タイプ）	公式競技用体育館　工場制御室	450
3	2	長時間の視作業（読書, 診察）	事務室一般　診察室　駅・空港コンコース	300
4	1.5	普通の視作業（板書, 会議）	教室一般, 学校　体育館　病院検査室	230
5	1	短時間の普通の視作業または, 軽度の視作業（短時間の読書）	絵画展示美術館　病院待合室　住宅の居間・台所	150
6	0.75	短時間の軽度の視作業（包帯交換）	病院病室　事務所の廊下・階段	110
7	0.5	ごく短時間の軽度の視作業（接客, 休憩, 荷造り）	住宅の応接室・玄関・便所　倉庫	75
8	0.3	短時間出入りする際の方向づけ（精密製図, 精密工作）	住宅の廊下・階段　病棟廊下	45
9	0.2	停電の際などの非常用	体育館観客席　美術館収蔵庫	30

（日本建築学会環境基準 (a)IJES-L001-2010 室内光環境・視環境に関する窓・ 開口部の設計・維持管理規準・同解説, 日本建築学会, 2010）

4.4　電灯照明

　おそらくは, たき火のように木材を燃やして得られる光が人工光源のはじまりでしょう. 獣油, 魚油, 植物油, ロウ, 石油, 石炭ガスと燃焼物を変えながら燃焼光源の時代が長く続きました.

LED（Light Emitting Diode）
発光ダイオード
　電気を通すことで光る半導体．半導体素材の特性に応じて様々な波長の光を得ることができるが，単一色（狭帯域）の光となる．

　19世紀の初めにアーク灯が発明されたのが電灯照明の始まりになります．同世紀末にエジソンが白熱球を発明し，本格的に電灯照明が普及していきました．現在は，蛍光ランプからLEDランプへの急速な移行が進んでいます．19世紀からの200年ほどで，私達が利用する照明器具の価格は数倍ほど上昇しましたが，明るさの向上を加味すると1,000分の1に価格低下しているとの分析があります（米エール大ウィリアム・ノードハウス教授）．このように，人工照明の技術の進歩は急速に進んできました．

　光源には，たくさんの評価指標があります．現在使われている光源の主な特性を表4.6にまとめます．長時間点灯するような用途では効率の高い光源が有利です．料理や服飾を照らすときには演色性の高さが求められます．高い位置に設置されるときには交換頻度が低くなる長寿命の光源を選択します．このように，光源の特性から用途や設置状況に応じた適切な光源を採用します．LEDはこれまでの光源よりも優れた点が多くあり，欠点が少ない光源です．また，現在も急速に性能が向上しています．これからしばらくの間は，LEDが照明用光源の主役となりそうです．

4.4.1　発光原理と発光効率

熱放射
（thermal radiation）

ルミネッセンス
（luminescence）

　光源の発光原理は，**熱放射**と**ルミネッセンス**に大別されます（図4.31）．あらゆる物体は，その表面温度に応じた電磁波を放射しており，熱放射と呼ばれています．物体の温度と分光放射エネルギーの関

表 4.6　各種光源の特性

発光原理	光源の種類		定格電力 [W]	ランプ効率 [W/m²]	色温度 [K]	平均演色評価数 R_a	定格寿命 [h]	備考
熱放射	白熱電球		10〜100	12〜14	2,850	100	1,000〜2,000	
	クリプトン電球		25〜100	11〜16	2,800	100	2,000〜4,000	
	ハロゲン電球		20〜500	16〜19	3,000	100	1,500〜2,000	
ルミネッセンス	蛍光ランプ	一般型	4〜220	83〜84	3,500〜6,500	61	12,000	
		三波長形	10〜110	96	3,000〜6,700	84	12,000	
		高演色形	10〜110	56〜60	3,000〜6,500	92〜99	10,000〜12000	
		Hf形	16〜65	110	3,000〜12,000	84	12000〜15,000	
		電球形	8〜25	61〜68	2,800〜6,700	84	6,000	
	水銀ランプ	透明形	40〜20,000	51	5,800	23	12,000	2021年製造・輸出入禁止.
	メタルハライドランプ	高効率形	100〜2,000	95	3,800	70	9,000	
		高演色形	70〜2,000	70	4,300	96	6,000	
	高圧ナトリウムランプ	高効率形	85〜940	132	2,100	25	18,000	
		高演色形	50〜400	58	2,500	85	9,000	
	LED（参考値）	一般白色形	小さい.配列数に依存.	〜250	多様.	70〜85	40,000〜50,000	現在も性能向上が急速に進行しています.
		高演色形		〜220		90〜98		
		太陽光形		〜130		98		

係は，**プランクの放射則**で示されます．高温になると私達が見ることの出来る可視光を射出します．たき火やロウソク，白熱球などの発光が代表例です．

光や電気エネルギーなどを吸収して，分子や原子などがより高いエネルギー状態に移ることを<ruby>励起<rt>れいき</rt></ruby>といいます．励起状態から元の状態に

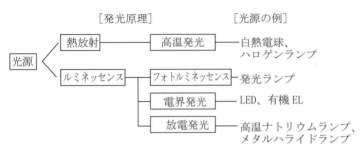

図4.31　発光原理からみた光源の分類

戻る際に吸収したエネルギーを電磁波として放出することをルミネッセンスといいます．

ルミネッセンスにはいくつかの種類がありますが，**フォトルミネッセンス**，電界発光，放電発光が人工光源として利用されています．

フォトルミネッセンスは，蛍光体などの物質に光を照射したときに，照射光とは別の光を放出するものです．蛍光ランプや白色LED光源が代表例です．

電界発光は，半導体や有機化合物などの物質に直接電極を付けて電圧を加えた際に光を放出するものです．LEDや有機ELが注目されています．

放電発光は，水銀やナトリウムなどの金属原子の蒸気の中に電極を設置し，電極間の放電によって光を放出するものです．高圧ナトリウムランプやメタルハライドランプが代表例です．

いずれの発光にもエネルギーが必要です．光源に投入したエネルギーをどれだけ光束に出来るかを示すものが**発光効率**です．光源の省エネルギー性能を示す代表的な指標です．単位はlm/Wです．

明所視の視感度が最大となる波長555 nm（図4.7参照）の単色光が最も高い効率の光源となり，全ての電力を光に変換できた場合の発光効率は683 lm/Wとなります．この値に対する百分率をエネルギー変換効率といいます．

建築の照明に使われる光源では，古い時代から利用されてきたロウソクの発光効率は0.3 lm/W程度しかありませんでした．その後に主流となった白熱球で15 lm/W前後，蛍光ランプでは100 lm/W程度

プランクの放射則
(Planck's law)

励起 (excitation)

フォトルミネッセンス
(photoluminescence)

発光効率
(luminous efficacy)

まで向上しました．現在急速に普及している LED 光源の性能は発光効率においても向上を続けており，蛍光ランプを上回るようになっています．室内環境としてみると，光にならなかったエネルギーは，無駄な発熱として，冷房空調負荷になることも忘れてはいけません．

4.4.2　光色と色温度

　光源の光色は，白色光と有色光に大別されます．白色光は昼光光源の光色です．人工光源の場合にも，可視光をひととおり含んでいる光源の光色をいいます．有色光は，可視光の特定の狭い波長帯域に集中してエネルギーが分布している光源の光色です．各色の LED 光源や高圧ナトリウムランプの光色は有色光です．

　白色光で照明された空間に移動したとき，移動直後は青味や赤味などの光源の光色を感じますが，しばらくすると感じられなくなってきます．視覚の特性の一つで，光色を白色に補正する機能であり，**色順応**といわれます．

　高温発光する光源の光色は，表面温度に応じて変化します．あらゆる波長で放射率が 1 の物体を**黒体**（完全放射体）といいます．黒体を加熱したときの光色をその表面温度で示したものが色温度です．表面温度を絶対温度で表示するため単位は K です．

　黒体を加熱していくと，温度の上昇と共に光り始め，光色は暗い赤黒色から明るい青白色に変化していきます．この変化する光色を黒体放射軌跡といいます．黒体の温度と分光放射エネルギーの関係はプランクの放射則で示されます．これに先行する法則に**ステファン・ボルツマンの法則**と**ウィーンの変位則**があります．それぞれ，温度が高い物体からの放射エネルギー量が大きく，その波長が短くなることを示す法則です．

　私達の体や建築の内外装材料などは常温と呼ばれる 300 K 程度の表面温度です．この温度では，私達の目が感じることの出来る可視光を放射しないので，光って見えることはありません．太陽の表面温度は約 6,000 K であり，500 nm 付近にピークを持つ放射を地球に届けています．この波長が私達の視感度のピークと対応していることは興味深いものです．さらに，太陽光のエネルギーのおおよそ 6 割は可視光の帯域に分布しています．私達の視覚は太陽光に適合して進化してきたのでしょう．

　発光原理が高温発光でない光源や黒体ではない光源の光色は，黒体放射軌跡から外れることがあります．

色順応
（colour adaptation）
　明順応において，光の分光分布により視覚系の状態が変化することです．写真を撮るときにカメラのホワイトバランスを設定するのは，私たちが目にする色順応後の景色に写真の色調を合わせるためです．

黒体（black body）
　全波長の放射を完全に吸収し，放射する物体．ロウソクの煤などが黒体に近いものの例です．グローブ球（黒球）の表面も黒体に近い塗料で塗装されています．

ステファン・ボルツマンの法則
　物体の絶対温度 T の 4 乗に比例した放射エネルギー E を射出することを示す法則です．温度が高い物体からは，たくさんの放射エネルギーが放射されることを示します．
$$E = \sigma T^4$$
σ：ステファン・ボルツマン定数

ウィーンの変位則
　分光放射エネルギーが最大となる波長 λ_{max} とその物体の絶対温度 T の積が一定であることを示す法則です．温度が高い物体からは，短い波長の放射が多いことを示します．
$$\lambda_{max} \cdot T = 一定$$

表 4.7 昼光・人工光源の色温度

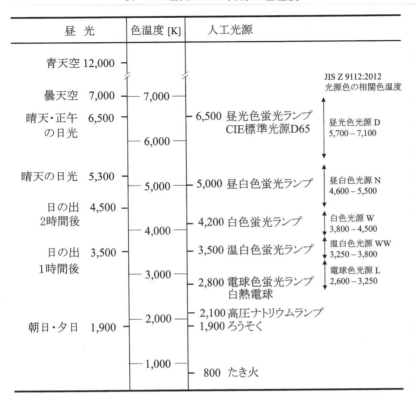

（日本建築学会編：設計計画パンフレット 30，昼光照明の計画，p.21，彰国社，1985. を参考にして作成）

　一方，多くの白色光光源の光色は黒体放射軌跡に隣接しています．そこで，こうした光色は最も近い黒体の色温度で表示されます．このときの色温度は，**相関色温度**と呼ばれます．

　表 4.7 に昼光と人工光源の色温度，および相関色温度を例示します．人工光源は JIS の光源色の区分も示しました．

　図 4.32 は色温度と照度の組み合せと印象との関係を検討した実験結果です．ロウソクなどの炎は，赤色の強い光色であり，色温度は 2,000 K 程度の光源です．これらの放射するエネルギーは小さく，暗めの

相関色温度
（correlated colour temperature）

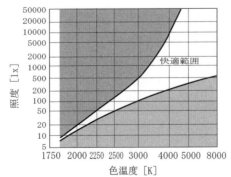

図 4.32 色温度と照度の組合せと印象との関係

（日本建築学会編：建築環境工学用教材環境編第 4 版，p.58，彰国社，2011）

原出典
A.A.Kruithof, Tubular luminescence lamps for general illumination, Philips Technical Review , 6-3, p.65-96, 1941.

光源という特徴があります．一方，快晴の空は，青白く明るい昼光光源です．このように，光源の色温度と明るさとの対応には，私達が馴染みのある組み合せがあることが知られています．色温度が低い光源では暗めの照明が適していることが多く，色温度が高い光源では明るい照明が適していることが多いことが，自然な見え方の感じとして受け取られていることによるとわかります．

4.4.3　演色性

建築空間の照明としては，光色に加えて内装や什器などの照明対象物の色彩の見え方も重要です．物の色は，照明の分光分布と物の分光反射率の掛け合わせによって表れます．照明の分光分布に偏りがあると，設計者や居住者が求める色彩が表れないことがあります．

このように照明光によって物体の色が異なって見える現象を演色といいます．また，照明光源の性能の 1 つと考えたときには，光源の演色性といいます．演色は光源の**分光分布**の違いによって表れる現象です．図 4.33 は各種光源の分光分布の測定例です．

演色性の評価は，**基準光源**で照明されたときの色の見え方を評価光

演色性
（colour rendering properties）

分光分布
（spectral distribution）
　波長ごとの放射量の大きさ．光源の波長特性を表します．

演色性の評価
　JIS Z 8726:1990: 光源の演色性評価方法．

基準光源
　自然の光で見る色を基準と考えて，熱放射による光源を想定しています．詳細は JIS Z 8720:2012: 測色用の標準イルミナント（標準の光）及び標準光源を参照して下さい．

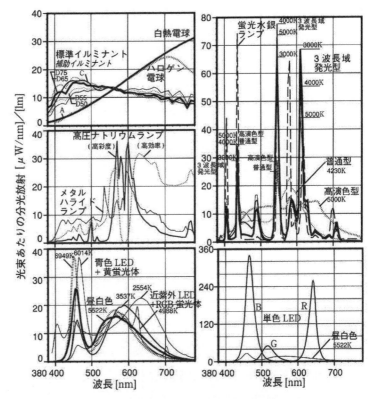

図 4.33　各種光源の分光分布

（日本建築学会編：建築環境工学用教材環境編第 4 版，p.54，彰国社，2011）

177

源がどれだけ忠実に再現するかで行われています．JISの評価方法では，15色の試験色1〜15が設定されています．各試験色に対する色ずれの大きさを表す色差から特殊演色評価数 R_i が算出されます．特殊演色評価数は色ずれがない場合に100となります．

　試験色1〜8の特殊演色評価数 R_1〜R_8 の平均値を求めたものが平均演色評価数 R_a であり，演色性評価の代表的指数です．試験色9〜15の特殊演色評価数は通常個別に用いられます．特に日本人の肌色を表す試験色15の特殊演色評価数 R_{15} や，ルミネッセンス発光の光源で分光エネルギーが小さく，苦手とする色である彩度の高い赤色の試験色9の特殊演色評価数 R_9 などが光源の選定によく利用されます．

　電球のように高温発光する光源の最大の利点は，太陽光と同じ色彩を再現できる演色性の高さにあります．分光分布で見ても滑らかです．料理，服飾，化粧などの照明では現在も多用されています．

　ルミネッセンス発光の光源では，特定の狭い波長帯域にエネルギーが集中し，分光分布に偏りが生じます．発光効率が高く，寿命が長いことから道路照明灯で多く用いられてきた高圧ナトリウムランプでは，ナトリウムの輝線スペクトルにより，視対象がオレンジに染まって見えます．

　現在でも最も普及している蛍光ランプは，数カ所の狭帯域のピークを持つ分光分布であり，演色性の低いものが多くありました．3波長形の蛍光ランプのように管内面に塗布する蛍光剤の工夫により演色性を高めた光源も普及しています．欠点として，照明される対象物の分光反射特性に偏りがある場合には，色彩が変化してしまうことがあります．LED素子は，様々な光色のものが開発されています．単体では，狭帯域の発光です．建築の全般照明として利用するには，白色光が必要です．LED素子を用いた白色光源には，大きく2つのタイプがあります．図4.34に現在実用化されている白色LED光源の発光原理をまとめます．

　一つ目は，光の3原色を組み合わせて白色の光源を構成する方法です．図4.34(a)のタイプです．3原色の加法混色で白色を得るため，演色性が高いことが特徴です．しかし，素子毎に電源回路が必要であり，3素子のバランスを調整するという煩雑な構成になります．

　2つ目は，単色のLEDに蛍光体を組み合わせて，疑似白色光を作り出す方法です．図4.34(b)〜(d)の3タイプが代表例です．

　現在，最も普及している光源は，図4.34(b)の青色LEDに黄色蛍光

輝線スペクトル（bright line spectrum）
　輝線は原子から発せられる光で，元素固有の波長を持っています．太陽光や白熱球などのように様々な波長の光を含んでいるものは連続スペクトルと言います．

蛍光体（phosphor）
　外部からの光エネルギーを吸収し，波長の異なる光を射出する物体．

白色光

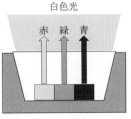

赤　緑　青

（a）　光の3原色のLED

白色光

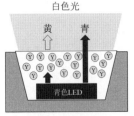

黄　　青

青色LED

（b）　青色LEDと黄色蛍光体

白色光

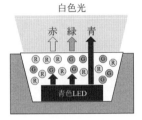

赤　緑　青

青色LED

（C）　青色LEDと赤・緑色蛍光体

白色光

赤紫緑紫青

紫色LED

（d）　紫色LEDと赤・緑・青色蛍光体

図4.34　白色LEDの構成

補色
（complementary color）
　一定の割合で混ぜると無彩色となる2色の組合せ．後述する色相環では，正反対に位置する組合せ．

体を組み合わせたもので**補色**関係を利用しています．一般白色LEDと呼ばれています．発光効率の高い青色LEDを利用できるため，省エネルギー性能が高いことが特徴です．しかし，素子の青と蛍光体の黄色に二山のピークを持つ分光分布になり，演色性は低いものが多くなります．　LED素子と蛍光体の工夫により演色性の高いものが利用できるようになってきています．素子は青色LEDのまま，蛍光体に赤色と緑色を用いることで高演色を実現している図4.34(c)や，より波長の短い紫色LED素子に赤色，緑色，青色蛍光体を組み合わせた図4.34(d)の太陽光LEDと呼ばれるものが実用化されています．太陽光LEDの分光分布は，可視光の多くの波長帯域でフラットになっています．温度発光である太陽光の分光分布に近づいていることから太陽光LEDと称しています．

4.4.4　配光特性

　電灯照明では，照明器具や光源の特徴の一つである光の広がり方を

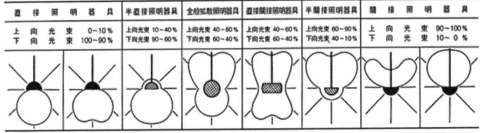

図4.35　配光特性の例

（日本建築学会編：建築設計資料集成1，環境，p.79，丸善，1978）

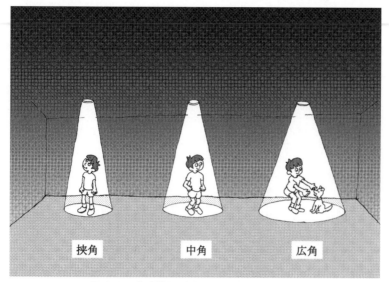

図 4.36　指向性の強さによる照明の違いの例

ある程度自由に選択することができます．測光量の説明でも触れたように光度の分布が**配光曲線**として示されます．カタログなどに示されている配光特性は，照明器具の光源の中心を原点とする極座標で表されているものが多くみられます．図 4.35 は，器具中央断面の配光特性の例を示します．直接照明器具では下向光束の割合が大きく，間接照明器具では反対に上向光束の割合が大きいという特徴が良くわかります．同じように下向光束の割合が大きい器具であっても，光束の広がり方の違いによって見え方が変わります．図 4.36 は，ダウンライトの指向性を変化させたときの見え方の例です．

配光曲線
（luminous intensity
distribution curve）

4.5　光の分布と方向性

　天空は開口部で切り取られて，室内に明暗分布を作ります．窓の位置や形状によって，様々な明暗分布が現れる様子は図 4.24 の事例で見ました．　開口部からは，天空だけではなく，建物の周囲の事物や開口部周りの付帯物からの反射光も入ってきます．室内に入ってからも壁や天井や床などで反射した光があります．こうした様々な光の方向性とその分布を把握することも大切です．

　電灯照明の場合は，器具の設置位置や配光特性によって，あるいは，建築化照明のように間接光を積極的に利用することによって，昼光よりも精密に分布と方向性を定めていくことができます．

4.5.1　均斉度
　全般照明によって，室内をできるだけ均一に明るくしたい場合にも

均斉度
（uniformity ratio）

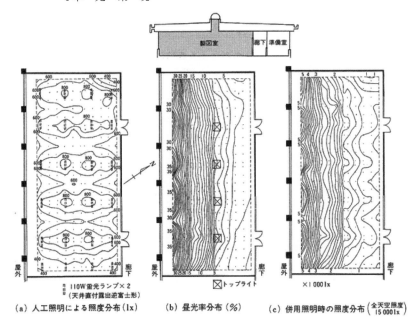

図 4.37　照度分布の測定例

（日本建築学会編：建築環境工学用教材環境編第 4 版, p.59, 彰国社, 2011）

ムラが生じてしまいます．昼光照明を併用する場合や局所照明を行う場合には，そのムラは一層大きくなります．こうした明るさの均一性を簡易に評価する指標が均斉度です．作業面照度や視野内輝度の分布などの評価に用いられます．照度分布は照度均斉度，輝度分布は輝度均斉度です．

　照度均斉度は，作業面や床面の照度を測定やシミュレーションにより求め，評価する領域の最小照度と最大照度，または，平均照度との比で表します．いずれも，均斉度が 1 に近いほどムラが少ないことを表現しています．なお，実際の居室の評価では，変化の大きい窓面や作業面の配置を考慮して，壁面から 1 m 程度後退した領域を評価対象とする例が見られます．

　全般照明で執務室を照明するときの照度均斉度（最小照度／平均照度）は，**照明学会技術基準**では 0.6 以上が推奨されています．また，4.2.3 項に記した **JIS 基準**では“やや粗い”から“超精密な”視作業に区分される，屋内作業の基本的な照明要件に照度均斉度 0.7 の確保があります．図 4.37 は側窓と天窓のある製図室で実測した作業面の照度分布です．昼光のみ，電灯照明のみ，併用した場合を分けて図示しています．それぞれの照度均斉度（最小照度／最大照度）は，1/10，1/3，1/6 になります．昼光照明だけでは，照度分布の偏りが大きいため，電灯照明を併用することで改善している様子が分かります．このように，均斉度を用いることで，室内作業面の照明状況を簡易に評

照明学会技術基準
JIEC-001:1992: オフィス照明基準

JIS 基準
JIS Z 9110:2010: 照明基準総則.

価することができます.

4.5.2 空間照度

室内の人や家具などの立体物の見え方は，光の強さだけではなく，光の当たる角度によって大きく変化します．照明光で物体に立体感を与えることを **モデリング** と呼びます.

モデリングを表現するには，光の方向性が重要になります．床や，壁面などの平面に入射する光束の密度は照度でした．これに対して，空間照度が提案されています．空間照度には，**ベクトル照度** と **スカラー照度** があります．また，両者の比である **ベクトル・スカラー比** も用いられます.

スカラー照度は，空間の微小な点にあらゆる方向から入射する光束の密度です．平均球面照度とも呼ばれます（図 4.38(a)）．球を円筒とした平均円筒面照度もスカラー照度として用いられます.

ベクトル照度は，最も強い光の方向を表現するもので，空間の微小点において，正反対の方向から入射する光束の密度の差が最大になるベクトル として示されます（図 4.38(b)）.

ベクトル照度は，空間のあらゆる場所で描くことができます．図

モデリング（modeling）

ベクトル照度
（illumination vector）

スカラー照度
（scalar illuminance）

ベクトル・スカラー比
（vector-scalar ratio）

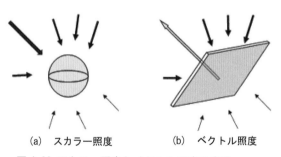

(a) スカラー照度 　　(b) ベクトル照度

図 4.38 スカラー照度とベクトル照度の定義

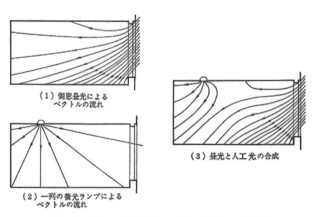

（1）側窓昼光による
ベクトルの流れ

（2）一列の蛍光ランプによる
ベクトルの流れ

（3）昼光と人工光の合成

図 4.39 ベクトル照度による光の流れの図示例

（乾正雄：建築設計講座 照明と視環境, p.53, 理工図書, 1978）

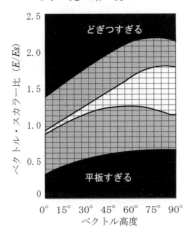

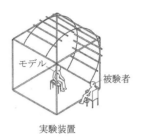

モデル

被験者

実験装置

図4.40 ベクトル・スカラー比とベクトル高度の組合せによる対象の見え方

(乾正雄：建築設計講座 照明と視環境，p.125-126，理工図書，1978)

原出典
Cuttle.C.et al: Beyond the working plane, Proceedings Session of the CIE, p.480, 1967

4.39 は居室の断面にベクトルの流れを記した例です．側窓からの昼光の流れ，天井の電灯照明の流れと併用したときの合成した流れです．このように，ベクトル照度を用いると，室内の光の流れを分かりやすく図示することができます．

　ダウンライトやスポットライトのような，指向性の強い光を表現する指標としてベクトル・スカラー比があります．ベクトル照度をスカラー照度で除して求めます．この値は，光の偏りの大きな空間で大きくなり，満遍なく照らされている場合に小さくなります．

　強い光を発する光源と水平線の成す角度をベクトル高度と定義し，ベクトル・スカラー比とベクトル高度の組合せを変化させたときの見え方を求めたものが図4.40 です．

　ベクトル・スカラー比が小さいと平板に見え，大きいとどぎつく見えるようになります．ちょうど良い見え方は，水平に近いベクトル高度では，ベクトル・スカラー比 0.9 付近の狭い範囲に限られています．上方に移動するにつれて，ちょうど良い見え方をするベクトル・スカラー比の範囲は広がり，中央値は 1.5 付近になっていきます．横方向よりも上方向の少し強い光の評価が高いことが分かります．

4.5.3　グレア

　光りの方向性は，空間の明るさ感や物の見え方だけでなく，まぶしさにも強く影響します．視野の中に強すぎる光があるときに感じるまぶしさをグレアといいます．まぶしさの程度によって，**減能グレア**と**不快グレア**に区分できす．また，まぶしさの生じ方からは，直接グレアと反射グレアおよび光沢面に よって生じる光幕反射があります．

グレア（glare）

減能グレア
（disability glare）

不快グレア
（discomfort glare）

183

減能グレアの代表例

（a）　自動車のヘッドライト

不快グレアを生じる状況ではあるがプレザントネスを感じることもある

（b）　縁日の裸電球

図 4.41　グレアの例

（1）　減能グレアと不快グレア

　減能グレアは，視認能力を低下させるほどのまぶしさです．強すぎる光が視野内で散乱したり，順応状態を変化させたりすることで，暗い部分が見えにくくなる状況です．高輝度の光源を直接見たときによく起こります．近年急増している LED は高輝度光源の代表例です．夜間の街路では，視野全体が暗いために自動車や自転車の前照灯を見たときに経験します（図 41(a)）．

　不快グレアは，視認能力を低下させるほどではないが，不快感を生じるまぶしさです．周辺との輝度対比が大きすぎる対象があるときに感じます．スマートフォンを利用する機会が増え，画面に反射する光が原因となることが多くなっています．夜間の街路では，照明看板や自動販売機の照明にまぶしさを感じることがあります．

　一方で，縁日の裸電球や繁華街の光看板のまぶしさには賑わいを感じることもあり，**プレザントネス**いわれる積極的な快適性をもたらす場合もあります（図 41(b)）．視認能力の低下や闇だまりによる不安感を著しく生じない様に配慮しながら，照明計画に活用できることがあります．

（2）　直接グレアと間接グレア

　直接グレアは，光源が視野内にあるときに生じます．光源ではなく強い反射光が視野内にあるときに生じるまぶしさは反射グレアです．

　反射グレアは，照明器具や窓などの輝度の高い物体からの光が，光沢のある面で視線方向に反射したときに生じます．光沢面は，ガラスや金属などの**正反射**の反射率が高い面です．

　これに対して，正反射が少ない場合でも**拡散反射**の反射率が大きい面では，光源が拡大した反射光になります．この教科書や黒板はどう

プレザントネス
（Pleasantness）
　期待感や愉快感を感じるような積極的な快適性を指します．過ぎない程度のまぶしさは，気持ちを高揚させることもあります．

正反射
（specular reflection）
　入射角と射出角が等しい反射．鏡面反射．

拡散反射
（diffused reflection）
　一方向からの入射光が,様々な方向に拡散される反射.

光膜反射
（veiling reflection）

周囲が暗く目が暗さに
慣れているほどまぶしい

光源の輝度が高いほど
まぶしい

光源が視線に近いほど
まぶしい

光源の見かけの大きさが
大きいほどまぶしい

図 4.42　グレアの程度に関係する条件

（照明学会編：最新やさしい明視論, p.10, 1977 を基に作成）

見えているでしょうか？　照明や窓との位置関係によって違いますが, 文字と背景の輝度対比が小さくなることで読みにくくなってないでしょうか. これは**光膜反射**と呼ばれます. 黒板を湾曲させているのは光膜反射への対策の一つです.

(3) グレアの対策と評価

　直接グレアと間接グレアに共通する対策では, 図 4.42 にあげたグレアの程度に関係する条件を小さくすることです. まず, 光源の位置を変えたり, 遮蔽板を設置することで対策をします. また, 光源を遠ざけることで見かけの大きさを小さくすることも有効です.

　間接グレアは反射面を含めた対策が必要であり, 直接グレアよりも煩雑になります. 店舗のショーウインドーや, 展示施設のガラスケースなどへ照明が映り込まない対策は従来からの課題でした. 最近では, オフィスや学校などで多く使用されている VDT 画面への対策や, 急速に普及しているタブレット端末や携帯端末などの画面への対策も求められるようになっています.

VDT
（visual display terminal）
　パソコンなどの表示装置.

　絵画を展示する場合に, 鑑賞者に反射光が見えない光源の設置位置を図示したものが図 4.43 です. 額縁に保護ガラスが用いられているような場合の反射グレア対策になります. 図 4.44 は, 机上で教科書を読む場合に光膜反射を生じさせない光源の位置を示しています.

　VDT 画面への映り込みが生じる照明器具の位置を図示したものが

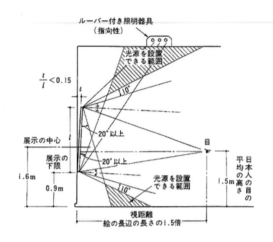

図 4.43　絵画展示の光源設置位置

（乾正雄：建築設計講座 照明と視環境，p.117，理工図書，1978. 日本建築学会編：建築環境工学用教材環境第 4 版，p.58，彰国社，2011.）

図 4.44　光膜反射を生じさせない光源の位置

（乾正雄：建築設計講座 照明と視環境，p.117，理工図書，1978. を基に作成）

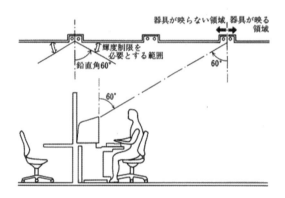

図 4.45　VDT 画面に映り込む光源の位置

（環境工学教科書研究会編：環境工学教科書第 2 版，p.105，彰国社，2001.）

図4.45です．器具を天井に埋め込んだ上で，前面に格子状の**ルーバー**を設置するなどの対策がされているのは，こうした検討により行われています．

　グレアを評価する指標も用いられています．室内照明と屋外照明に分けて規定されています．室内照明では，1995 年に CIE が規定した不快グレア評価方法に基づく屋内統一グレア評価値（Unified Glare Rating，UGR）が JIS に採用されています．

　（式 4.14）がグレアの評価式です．背景の輝度 L_b，光源の輝度 L，光源の位置に関するポジションインデックス p，および光源の大きさ ω で構成されています．これらは，図 4.42 のグレアの程度に関係する条件と対応しています．ポジションインデックスを図 4.46，UGR とグレアの程度との関係を表 4.8 に示します．

ルーバー照明
（spill shield louver lighting）

CIE Technical Report 117:Discomfort Glare in Interior Lighting, 1995.

JIS Z 9110:2010: 照明基準総則

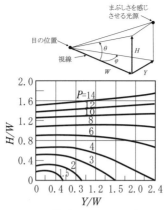

図 4.46　ポジションインデックス

（日本建築学会編：建築環境工学用教材環境
編第 4 版, p.57, 彰国社, 2011, IES: Lighting
Handbook, 4th edition.）

表 4.8 *UGR* とグレアの程度

UGR	グレアの程度
28	ひどすぎると感じ始める
25	不快である
22	不快であると感じ始める
19	気になる
16	気になると感じ始める
13	感じられる
10	感じ始める

$$UGR = 8 \cdot \log \left[\frac{0.25}{L_\mathrm{b}} \cdot \Sigma \frac{L^2 \cdot \omega}{p^2} \right] \qquad \text{（式4.14）}$$

UGR：屋内統一グレア評価値 [-]

L_b：背景輝度 [cd/m^2]

L：視線方向に対する光源の輝度 [cd/m^2]

ω：視線方向に対する光源の立体角 [sr]

p：光源の視線からの隔たりに関するポジションインデックス [-]

4.6 照明計画

　照明する空間の目標とする視環境を空間の用途と居住者の行為に対
応させて決めていきます．オフィスや教室のように明視を主とする居
室では，作業や学習内容に応じて，適切な明るさを均一に提供するこ
とが多くなります．一方，住宅の居間のように様々な行為が行われる
居室では，オフィスのように均一に明るくするだけではなく，複数の
照明器具を調光することで，行為に適した雰囲気作りが大切になります．

　日中には昼光を併用することで，夜間とは異なる視環境が形成され
ることにも配慮する必要があります．省エネルギーを進めるために，
積極的に昼光を利用することにも取り組んでいきたいものです．

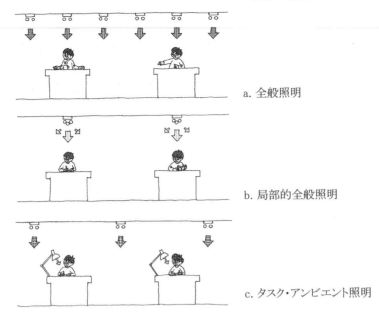

a. 全般照明

b. 局部的全般照明

c. タスク・アンビエント照明

図 4.47　代表的な電灯照明方式

4.6.1 照明方式

　居室をどのような明るさの分布とするかは，照明器具の配置と仕様で決まります．図 4.47 に代表的な照明方式を示します．

　居室全体を均一に照明するために天井面に均等に照明器具を設置する方式は，図 4.47(a) の**全般照明**です．室内の家具の配置とは関係を持たないため，レイアウトの変更が自由です．

　特定の視作業面などの限られた区域だけを照明する方式を**局部照明**と言います．全般照明に付加したり，分離して制御したりすることができます．照明に要する電気エネルギーは決して少なくありません．そこで，作業面に必要な明るさを提供し，その他の明るさを抑える照明方式として，図 4.47 (b) の **局部的全般照明**と (c) の**タスク・アンビエント照明**があります．

　局部的全般照明は，作業面の照度を周囲に比べてより高くする全般照明ですが，室内家具のレイアウト変更に制限が出る場合があります．タスク・アンビエント照明では，より積極的に作業面と周囲の照度に差を設けます．視線が移動したときに順応状態が大きく変化してしまうことへの配慮が必要になります．

4.6.2 <ruby>建築化照明<rt>けんちくかしょうめい</rt></ruby>

　電灯照明が建築と一体化して設置されているものを建築化照明と呼びます．壁や天井の一部を反射板や拡散板として利用する間接照明などがあります．よく見られるダウンライトも天井に埋設されている建

全般照明
（general lighting）

局部照明（local lighting）

局部的全般照明
（localized general lighting）

タスク・アンビエント照明
（task and ambient lighting）
　タスクは作業面の照明，アンビエントは周囲環境の照明を指します．適切なバランスで照明することで，生産性を落とすことなく，エネルギー消費量の削減が見込めます．

建築化照明
（built-in lighting）

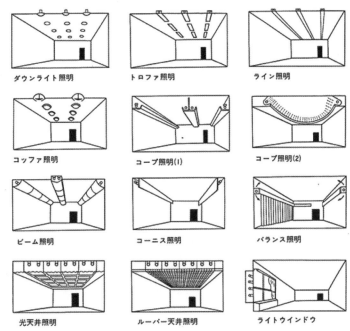

図 4.48　建築化照明の例

（日本建築学会編：建築環境工学用教材環境編第 3 版，p.37，彰国社，2002）

築化照明です．図 4.48 に建築化照明の例を示します．

　近年は LED 化が急速に進んでいますが，建築化照明の場合は全体
が照明器具として機能していることに配慮した改修が求められます．

4.6.3　雰囲気照明

　照明の目的の区分から，明視照明と雰囲気照明の違いを住宅の居間
を例にして見てみましょう．同じ居間の照明のみを変更した夜間の電
灯照明のシミュレーションを行いました（図 4.49）．

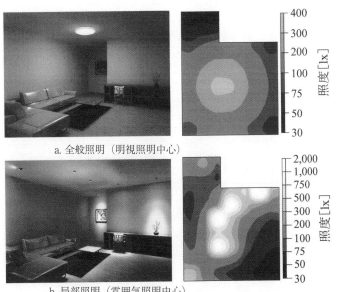

a. 全般照明（明視照明中心）

b. 局部照明（雰囲気照明中心）

図 4.49　照明方式の違いによる視環境の比較

シミュレーション概要
　"DIALux" を使用して建
築を学ぶ学生が作成したも
のです．

日本の多くの住宅では，天井の中央に設置した大きなシーリングライトによって，均一な明るさとすることが一般的です．全般照明という明視環境に適した照明ですが，単調な光環境になりがちです．家族でテレビを観るときや大勢でゲームなどをするときには，このようにオフィスのような明るい環境が適している場合があります．視線が動いたときの順応状態の変化も小さく保つことができます．

団欒やくつろいで読書をするようなときには，多数の照明器具を調光することによって，行為により適した雰囲気作りが大切です．局所照明に加えて間接照明を用いることで，明るさと暗さの対比のある光環境になります．部屋のすみずみまで明るく見えやすくするだけではない雰囲気を大切にした視環境が形成されていることが分かります．日本の住宅では，電球が普及した時に明るさを求め，蛍光灯が普及したときにはさらなる明るさと白さを求めてきました．現在は，小型で分散配置が容易な LED 照明が普及しています．調光と調色の自由度も高くなっています．次世代の住空間の照明を考える良い機会が訪れています．

4.6.4　水回りの照明

住宅では浴室，トイレ，台所などを水回りと呼ぶことがあります．こうした水回りの照明には特別な配慮が求められることがあります．

近視の矯正に眼鏡を使用している人は多くいますが，入浴時に外す人が少なくありません．視力の低い状態で浴室入り口の段差を見たり，入浴をしたりする場合には，明るさや光の方向性を適切に計画する必要があります．

高齢になると夜間就寝時にトイレを利用する回数が増加してきます．このときの寝室，廊下，トイレの照明は，トイレ利用後の再入眠に支障を来さないように明るすぎないことが必要です．一方で，段差や家具などにつまずいて転倒することを防ぐだけの明るさも求められます．暗順応状態をできるだけ維持できるような照明計画が必要です．

台所では食材の選別，切断，加熱，盛り付けといった多様な行為が行われます．作業場所の移動が頻繁にあり，危険を伴うものも少なくありません．各所に十分な明るさがあり，手元が影にならないような照明計画が求められます．また，朝食と夕食の調理では，昼光環境が大きく異なることにも配慮が必要です．さらに高齢者の増加は，定年後の男性高齢者が調理をする機会の増加に繋がっています．適切な調理台の高さなどの寸法が男女で異なることに加えて，適切な照明の位

置にも違いがあることを考慮した照明計画を進める必要があります.

4.7 照明計画と照明シミュレーション

一般的な照明計画では,室の用途と行為に対応した照明の目的,照明方式を決めることで,照度の計算を進められるようになります.このときに,JIS に示された推奨照度を参照して,適した照度範囲となるように照明計画を進めていきます.同時に照度分布やグレアなども検討して,適正な視環境が得られるように計画していきます.

より積極的に照明デザインを行う場合には,建築空間の質の向上を目指して,必要な光を見極めることからデザインを進めていきます.最適な光源の選定と配置計画を行い,照度を確保する照明では実現できない光環境の提案と実現に取り組みます.具体的には,グレアを抑えることを前提として,明るさ感を確保するアンビエント照明を設定した後に,要所要所にタスク照明を配置することで光環境をデザインします.平坦な明るさの分布では見ることの難しい空間形状を照明によって見せることができる様にしていきます.

いずれの照明計画でも照度計算は必須であり,室内を均一に明るくする全般照明では,光束法が良く用いられます.局部照明やタスク・アンビエント照明のように不均一な照明では,各面の受照点ごとに直接光と反射光に分けて照度を求める逐点法が利用されます.また,近年の計算機環境の飛躍的な向上に伴い,計算量の多い照明シミュレーションも実用できる様になっています.

4.7.1 光束法

光束法（lumen method）

光束法は,全般照明方式の電灯照明を対象にして,照明器具の台数 N と作業面照度 E の概略の関係を求める手法です.設定する他の条件として,照明器具の全光束 ϕ と保守率 M,居室の広さ A と扁平度を加味した室指数 k,内装材の反射率と室指数から求める照明率 U があります.

天井に設置する照明器具の台数が決まったときに,どの程度の作業面照度が得られるかを検討するときには,（式 4.15）を用います.

$$E = N \cdot \phi \cdot U \cdot M / A \qquad \text{（式 4.15）}$$

E：作業面照度 [lx]

N：照明器具の台数 [台]

ϕ：全光束 [lm]

U：照明率 [-]

M：保守率 [-]

A：居室面積 [m^2]

　必要な作業面照度を実現するために何台の照明器具が必要かを検討する場合には，式を変形して利用します（式 4.16）．このときに答えの小数点以下は切り上げます．器具台数ですから整数であることと，照度の不足を起こさないようにする安全側の設計のためです．

$$N = A \cdot E / \phi \cdot U \cdot M \qquad (式\,4.16)$$

　全光束，保守率，および照明率は，照明器具のデータシートとして器具メーカーから提供されている情報を利用します．図 4.50 に LED のベース照明用器具のデータシートの例を引用します．

　保守率は，光源と器具の光束維持率を掛け合わせたものです．光源は点灯時間の経過とともに光束が低下していきます．器具の性能も素材の劣化や汚れの付着によって低下していきます．使用する光源，器具の形状，設置環境，清掃の頻度などによって劣化の程度は多様ですが，おおよその目安として 3 段階の保守率が提示されています．

　照明率を表から読み取るには，内装材の反射率と室指数が必要です．室指数は，部屋の扁平度を表す指標であり（式 4.17）で求めます．

$$k = w \cdot l \,/\, H \cdot (w + l) \qquad (式\,4.17)$$

k：室指数 [-]

w：居室間口 [m]

l：居室奥行き [m]

H：器具設置面から作業面までの距離 [m]

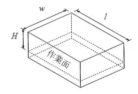

作業面は指定がない場合，机上面 として FL+0.8 [m] を使用

シャープ製ＬＥＤ照明器具　配光データシート　型名　DL-MF40PW+DL-M400W

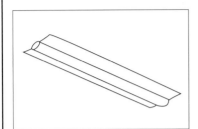

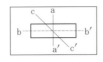

器具光束	14,900 lm
上方光束	204 lm
下方光束	4,696 lm
最大光度	1,502 cd

光　　　源	LED ライトモジュール
光 源 型 名	DL-M400W
口 金 形 式	－
色 温 度	4000K
保 守 率	良：0.83，中：0.81，否：0.77
最大取付間隔	a-a 1.4H　b-b 1.5H
備考	

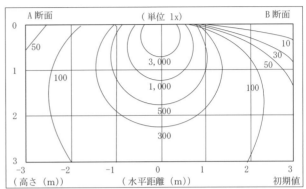

角度	光度 (cd/1,000 lm) A-A′	B-B′	C-C′
0	307	305	－
10	302	299	－
20	288	282	－
30	265	256	－
40	235	221	－
50	200	179	－
60	161	132	－
70	123	81	－
80	88	30	－
90	62	1	－
100	36	0	－
110	13	0	－
120	0	0	－
130	0	0	－
140	0	0	－
150	0	0	－
160	0	0	－
170	0	0	－
180	0	0	－

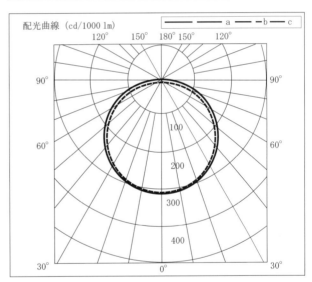

天井	80						70						50				30		20	0
壁	70		50		30		70		50		30		50		30		30		10	0
床	30	10	30	10	30	10	30	10	30	10	30	10	30	10	30	10	30	10	10	0
室指数	照明率（×0.01）																			
0.6	60	56	45	43	36	35	58	54	44	42	36	35	43	41	35	34	34	33	29	27
0.8	72	65	57	53	47	45	69	64	56	53	47	45	53	51	45	44	44	43	38	36
1.0	80	72	65	61	56	53	77	70	64	60	55	52	61	58	53	51	51	50	45	42
1.25	87	78	74	68	64	60	84	76	72	66	63	59	68	64	60	58	58	56	51	49
1.5	93	82	80	73	70	65	89	80	78	71	69	64	73	69	66	63	64	61	56	54
2.0	101	88	89	80	80	73	97	85	86	78	78	72	81	75	75	70	71	68	64	61
2.5	106	91	95	84	87	78	101	89	92	83	85	77	86	80	80	75	76	73	69	66
3.0	109	94	100	88	93	82	105	92	97	86	90	81	90	83	85	79	80	77	73	70
4.0	114	97	106	92	100	88	109	95	102	90	97	86	95	87	91	84	86	82	78	75
5.0	117	99	110	95	105	91	112	97	106	93	101	90	99	90	95	87	89	85	81	79
7.0	120	101	115	98	111	95	115	99	111	96	107	94	103	93	100	91	93	88	86	83
10	123	103	119	101	116	99	118	101	115	99	112	97	106	96	104	94	97	92	89	86

（シャープ株式会社）

図 4.50　照明器具のデータシートの例

【例題 4.2】

次の条件で，照明器具 50 台を設置したときの平均照度を求めましょう．また，平均照度 1,000 lx とするための照明器具台数を求めてみましょう．

室形状：間口 12 [m]，奥行 18 [m]，天井高 3.2 [m]

反射率：天井 70 [%]，壁 30 [%]，床 10 [%]

照明器具：埋込み形（下面開放），5,000 [l m / 台]，保守・普通

照明率表

照明器具	保守率 器具間隔	反射率[%]	天井	80			70			50			30		0
			壁	50	30	10	50	30	10	50	30	10	30	10	0
			床	10			10			10			10		0
		室指数 k		照明率 U											
埋込み形（下面開放）	保守率 良 .75 普通.70 不良.65 器具間隔 最大限 1.4H	0.6		.32	.26	.22	.31	.25	.21	.30	.25	.21	.25	.21	.20
		0.8		.41	.34	.30	.40	.34	.29	.39	.34	.29	.33	.29	.28
		1.0		.48	.41	.36	.47	.41	.36	.46	.40	.36	.39	.36	.34
		1.25		.54	.48	.43	.53	.47	.43	.52	.46	.42	.46	.42	.40
		1.5		.59	.53	.48	.58	.52	.48	.56	.51	.47	.51	.47	.45
		2.0		.65	.59	.55	.64	.59	.55	.62	.58	.54	.57	.53	.52
		2.5		.69	.64	.60	.68	.64	.60	.66	.63	.59	.61	.59	.57
		3.0		.73	.68	.64	.71	.67	.64	.69	.66	.63	.65	.62	.60
		4.0		.76	.72	.69	.75	.71	.68	.73	.70	.67	.69	.67	.65
		5.0		.79	.75	.73	.78	.75	.72	.75	.73	.71	.72	.70	.68

まず，床面積，室指数を算出し，対象室の広さと平たさを検討します．

$$A = X \cdot Y = 12 \times 18 = 216 \, [\text{m}^2]$$

指定されていない場合は机上面高さ 0.8 m で検討します．

$$H = \text{天井高} - \text{机上面高} = 3.2 - 0.8 = 2.4 \, [\text{m}]$$

$$k = X \cdot Y / H \, (X + Y) = 12 \times 18 / 2.4 \times (12+18) = 3$$

次に器具データシートに記載された照明率表から，照明率を読み取ります．併せて，保守状況から保守率を読み取ります．

U=0.67，M=0.7

光束法の計算式に代入します.

$$E = 50 \times 5{,}000 \times 0.67 \times 0.7/216 = 542.8 \text{ [lx]}$$

$$N = 216 \times 1{,}000/(0.67 \times 5{,}000 \times 0.7) = 92.1$$

1 台未満を切り上げて，93 [台]

4.7.2　逐点法と照明シミュレーション

逐点法
(point by point method)

局部照明やタスク・アンビエント照明などの明るさの分布が大きくなる照明方式では，光束法で光環境を把握することは出来ません．こうしたムラのある光環境では，照明されている場所の各点の照度を直接照度と間接照度とに分けて一つ一つ別々に計算を行い，全照度を得る方法である逐点法が利用されます.

光環境を計算する際に，直接光の明るさを予測することは比較的容易です．点光源の場合の計算例は，4.1.4 の例題で取り組んでもらいました．しかし，間接光も計算しようとすると相互反射が収束する迄の反復計算が加わり非常に煩雑になります.

照度分布に加えて,実際に目にする輝度の分布を求めようとすると,視点毎に検討する必要があり，さらに膨大な計算が必要です．幸いなことに，現在の計算機環境は，こうした計算を扱うことができるレベルに達しています．計算には，精度を確保出来る近似計算によって間接光を考慮した予測を行う照明シミュレーションが用いられています．ここでは，現在利用されている代表的なシミュレーション手法とアプリケーションを紹介します.

光線追跡法
(ray tracing method)

(1)　光線追跡法（レイトレーシング法）

光束を有限の本数の光線に分割し，光の流れを追跡することにより計算を行います．光線の反射や屈折は物理法則に計算するため，正反射や特殊な反射特性などを取り扱う場合に適しています．室内全体を対象にすると計算量が膨大になります.

光束伝達法
(luminous flux transfer method)

(2)　光束伝達法（ラジオシティ法）

室内などの表面を小さな面要素に分割し，各面要素で反射・吸収される光束を計算します．このときに各面を均等拡散面と仮定して，面と面の形態係数を用いて相互反射を計算します．室内全体を対象にし

ても計算量は限られます．一方，光沢度の高い（正反射光成分が多い）内装材料の計算には適していません．

（3） フォトンマッピング法

光源からの光をエネルギーを持つフォトン（光子）として扱い，反射や屈折によって各面に到達した光のエネルギーをフォトンマップとして記録します．対象点の輝度をフォトンマップに記録された周囲の輝度から補間によって算出します．計算量を押さえつつ，間接照明や透視物体を取り扱う場合適しています．フォトンマップは視点毎に作成するため，室内全体を網羅的に扱うには適していません．

フォトンマッピング法
（photon mapping method）

（4） 代表的なアプリケーション

執筆時点において，無償で利用できる代表的な照明シミュレーションソフトウェアを簡単に紹介します．いずれも上記のシミュレーション手法が併用されています．これらは，実務で利用されているものですが，学生の皆さんも設計課題などに積極的に活用し，照明による空間の見え方の違いを確認し，デザインに活用して下さい．

① DIALux

独 DIAL 社開発．無償．建築 CAD フォーマット形式で入力．3D による照度・輝度画像，レンダリング画像などを出力．計算速度が速く，多機能であり，様々な照明提案に活用されています．

② Radiance

米カリフォルニア大学開発，無償，建築 CAD フォーマットで入力．主にレイトレーシング法，高精度，自由度が高い．プラグインアプリケーションにより，モデリング，マッピングが可能．Realaps を導入すると空間の明るさやグレアなどの視環境評価を行うことができます．

③ Revit

AutoDesk 社製品．有償，但しアカデミック登録で無償利用可．建築用 3 次元 CAD ソフトウェア．BIM ツール．近年に意匠，構造，設備の各設計が 統合され，電気設備の一つとして照明設備の設計に利用されています．同社の 3DS MAX DESIGN も照明設計に利用されています．

BIM
（Building Information Modeling）

■照明デザイナーに聞く，光環境と照明デザイン

駅前広場より見た施設

『可児市子育て健康プラザ mano』(2018)
照明デザイン／ライティング M
※照明学会照明普及賞受賞（2018）
所在地／岐阜県可児市下
構造・延床面積／鉄骨造 3 階・9,075㎡（西棟・東棟・連絡通路）
建物用途／可児市役所支所・児童福祉施設・店舗・飲食店
建築設計／香山壽夫建築研究所

江越　充 (1985-)
照明デザイナー．株式会社ライティング M（当時）日本文理大学（現在）名古屋工業大学大学院 博士前期課程修了．主に携わった物件：『明治神宮野球場改修』(東京 2014)，『太田市民会館』(群馬 2017)，『台南市美術館』(台湾 2019)，国際照明デザイナーズ協会 IALD Design Awards・北米照明学会 IES 照明賞・日本照明学会 照明デザイン賞・照明普及賞など受賞多数．

メインエントランス（そとのひろば）

なかのひろば

みんなの書斎

中央のトップライト

EV ホール（左上：天井拡大図）

Q：照明デザインについて教えてください．
A：「照明デザインというと，シャンデリアや行灯照明などの照明器具のデザインを行うと思われることが多いのですが，実際は，主に空間内における光のバランスや物への光の当て方，時間や季節に応じた光のコントロールなど，時間軸を含めた光環境のトータルデザインを行なっています．」

Q：プロジェクトへの関わり方を教えてください．
A：「建物は一人で作り上げることはできず，とても多くの人が関わります．照明デザイナーとしてプロジェクトに関わる時は，その一部を担いながら，協働して建物を作り上げて行くという感覚があります．プロジェクトへの関わり方としては，まず基本設計や実施設計の段階で，建築図面を受け取り，光環境のコンセプトや，主要な「魅せ場」の演出を計画します．設計者と共に，建物のどこにスポットを当てるべきか，どのような演出が効果的かなどの議論を重ね，照明デザインの骨格

を築いて行きます.」

Q：mano ではどのように照明デザインを進めましたか？
A：「mano では，特徴的な屋根の架かったエントランスや，建物中央に設けられた象徴的なトップライトがあり，その場所を昼夜どのような表情とするかについて，初期段階から検討を重ねました．この時点で施主などにプレゼンテーションを行い，デザインの方向性について合意を得ることもあります．

　デザインの骨格が決まると，次はそれを実現するために，照明器具の選定や配置の検討に入ります．ここでは JIS の照度基準なども参照して各用途に適した必要照度を考え，主に逐点法によって照度計算を行いながら，配灯計画を進めて行きました.」

Q：mano は公共建物です．光環境で配慮されたことはありますか？
A：「公共空間では不特定多数の人が行き交うため，明るめの照度設定が求められます．しかし，全体的に明るくしてしまうと，視覚的にメリハリの無い空間となるばかりでなく，エネルギーの浪費にもつながるため，タスク・アンド・アンビエント手法を主体として計画を行いました．機能的に明るさが求められる箇所には必要照度を確保し，視覚的にポイントとなる箇所には意図的に陰影を計画して，メリハリのある光環境を作り上げて行きました.」

Q：照明デザインで工夫されたことはありますか？
A：「不必要な光を排除して建物を魅せる上質な光環境とするため，細部にも注意を払います．たとえば，ダウンライトは発光面が眩しいと人々の目は天井に惹きつけられてしまうため，照明器具本体はグレアレス仕様のものを選定して，建物自体に目が向くように配慮しました．同様の理由でスポットライトや間接照明などは全て建築の中に隠すことで，光源の位置はわからないが，建物が光で浮かび上がる環境を目指しました．mano は，天井がルーバーであるため，ダウンライトの光がルーバーに当たりやすくなっています．ルーバーに強い光が当たるとグレアを生むため，ルーバーに光を当てないよう，ダウンライトが入る列の天井は数十ミリ落とすといった工夫を行っています.」

Q：最後に大学で学んだことで役に立っていることはありますか？
A：「建物が形になるまでは全て図面上でのやりとりとなるため，図面を正確に読み取り空間をイメージする技術や，確実に設計の意図を汲み取り，新たな照明の位置や効果を表現して伝える技術が必要となります．この部分では大学で学んだ知識や技術がとても役に立っています.」

4.8 建築の色彩

　建築の色彩は，空間的・時間的に私達の生活を包む色彩です．屋外では，自然や都市の色彩に対応します．包む色彩には，慣れ親しんだ伝統的な落ち着きのあるものが適していることが少なくありません．

　このため建築の色彩計画では，一定の決まり事があるように見えます．オフィス，学校，住宅のような用途に対応した空間の雰囲気を作る色彩がありますし，木材やコンクリートのような素材本来の色彩もあります．空間や材料に優先して色彩が決められることは多くありません．一方で，商業施設の様に個性的な雰囲気が求められたり，人工の素材を用いたりするときに色彩の自由度は高くなります．

　ここでは，建築に関わる色彩の基礎的事項を学びます．たくさんの人が関わる建築では，色彩を正確に伝えることが重要になります．色彩を客観的に表す表色系をしっかりと理解しましょう．

4.8.1　色彩の基礎

　4.1.2 の "人の目" で見たように，私達の目は色を感じることが出来る錐体細胞を持っています．目に入る光の分光分布によって，視対象に色彩を感じます．可視光の短い波長では紫から青，長い波長ではオレンジから赤の色彩を感じます．太陽光のような白色光をプリズムで分光すると，各波長のスペクトルを見ることができます．

　私達が目にする色は，分光特性だけではなく，視対象，順応，記憶など多くの条件に影響を受ける複雑な属性を持っています．物理的に測定される色が同じであっても，実際の色の見え方が必ずしも同じとは限らないという状況があります．こうした見え方の違いを様相の違いといいます．様々な属性がありますが，色相，明るさ，飽和度，及び透明度と光沢の基本的属性で色を分類したものが表 4.9 です．青空のように空間全体に広がった色を面色といいます．逆に小さな開口部

表 4.9　色の分類と属性

色の分類		色の属性				
		色相	明るさ	飽和度	透明度	光沢
面色・開口色		○	○	○	×	×
光源色		○	○	○	○	×
物体色	容積色	○	○	○	○	×
	表面色	○	○	○	○	○

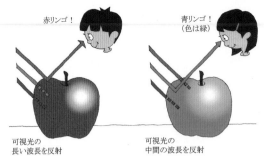

図 4.51　物体色の見え方の例

を通して見た色を開口色といいます．面色と開口色は同じ色を感じる
ことができ，色の三属性で表すことの出来る純粋な色知覚です．光そ
のものの色は，光源色といいます．輝いた印象を受けるため透明度の
属性が加わります．光がガラスビンに入った液体などの透明な物体を
透過したときの色が容積色です．透明感と容積感を感じます．壁や床
などの建築の多くで目にする色は，光が不透明な物体の表面で反射さ
れた色であり表面色といいます．表面色にはつやを感じます．容積色
と表面色を併せて物体色といいます．

　表面色では，視対象が白色光に照らされたとき，物体が反射した光
の分光分布は物体表面の分光反射率に応じて偏りを持ちます．図 4.51
の例では，長い波長の可視光を多く反射する，即ち分光反射率の大き
いリンゴが赤リンゴとして見えています．これよりも短い波長の分光
反射率が大きいリンゴは緑色の青リンゴです．

　白色光でない場合も，照明する光の分光分布と照明される物体の分
光反射率によって，私達が目にするときの分光分布が決まります．こ
のため，太陽光で見たときの色彩と電灯光で見たときの色彩に相違が
あることがあります．例えば，極端に赤色の少ない光源で照明された
ときには，食欲がなくなるような料理に見えてしまいます．

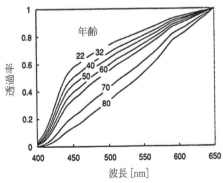

図 4.52　加齢による透過率の変化

（日本建築学会編：建築環境工学用教材環境編第 4 版，
p.55，彰国社，2011．一部修正）

4.8.2　色覚の多様性

　私達の目の加齢による変化
も色の見え方に影響をしてい
ます．眼球の形状を維持する
水晶体は，光を透過する役割
もあります．本来透明である
水晶体は，長い期間にわたる
紫外線などの影響により，白
濁したり黄濁したりすること

カラーユニバーサルデザイン

ユニバーサルデザインカラーを採り入れた JIS Z 9103（図記号－安全色および安全標識－安全色の色度 座標の範囲及び測定方法）の改正

	赤	黄赤	黄
改正前	7.5R 4/15	2.5YR 6/14	2.5Y 8/14
改正後	8.75R 5/12	5YR 6.5/14	7.5Y 8/12
色調整の方向性	1 型色覚の人が黒と識別しやすかったため、黄みに寄せた。	赤み赤側に寄ったため、黄みに寄せて色相を優した。	黄赤側に寄っていて明度が低く、1 型・2 型色覚の人が黄に感じにくかったため、赤みを抜いて明度をやや上げた。

	緑	青	赤紫
	10G 4/10	2.5PB 3.5/10	2.5RP 4/12
	5G 5.5/10	2.5PB 4.5/10	10P 4/10
	1 型・2 型色覚の人には緑でなく灰色に感じられ、ロービジョンの人には青と見分けにくかったため、黄みに寄せた。	明度が低く黒や赤紫との見分けが難しかったため、ロービジョンの人が見分けられる範囲で明度をやや上げた。	2 型色覚の人が緑や灰色と見分けにくかったため、青と見分けられる範囲で青みを上げた。

（注1）黄赤の浮輪については、JIS に登録された図記号はなくイラストで紹介。また、赤紫の放射能マークについては放射線障害に関する施行規則による。実際の色合いは規格票を参照してください。

（注2）図記号の下欄に記載された数字・アルファベットは、マンセル記号であり、色相（色味）、明度（色の明るさ）、彩度（色の鮮やかさ）によって物体色を表します。

　（出典：経済産業省、2018.4）

表色系
（colorimetric system）

が知られています．このとき，入射光の透過率が低下したり，分光特性に変化を与えたりします（図 4.52）．各年代の分光透過率の違いを見ることができます．色の知覚では，黄色が強くなる傾向がみられます．白地に黄色の模様を組み合わせるような配色のサインなどでは，見えにくさを感じることになり，注意が必要です．

　色覚には年齢に関わらない多様性もあります．正常色覚と異なる色覚とし て，赤系統や緑系統の色の弁別が困難な色覚異常が最も多いことが知ています．赤と緑の配色などでは，十分な配慮が求められるでしょう．

　色彩は空間の雰囲気作りとともに，情報の伝達においても重要な役割を 持っています．色覚に多様性があることに配慮した建築の色彩計画を勧ていきたいものです．**カラーユニバーサルデザイン**や近年の JIS の改正などが参考になります．欄外に建築のサインでも用いられる安全色彩の改正の一部を引用します．色調整の方向性に示されているように，多様な色覚に対応した配色が検討され用いられています．

4.8.3　色彩の伝え方

　日常生活で大まかに色を伝えるには，色名が使われます．赤色と言うことで概ね問題はありません．建築では，施主，設計，資材製造，施工などを別々の人が担当します．全員が同じ赤色を共有することが大切になります．色彩を正確に伝達するための数量的表現が必要になります．

　最も詳細な数量表現は，上述したように分光分布です．しかし，分光分布の図で色を伝えることは煩雑になりますし，容易に色との対応をイメージすることは出来ません．

　いくつかの属性を用いて色彩を体系的に記述するものが**表色系**です．色彩には多くの属性がありますので，表色系も多次元の尺度になります．ただし，視覚的表現の制約から三次元で構成しています．三原色や色の三属性です．　これにより正確な伝達と色との対応の容易

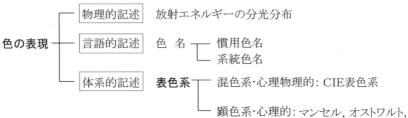

図 4.53　色彩の表現方法

さが両立できます．表色系は，古くから様々なものが提案されてきました．体系化の方法からは，混色系と顕色系に大別できます．図 4.53 に色彩の表現方法をまとめます．

（1）CIE 表色系

混色系の表色系の代表例です．国際照明委員会ＣＩＥにより，1931 年に発表されました．現在では，各表色系の基礎となっています．CIE 表色系は，光の三原色を三属性とする RGB 表色系を改良したものです．

RGB 表色系は，全ての色を**光の三原色**の**加法混色**で表します．色の同定は，視角 2°の視野を 2 分割して，右半分に対象となる色彩の光，左半分に三原色光 RGB を混合した光を表示することで行います．中央の境界が見えなくなったときに等色となります．このときの RGB の混合割合で色彩を表します．このとき，スペクトル単色光のように純度の大きい色は，三原色の一つが負量の混色になるという問題点がありました（図 4.54）．

光の三原色
イギリスの物理学者ヤング（1773-1829）の説をドイツの生理学者ヘルムホルツ（1821-1829）が拡充したものです．

加法混色と減法混色

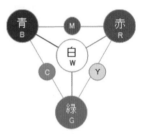

色光の 3 原色と加法混色

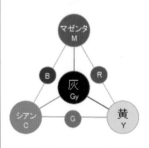

色科の 3 原色と減法混色

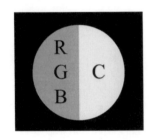 

RGBの量をうまく調節すると　負量の加法混色：右へ混合することで等色
左右の境目が見えなくなる　　正量の加法混色：左だけの混合で等色

図 4.54　RGB 表色系の原理と問題点

そこで，全ての色が正量の加法混色で表せるように，数学的変換により，新たな三原刺激（X，Y，Z）を定め，X，Y，Z の加法混色で全ての色を表す XYZ 表色系が提案されました．これが CIE 表色系です．RGB 表色系と XYZ 表色系との関係を図示すると図 4.55 のようになります．

RGB 表色系では，スペクトル単色光のように純度の大きい色が色三角形 RGB の外側に出てしまっています．XYZ 表色系（CIE1931 標準表色系）の方は，スペクトル色度軌跡が色三角形 XYZ に内包されています．このように定めた XYZ を三原刺激といいます．

当初は，**視角** 2°の視野で同定を行う方法としていましたが，後に視角 10°の視野で行う方法も採用されました．前者を CIE1931 標準表色系，後者を CIE1962 表色系と呼んで区分しています．視覚 2°は

視角の設定

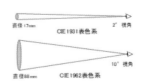

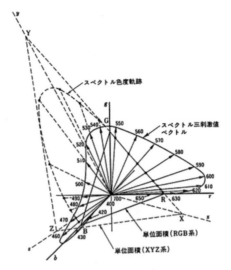

図 4. 55 RGB 表色系と XYZ 表色系との関係

（日本建築学会編：建築環境工学用教材環境編第 4 版, p.64, 彰国社, 2011）

三等色関数

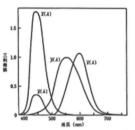

(日本建築学会編：建築環境工学用教材環境編第 4 刷 .p65, 彰国社 ,2011

人が色彩を感じ始める大きさに近く，視覚が大きくなると色彩が明るく鮮やかに見えることが知られています（後述：面積効果）．

　三原刺激 X，Y，Z は，**三等色関数** $x(\lambda)$, $y(\lambda)$, $z(\lambda)$ を用いて，式 4.17 のように表します．三等色関数は，スペクトル三刺激値とも呼ばれます．

$$X = k \cdot \int_{380}^{780} p(\lambda) \cdot \overline{x}(\lambda) \cdot d\lambda$$

$$Y = k \cdot \int_{380}^{780} p(\lambda) \cdot \overline{y}(\lambda) \cdot d\lambda \qquad (式 4.18)$$

$$Z = k \cdot \int_{380}^{780} p(\lambda) \cdot \overline{z}(\lambda) \cdot d\lambda$$

X，Y，Z：三原刺激 [-]

$\overline{x}(\lambda)$, $\overline{y}(\lambda)$, $\overline{z}(\lambda)$：三等色関数 [-]

$p(\lambda)$：分光分布 [W/nm]

λ：波長 [nm]

k：最大視感度 $K_{m} = 683$ [lm/W]

　ある波長 λ について，図に示す割合で原刺激を混合すると，その波長のスペクトルの色光になります．$y(\lambda)$ は比視感度曲線，k は最大比視感度に設定されていますので，Y は光束になります．式 4.1 の光束の定義式と比較して確認しましょう．Y が明るさに対応し，X と

Zは明るさ以外の色らしさである色度に対応します. 色度は, 色相と彩度の合わさった属性です. 通常は, X, Y, Zからの変換で得られる色度座標(x, y)で表現されます(式4.19). 光源の色は, "Yxy"で表します.

$$x = \frac{X}{X+Y+Z} \qquad y = \frac{Y}{X+Y+Z} \qquad (式4.19)$$

X, Y, Z:三原刺激 [-]

x, y:色度座標 [-]

(式4.17)は光源の三原刺激を表していますが, 物体色を表すときには, 物体の**分光反射率** $\rho(\lambda)$ を用いて(式4.19)で表します.

分光反射率
(spectral reflectance)

$$X = K \cdot \int_{380}^{780} p(\lambda) \cdot \overline{x}(\lambda) \cdot \rho(\lambda) \cdot d\lambda$$

$$Y = K \cdot \int_{380}^{780} p(\lambda) \cdot \overline{y}(\lambda) \cdot \rho(\lambda) \cdot d\lambda \qquad (式4.20)$$

$$Z = K \cdot \int_{380}^{780} p(\lambda) \cdot \overline{z}(\lambda) \cdot \rho(\lambda) \cdot d\lambda$$

ここで,

$$K = 1 / \int_{380}^{780} p(\lambda) \cdot \overline{y}(\lambda) \cdot d\lambda$$

X, Y, Z:三原刺激 [-]

$\overline{x}(\lambda)$, $\overline{y}(\lambda)$, $\overline{z}(\lambda)$:三等色関数 [-]

λ:波長 [nm]

$p(\lambda)$:分光分布 [W/nm]

$\rho(\lambda)$:分光反射率 [-]

Kは物体を照明する光源のYの逆数です. 光源のYは光束を表していますので, 照明する光の三刺激値と反射光から求められる三刺激値との比で表していることになります. この物体色のYは, **視感反射率**と呼ばれます. 色彩の表示は, $Y \times 100$ [%], x, yで行います. 分光反射率 $\rho(\lambda)$ を**分光透過率** $\tau(\lambda)$ で置き換えると, 透過色を表すこともできます. このときのYは**視感透過率**と呼ばれます.

色度は色度図として表されます. 図4.55でスペクトル色度軌跡と

視感反射率
(luminous reflectance)

分光透過率
(spectral transmittance)

視感透過率
(luminous transmitance)

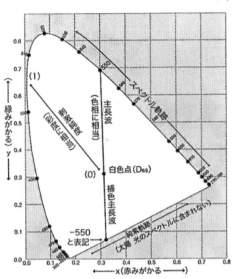

外周曲線はスペクトル単色光を表示したスペクトル奇跡（波長380-780㎜）

図 4.56　色度図の構成

(日本建築学会編：建築環境工学用教材環境編第4刷.p64彰国社,2011

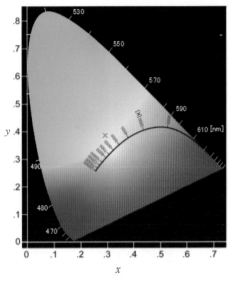

図 4.57　色度図・色温度度軌跡

Albert Henry Munsell
(米 1858-1919)
画家，美術教育家

して示されている範囲を xy 座標で示したものです．図 4.56 に色度図の構成を示します．周辺にいくほど彩度が高くなります．無彩色は中心部分に位置しています．色相は，原点付近の紫から外周曲線を時計回りに赤まで変化していきます．図 4.57 に色度図と色温度軌跡を示します．このように温度放射する物体の色温度は，色温度軌跡として表示することができます．

(2) マンセル表色系

顕色系の表色系の代表です．1905 年に米国の画家マンセルにより発表されました．1943 年に米光学会により，CIE 表色系との対応をとる修正がされ，修正マンセル表色系となりました．現在は修正マンセル表色系をマンセル表色系として用いています．日本では JIS に採用されています（JIS Z8721:1993: 色の表示方法－三属性による表示）．

色の3属性として，色相（H: hue），明度（V: v(a)lue），彩度（C: chrom(a)）を用いて構成されています．マンセル表色系の構成は，図 4.58 に示す色立体で表現されます．外周円が色相を表す色相環です．円の中心軸は明度の軸で下端の明度 0 から上端の明度 10 に変化します．彩度は色相環の中心か外周に変化します．中心の 0 から外周にいくほど増加します．彩度は色相と明度の組合せにより最大値が変化します．色立体が円柱になっていないのはそのためです．

色の表示は，マンセル記号により行います．有彩色は [H][V]/[C]，無彩色は N[V] と表示します．赤 "5R4/14"，灰色 "N5" のようになります．

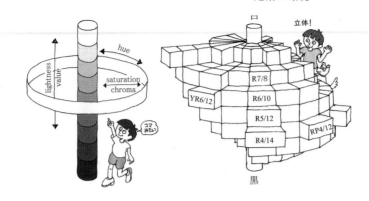

図 4.58 マンセル表色系の構成と色立体

　色相環は，R赤，Y黄，G緑，(b)青，P紫の5色相が基本になり構成されます．それらの中間はYR，GY，BG，PB，RPとなります．色相環で反対に位置する色を補色と呼びます．これらの10色相を基本色相とします．さらに，それぞれの間を10分割し，全体で100の色相を表します（図4.59）．建築の色彩計画では，少し統合した40色相が多く用いられています．

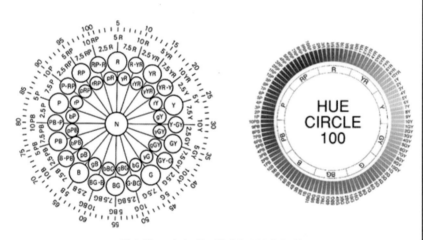

図 4.59　色相環の構成と 100 色相環

（右図：日本建築学会編：建築設計資料集成総合編，p.24，丸善，2001）

　明度 V と**視感反射率** Y [%] は，式 4.19 に示すマンセル明度関数 (JIS Z 8721 (1993)) で対応されます．

$$Y = 1.1913V - 0.22532V^2 + 0.23351V^3 - 0.020483V^4 + 0.00081936V^5 \qquad (式 4.19)$$

Y：視感反射率 [%]

明度と視感反射率との関係

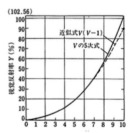

（新建築学会体系 10　環境物理，p.389，彰国社，1984）

V : 明度 [-]

　また，直線性の強い関係がある明度 2 から明度 8 の範囲では式 4.20 に示す近似式で対応できます.

$$Y \fallingdotseq V(V-1) \ [\%] \ (2 < V < 8) \qquad\qquad (式4.20)$$

(3) その他の表色系

① オストワルト表色系

　ドイツの化学者オストワルトが，1923 年に発表した表色系です. 混色系のシステムに基づいて作成されましたが，表記方法にみられるように顕色系の表色系です.

　すべての色を純色 C, 白 W, 黒 B の混合比で表します. このとき，C+W+ B = 1 としています. オストワルト色立体は，図 4.60 に示す様に，正三角形の回転形になります. 表記は，"色相番号・白色量記号・黒色量記号" を用います. 赤 "8pa", 灰色 "g" のようになります.

　明度の属性がなく，明度の異なる各色相の純色が水平に位置づけられているために, 透明度の概念を説明しにくいという短所があります. このため，建築の色彩計画ではあまり利用されていません. その反面, 幾何学的に体系づけられていることで, 色の等価値性が分かりやすく, 色彩調和のガイドとして有用です.

② PCCS表色系

日本色彩研究所が 1964 に発表した，修正マンセル表色系を基にし

Friedrich Wilhelm Ost-wald
(独 1853-1932)
化学者，1909 年ノーベル化学賞.

PCCS
（Practical Color Coordinates System）

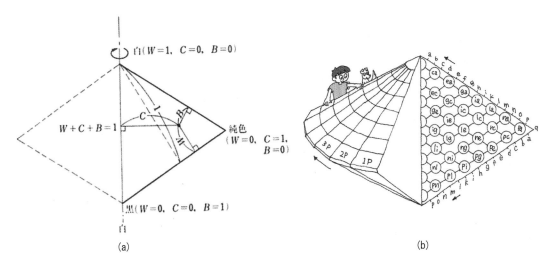

(a) 　　　　　　　　　　　(b)

図 4.60 オストワルト表色系の構成と色立体

(左 (a) 図は新建築学会体系 10 環境物理, p.392, 彰国社, 1984.)

て，日本で開発された表色系です．配色への応用を目的として開発されており，**トーン**の概念が特徴になっています．色の組合せの検討に優れています．トーンを利用することで配色調和が得やすく，系統色名との対応ができることから，日本のデザイン界，教育界で広く用いられています．

　色相環は，心理4原色（赤，黄，緑，青），色料の3原色，色光の3原色を基本として24色相で構成されています．各色相には番号・略号・名称が付けられています．

　明度と彩度はマンセル表色系と同様に設定されていますが，これらを複合したトーンが設定されています．色の明暗，濃淡，強弱などの調子がトーンです．トーンが同じ色は，色相が異なっていても色のイメージが共通していると考えます．PCCSのトーンは，有彩色で11，無彩色で5，合計16で構成されています（図4.61）．

　色の表記は，有彩色は"トーン略号・色相番号"，無彩色は"トーン略号・明度"です．明るい赤b2，灰色"Gy 5.5"のようになります．

トーン（tone）

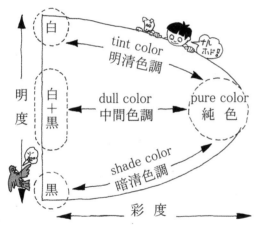

図4.61 PCCS 表色系の構成

4.8.4 色彩の知覚と効果

　色彩は色を感じるだけではなく，色以外の感覚と結びついて，様々な効果をもたらします．その効果は，生理的な効果から心理的な効果まで広い範囲に及んでいます．

(1) 物理的感覚

　物理的感覚として温度感があり，様々な感覚の基となっています．温度感は色相の影響を強く受けます．図4.62に示すように，RP〜Yの色相で暖かさ，G〜PBの色相で寒さの感覚を生じます．それぞれ

図 4.62　色相環でみる温度感：暖色と寒色

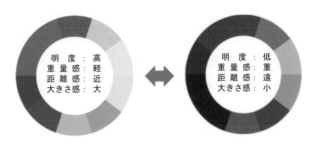

図 4.63　色相環でみる重量感・距離感・大きさ感

　の暖色，寒色と呼ばれます．それぞれの中間となる P ,GY は中性色です．

　色相に加えて明度の影響を強く受ける物理的感覚に重量感があります．明度が低いときに重さを，高いときに軽さを感じやすいというものです．同様に距離感や大きさ感も生じます．暖色で高明度の色は進出色，膨張色です．寒色で低明度の色は後退色，収縮色です（図4.63）．

(2) 面積効果

　建築のように大きな面積の色彩に重要な効果として面積効果があります．先に記したように，微小な彩色面積では明暗のみしか感じることが出来ません．視角2°程度の対象物から色彩感を生じる様になります．彩色面積が増大していくにつれて，彩度と明度が高くなって感じられる様になります．こうした視対象の大きさによる効果を面積効果と言います．

　色見本と実空間の彩色面積には大きな違いがあります．色見本よりも明るく鮮やかな色彩になることを頭に置いておく必要があります．建築現場では，実物建材を用いた配色検討がされていることがあります．現地で大きな面積で見ることにより，面積効果を含めた検討ができます．日射の影響や周辺との調和も見ることができます．逆に竣工後の建物の**色彩調査**を行う場合には，同定のための色票と等面積の窓

面積効果（area effect）

色票（color chip）
　色票を用いた色彩調査

（浦安市景観計画）

を通してみることで，面積効果のない調査を行うことができます．

（3）知覚効果

知覚効果として，対比／同化，視認性，誘目性が挙げられます．特に対比効果は重要です．2つの色彩が相互に影響することで，違いが強調される現象です．隣接した色彩が誘導され違いが抑制される現象は同化 といいます．建築の色彩計画では，色彩の三属性ごとの対比，および，補色対比がよく用いられます（図4.64）．

視認性は，注視する視対象の見えやすさのことです．建築では，視対象となるスイッチや手すりなどの部材の色彩と，背景となる壁面などの色彩との間，あるいはサイン表示などの文字や模様の色彩と，地の色彩との間のように，色彩の組合せ間で対比が大きい場合に視認性が向上します．

誘目性は注視方向にかかわらず，視線を誘導し易いかということです．彩度が高い鮮やかな色彩は誘目性が高いことが知られています．また，相では赤や青，周辺視の場合の黄も誘目性が高い色彩です．

色相対比
地の色彩の反対色が誘導されることで，模様の同じ色彩が，左側は赤み，右側は黄みを強く感じます．

補色対比
地と模様の色相が補色関係にあるとき，模様の彩度が高く感じられます．左側の模様の方が鮮やかに見えます．

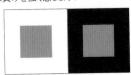

補色対比
地と模様の色相が補色関係にあるとき，模様の彩度が高く感じられます．左側の模様の方が鮮やかに見えます．

補色対比と彩度対比の活用例
左の建物は，赤レンガ色の外壁に緑色の横材を配色することで，メリハリのあるファサードを構成しています．
右の建物は，同色相で彩度の異なる配色です．トップの色彩の彩度が抑えられ，彩度の違いが強調されて見えます．
（福岡県博多市，著者撮影）

彩度対比
地の色彩の彩度と逆の彩度を感じます．模様の同じ色彩が，左側は彩度が低く，右側は彩度が高く見えます．

図4.64　色相・明度・彩度・補の各対比効果

（4）主観的効果

色彩には主観的効果があることにも留意して，色彩計画を進めていきたいものです．色彩によって抽象的な感情や印象が引き起こされたり，具体的な事物や抽象的な概念が連想されたりすることがあります．

前者を色彩感情，後者を色彩連想といいます．

いずれも文化的背景や個人の経験や知識などの個別の要因に影響されることが多い色彩効果です．私達は赤から太陽を連想しますが，西欧では黄から太陽を連想します．楽しい思い出や危険を感じた思い出などと結びついた色彩がある人も多いでしょう．こうした中にも，多くの人に共通する色彩感情や色彩連想があります．

4.8.2 節の欄外で引用した JIS の安全色は，一般に共通する色彩連想に基づいて設定されています．

色彩感情は，物理的感覚との関連が高くなります．色彩感情を被験者実験により分析した事例を表 4.10 に引用します．

表 4.10 色彩感情の例（単色）

心理的次元		評 価 (evaluation)	活 動 (activity)	勢 力 (potency)
関係の深い尺度		好きな——きらいな 美しい——きたない 自然な——不自然な	動的な——静的な 暖かい——冷たい 派手な——地味な 陽気な——陰気な 不安な——安定した 明るい——暗い	強い——弱い くどい——あっさり 硬い——柔らかい 重い——軽い
色彩の三属性との関連	色相	緑・青⟷紫・赤	赤（暖色）⟷青（寒色）	あまり関係なし
	明度	大 ⟷ 小	大 ⟷ 小	小 ⟷ 大
	彩度	大 ⟷ 小	大 ⟷ 小	あまり関係なし

（松崎邦男他：エース建築環境工学 I，p 73, 朝倉書店，2001.）

表 4.11 色彩連想の事例（具体的連想）

年・性 / 色	小学生（男）	同 左（女）	青 年（男）	同 左（女）
白	雪，白 紙	雪，白 兎	雪，白 雲	雪，砂 糖
灰	鼠，灰	鼠，曇 空	灰，コンクリート	曇 空，冬 空
黒	炭，夜	毛 髪，炭	夜，洋 傘	墨，スーツ
赤	りんご，太 陽	チューリップ，洋服	赤 旗，血	口 紅，赤 靴
橙	みかん，柿	みかん，人 参	オレンジ，ジュース	みかん，煉 瓦
茶	土，木の幹	土，チョコレート	鞄，土	栗，靴
黄	バナナ，ひまわり	菜の花，たんぽぽ	月，ひよこ	レモン，月
黄緑	草，竹	草，葉	若 草，春	若 葉，着物裏
緑	木の葉，山	草，芝	木の葉，蚊 帳	草，セーター
青	空，海	空，水	海，秋 空	海，湖
紫	ぶどう，すみれ	ぶどう，桔 梗	はかま，訪問着	茄 子，藤

（乾正雄：建築の色彩設計，p.71, 鹿島出版会，1976.）

表 4.12 色彩連想の事例（抽象的連想）

年・性 / 色	青 年（男）	同 左（女）	老 年（男）	同 左（女）
白	清 潔，神 聖	清 楚，純 潔	潔 白，純 真	潔 白，神 秘
灰	陰 気，絶 望	陰 気，憂 欝	荒 廃，平 凡	沈 黙，死 滅
黒	死 滅，剛 健	悲 哀，堅 実	生 命，厳 粛	陰 気，冷 淡
赤	情 熱，革 命	情 熱，危 険	熱 烈，卑 俗	熱 烈，幼 稚
橙	焦 燥，可 憐	下 品，温 情	甘 美，明 朗	歓 喜，華 美
茶	渋 味，古 風	渋 味，沈 静	渋 味，堅 実	古 風，素 朴
黄	明 快，潑 剌	明 快，希 望	光 明，明 快	光 明，明 朗
黄緑	青 春，平 和	青 春，新 鮮	新 鮮，躍 動	新 鮮，希 望
緑	永 遠，新 鮮	平 和，理 想	深 遠，平 和	希 望，公 平
青	無 限，理 想	永 遠，理 智	冷 淡，薄 情	平 静，悠 久
紫	高 貴，古 風	優 雅，高 貴	古 風，優 美	高 貴，消 極

（乾正雄：建築の色彩設計，p.71, 鹿島出版会，1976）

色彩連想は，経験や記憶により色から連想される具体的事物と抽象的事象があります．小学生と青年の男女別に色彩連想を調査した事例を表 4.11，表 4.12 に引用します．

4.8.5　色彩計画

建築の色彩計画を進めるときには，"形－材料－色彩"のヒエラルキーを 優先することが大切です．前項の色彩感情の事例では，緑色が安全を連想するとしていますが，安全な建物として緑色の外壁や屋根は適切な配色にはならないでしょう．また，木材の床を緑に塗装しても，材料本来の色彩との乖離によって違和感を生じる人が少なくないでしょう．建築特有の色彩計画として，大面積を占める背景となる色彩，包む色彩であること，建築材料本来の色彩があることをベースとして配色を検討すると良いでしょう．

(1) 色彩調和

複数の色彩を調和させることも大切です．無数の組合せが考えられますが，多くの人が調和を感じる組合せには一定の法則があることが知られています．

色彩調和論はギリシャからの伝統を持つ理論で，たくさんの調和論が提案されています．近代の代表的な調和論にムーンとスペンサーが1944 年に発表したものがあります．マンセル表色系を利用して，調和する色彩の三属性を提示しています．ドイツの化学者オストワルトは，1923 年に独自の表色系を発表し，同時にその表色系を利用した調和論も提案しています．**ジャッド**は，1950 年に様々な調和論を総括することで，合理的な調和論を構築しています．ジャッドが示した調和の 4 つの原理を引用します．

> ジャッド
> Deane Brewster Judd (米 1900-1972) 物理学者

①　秩序の原理：色立体の中で規則的に選ばれた色は調和する．
②　親しみやすさの原理：見慣れた色彩は調和する．
③　共通性の原理：何らかの共通性を持つ色彩は調和する．
④　明白性の原理：色彩の相違が明確な配色は調和する．

(2) 色彩調節

色彩調和論が美的価値に主眼を置いていることに対して，機能的価値を活かそうとするものが色彩調節の手法です．第二次世界大戦後アメリカで普及しました．戦争により生産に携わる人員不足が深刻になったとき，経験の浅い労働者の生産効率の向上や安全性の確保に色彩を活用として誕生しました．色彩の生理的・心理的効果を利用して，色彩を生かしたデザインを行うものです．

　日本にも戦後に伝わり，1950年代にブームとなりました．ブームが終わると，1960年代以降色彩調節という言葉はほとんど使われなくなりましたが，その考え方は現在も残り活用されています．先に一部を取りあげたJISの安全色は，色彩連想と共に色彩調節の代表例です．室用途や衛生レベルを居住者に確実に伝えるために色彩ゾーニングが行われることがありますが，これも色彩調節の事例です．内装材の反射率を調節し，照明の効率を向上させようとする配色計画も色彩調節に区分できるでしょう．

演 習 問 題

【問題4.1】

　測光量と放射量の関係について，次の問いに答えなさい．

(1)　太陽光の放射束と光束の関係を簡潔に説明しなさい．

(2)　また，両者の単位を示しなさい．

【問題4.2】

　美術館の彫塑展示室と事務室の照明計画を担当することになった．以下の問いに答えなさい．

(1)　事務室では，机上作業に適した水平面照度を得られるように，照明器具を選定し，その配置を考えた．次に検討するのはグレアの防止である．さて，グレアとはどのような現象で，それを防ぐにはどうすればよいか，簡潔に説明しなさい．

(2)　彫塑展示室では事務室で考慮した事項に加えて，立体作品の鑑賞に適した光環境を考える必要がある．考慮すべき事項を挙げ，その評価に用いるべき指標を含めて説明しなさい．

【問題4.3】

　下図に示す点光源Oに照らされた点Aについて，次の(1)〜(3)の問いに答えなさい．但し，点光源Oからの点A方向への光度Iは800[cd]，点Aは均等拡散面上にあり，この平面の反射率ρは40[%]とする．なお，周囲からの反射は考慮しないものとする．

(1)　点Aの水平面照度Eを求めなさい．

(2)　点Aからの光束発散度Mを求めなさい．

(3)　点Aからの輝度Lを求めなさい．

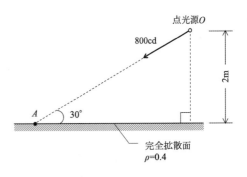

【問題4.4】

　工場の色彩計画をマンセル表色系を使って行うことになった．以下の問いに答えなさい．

(1) まず，マンセル表色系の骨子を簡潔に説明しなさい.

(2) 次に，色彩調和と色彩調節の違いを示した上で，動線の明確化や安全性の確保などに効果があると考えられる色彩調節の手法を整理し，その中身を説明しなさい.

【問題 4.5】

建築の照明・色彩計画に関する(1)〜(5)の事項について (a) 〜 (e)，および(ア)〜(オ)の関連項目の最も適当な組合せを作りなさい.

なお，解答(1)− (a) −(ア)のように記述しなさい.

(1) 面積効果	(a) 明視性の低下	(ア)タスク・アンビエント照明
(2) 明・暗順応	(b) 光源の光度分布	(イ)半間接照明器具
(3) グレア	(c) 視感度の変化	(ウ)色見本
(4) 演色性	(d) 見かけの鮮やかさの変化	(エ)黒体放射
(5) 配光特性	(e) 光源の分光分布	(オ)光幕反射

二級建築士の試験問題に挑戦してみましょう！

【問題 4.6】 二級建築士試験 2019 学科Ⅰ(建築計画) の問題を引用.

照明計画に関する次の記述のうち，最も不適当なものはどれか.

1 点光源による直接照度は，光源からの距離の 2 乗に反比例する.

2 照明器具の初期照度補正制御を行うことは，明るさを一定に保つ効果はあるが，省エネルギー効果は低い.

3 照明率は，器具の配光や内装材の反射率が同じ場合，室指数が大きいほど高くなる.

4 昼光利用制御は，室内に入る自然光を利用して，照明器具の調光を行うものである.

5 給湯室に人感センサーと連動させた照明器具を採用することは，省エネルギー効果が期待できる.

【問題 4.7】 二級建築士試験 2019 学科Ⅰ(建築計画) の問題を引用.

色彩に関する次の記述のうち，最も不適当なものはどれか.

1 マンセル表色系における明度は，物体表面の反射率の高低を表しており，明度 5 の反射率は約 50 ％である.

2 床や壁などの色彩計画において，一般に，小さいカラーサンプルよりも実際に施工された大きな面のほうが，明度・彩度ともに高く見える.

3 マンセル表色系においては，有彩色を 5R4/14 のように表現し，5R が色相，4 が明度，14 が彩度を示している.

4 各色相のうちで最も彩度の高い色を，一般に，純色といい，純色の彩度は色相や明度によって異なる.

5 光の色の三原色は赤，緑，青であり，物体表面の色の三原色はシアン，マゼンタ，イエローである.

【問題 4.8】 二級建築士試験 2018 学科 I (建築計画) の問題を引用.

採光・照明などに関する次の記述のうち, 最も不適当なものはどれか.

1　反射グレアは, 視対象そのものや視対象の方向のショーウィンドウなど に, 輝度の高い部分が正反射して生じるグレアである.

2　一つの側窓を有する室内のある点における昼光率は, 一般に, 窓からの距離が遠くなるほど低くなる.

3　事務室において, 細かい視作業を伴う事務作業の作業面に必要な照度は, 一般に, 1,000 lx 程度とされている.

4　光の色温度は, その光色の色度に近似する色度の光を放つ黒体の絶対温度で表される.

5　冬期における北向きの側窓によって得られる室内の照度は, 一般に, 薄曇りの時より晴天時のほうが高い.

【問題 4.9】 二級建築士試験 2018 学科 I (建築計画) の問題を引用.

照明に関する次の記述のうち, 最も不適当なものはどれか.

1　照明率は, 光源から出た全光束のうち, 作業面に到達する光束の割合である.

2　保守率は, 時間の経過に伴う照度低下の補正係数である.

3　室指数は, 対象の室の光源の高さにかかわらず, その室の間口と奥行から求められる.

4　配光は, 光源の各方向に対する光度の分布である.

5　演色性は, 物体色の見え方に変化を起こす光源の性質である.

一級建築士の試験問題にも挑戦してみましょう！！

【問題 4.10】 一級建築士試験 2019 学科 II(環境・設備) の問題を引用.

照明設備に関する次の記述のうち, 最も不適当なものはどれか.

1　病院の手術室及び診察室の照明設備において, 事務室に使用する光源に比べて演色性の低い光源を使用した.

2　住宅のリビングの間接照明において, 熱放射が少なく, ランプ交換など のメンテナンス頻度が少ない LED ランプを使用した.

3　事務室の照明計画において, ランプのサイズが小さく高輝度の LED ランプを使用するに当たり, グレアに配慮して, 光源が直接目に入らない ようにした.

4　事務室の照明計画において, ブラインドの自動制御により昼光を利用 し, かつ, 照度センサーを用いた照明の制御も併せて行うことにより, 消費電力が少なくなるようにした.

【問題 4.11】 一級建築士試験 2019 学科 II(環境・設備) の問題を引用.

色彩に関する次の記述のうち, 最も不適当なものはどれか.

1　減法混色の三原色は, 一般に, シアン, マゼンタ及びイエローである.

2　同化現象は，囲まれた色や挟まれた色が周囲の色に近づいて見えることをいう．

3　JIS の物体色の色名における有彩色の系統色名は，基本色名に「明度に関する修飾語」，「彩度に関する修飾語」及び「色相に関する修飾語」の 3 種類の語を付記して色を表示する．

4　照度と色温度の関係において，一般に，低照度では色温度の低い光色が好まれ，高照度では色温度の高い光色が好まれる．

この分野をさらに深く学ぶためのお薦めの図書

『建築計画講座 照明と視環境』乾正雄 著，理工図書，1978

　光環境・環境心理の第一人者である著者による．建築設計につながる照明と視環境が基礎から応用まで詳細に記述されています．現在は廃版となっていますが，是非通読していただきたい図書です．

『光と色の環境デザイン』日本建築学会編，オーム社，2001

　建築設計やインテリアデザインにおいて，光や色がどのように使われているのか，そのデザインプロセスがどのようになっているかを概観することができます．

『昼光照明デザインガイド 自然光を楽しむ建築のために』日本建築学会編，技報堂出版，2007

　昼光照明を基礎から記述すると共に，設計資料として利用できる豊富な内容となっています．

『デザインの色彩』中田満雄，北畠耀，細野尚志著，日本色研事業，1983

　正確な色票が貼付されています．PCCS 表色系や配色に関する記述が詳細です．

『夜は暗くてはいけないか』乾正雄著，朝日選書，1998

　「明るい」ことは本当によいことだろうか？現代の建築照明を考え直すきっかけとなります．建築環境心理学の第一人者が提唱する暗さの再評価論．『陰翳礼賛』（谷崎潤一郎）なども合わせて読みたくなる良著です．

『建築照明の作法 照明デザインを語る 10 の思想と 27 の作法』面出薫著，TOTO 建築叢書，2015

　日本を代表する照明デザイナーである著者が照明デザインを論じています．参画した建築プロジェクトの事例をもとに具体的なデザイン手法が語られています．

"By the rules of mathematics and the method of music, they sought to make the voices from the stage rise more clearly and sweetly to the spectators' ears."
Marcus Vitruvius Pollio

「彼らは，数学の法則と音楽の理論によって，舞台からの声をよりはっきりとそしてより美しく観客の耳に届けようとしたのです」

マルクス・ウィトルウィウス・ポッリオ

これは，古代ローマの建築家ウィトルウィウスが，紀元前1世紀頃に著した *De architectura*（『建築について』）の中で，それ以前の建築家の音響に対する取り組みについて記した一文です．このように，はるか昔から，私達人類は建築空間での音の響きに関心を寄せ，それをより良くするための工夫を行ってきたのです．

■なぜ建築学で音について学ぶのでしょうか.

「音」はとても身近な存在です. 日々の生活の場となる建築空間の中でも, 私達は様々な音を発し, 様々な音を聞いていることでしょう. 建築空間内で発生した音を聞く場合, 音源から直接耳に届く音だけでなく, その空間の音響的特性の影響を受けた音, さらに外部空間からの音を合わせて聞くことになります.

例えば, 教室での授業で先生の話を聞く, あるいはカフェで友人と会話をするといった場合に, その空間の音響的性能が悪く, 話し声が聞こえづらかったとしたらどうでしょうか？話を聞く立場からすると, 話の内容が理解しにくくなりますし, 話をする立場からすればその内容が相手に伝わりにくくなります. また, 集中して何かに取り組みたいときや眠りたいときに, 邪魔な音が大きく聞こえてくるとしたらどうでしょうか？作業がはかどらないことやなかなか寝付けないことでストレスを感じることでしょう. いずれの場合も, 音環境としては決して望ましくありません. 音環境が良好ではない空間では, 活動の質や健康が阻害されてしまうのです.

では, 良好な音環境を持つ建築空間を創るにはどうすればよいのでしょうか？それには大きく分けて2つの方針があります. 1つは, 室内に侵入する外部の不必要な音（騒音）を減らすことを目指すもので, これに関する分野を「騒音制御」と呼びます. もうひとつは, 空間の使用目的にあった音の響きを実現することを目指すもので, これに関する分野を「室内音響」と呼びます. 講義や講演に使用される空間であれば話

騒音制御（noise control）

室内音響
（room acoustics）

図 5.1　建築空間における騒音の様子

し声が聞き取りやすいように，コンサートに使用される空間であれば音楽が美しく聞こえるように音の響きを調整します．これら「騒音制御」と「室内音響」はどちらも欠かせないもので，両方を適切に空間に施すことが大切なのです．

　この章では，まず第1節で音の基本的性質について説明します．そして第2節で聴覚について解説し，第3節で騒音制御，第4節で室内音響を取り扱います．

5.1　音の基本的性質

5.1.1　音の伝わり方

（1）音源と媒質

音源 (sound source)

媒質 (medium)

　物体の振動が物質を伝わり，最終的に耳に到達することで音が聞こえます．音として聞こえる振動の発生源を**音源**といい，その振動を伝える物質を**媒質**といいます．例えば，室内で相手と会話をしている場合，両者の間にある空気が媒質の役割を果たしています．また，媒質は空気に限るわけではなく，固体，液体，気体のいずれも媒質となります．

（2）音波の伝搬

音波
(acoustic wave, sound wave)

　音源の振動が媒質を伝搬するということについてもう少し詳しく考えてみましょう．音源が発生させる振動は，その近傍にある媒質の一部分の圧力を繰り返し変化させ，その圧力変動が媒質内の他の部分，また他の部分へと次々に伝わっていくということになります．このように，ある変化が次々と周囲に広がっていく現象を波動（または波）ということから，音源から発せられ媒質内を伝わっていく圧力変動を**音波**といいます．

真空中での音波の伝搬
　真空中では媒質が存在しないため，音波は伝搬しません．

（3）　縦波と横波

縦波 (longitudinal wave)

横波 (transverse wave)

地震での波
　地震が発生すると，震源の振動は媒質（地球）が固体であるため，縦波（いわゆるP波）と横波（いわゆるS波）の両方で伝搬します．

　音波は媒質内をどのように伝搬するのでしょうか？波の進行方向と同じ方向に媒質の粒子が振動する場合を**縦波**（疎密波）といい，進行方向に対して垂直な方向に媒質の粒子が振動する場合を**横波**といいます．波は，媒質が気体の場合には縦波として伝搬しますが，媒質が固体の場合には，縦波に加えて横波としても伝搬します．

　縦波と横波の伝わり方を見てみましょう．図5.2の上段はある媒質の粒子が一列に並んで平衡状態を保っている様子を表しています．図の中段は縦波のある瞬間での粒子の振動の様子を示しています．縦波の場合は，左端の粒子が進行方向に対して平衡点を基準に前後方向に振動し，その動きが順々に隣の粒子へと伝わり，それぞれの粒子も前

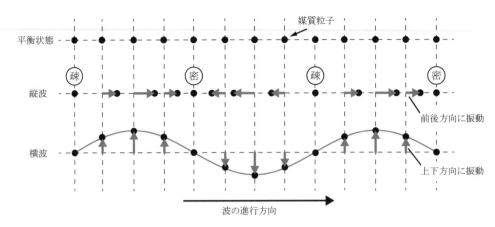

媒質粒子

平衡状態

疎　密　疎　密

縦波

前後方向に振動

横波

上下方向に振動

波の進行方向

図5.2 縦波と横波における媒質粒子の振動の様子

後方向に振動します．一方，横波の場合は，左端の粒子が平衡点を基準に上下方向へ振動し，その動きが順々に隣の粒子へと伝わっていきます．図の下段は横波のある瞬間での粒子の振動の様子を示しています．横波の場合には，各粒子を曲線で結ぶと粒子の変位の様子が波の形として見えてきます．しかし，縦波の場合には，そのままでは粒子の変位の様子が分かりにくいので，各粒子の変位を反時計回りの90度回転させます．すると，縦波の粒子の変位の様子も横波と同じように図示できます．

　また，縦波は媒質内に粒子同士が離れている部分（疎な部分）と粒子が集まっている部分（密な部分）とが繰り返しできるため**疎密波**とも呼ばれます．

疎密波
(compression wave)

5.1.2　音波の基本的特徴量

（1）音圧

　媒質内の粒子が振動する様子は，媒質内の圧力の変動としてとらえることができます．縦波を例にすると，疎な部分では圧力が平衡状態（つまり大気圧）より少し低く，密な部分では圧力が大気圧より少し高くなっています．このように，音波を圧力変動としてとらえ，大気圧からの差分として表したものを**音圧**pといい，単位は**パスカル**[Pa]を用います．

音圧（sound pressure）

パスカル（pascal）
　圧力の単位で，$1\,\mathrm{m^2}$当たりに1Nの力が作用する圧力と定義されています．
　パスカルの原理で有名なブレーズ・パスカル(Blaise Pascal)に因んで名付けられています．

（2）音速

　音波が伝わる速度を**音速**cといいますが，音速は媒質によって変化します．媒質が空気の場合の音速は次式で近似されます．

$$c \approx 331.5 + 0.6\,t_\mathrm{a} \tag{式5.1}$$

c：音速 [m/s]

t_a：気温　[℃]

音速
(sound velocity, speed of sound)
　実際の音速は，日常生活での気温の範囲では式5.1から求まる値と近くなりますが，それを超える気温では違いが大きくなります．

従って，気温が 15 ℃のときに音速は 340 m/s となり，気温が高い
ほど音速が速くなります．

また，媒質内の各粒子の振動速度を v [m/s] とすると，音圧と音速
には以下の関係があります．

$$p = \rho cv \qquad\qquad (式5.2)$$

p：音圧 [Pa]

ρ：媒質の密度 [kg/m^3]

c：音速 [m/s]

v：媒質内の各粒子の振動速度 [m/s]

(3) 波長と周波数

図 5.3 は，ある時間（ある瞬間）における音波の様子を，横軸を進
行方向の空間的位置として表したものです．波形の繰り返し 1 つ分の
長さのことを**波長** λ [m] といいました．つまり，波の山から次の山
あるいは谷から次の谷までの距離のことです．次にある空間的位置に
おける音波の様子を，横軸を経過時間として表したものを図 5.4 に示
します．このとき 1 秒間当たりの波形の繰り返し回数を**周波数** f とい
い，単位はヘルツ [Hz] を用います．図の例では波形が 1 秒間に 2 回
繰り返していますので周波数は 2 Hz となります．

また，音波の 1 秒当たりの進行距離である音速 c は以下で表すこ
とができます．

$$c = f\lambda \qquad\qquad (式5.3)$$

c：音速 [m/s]

f：周波数 [Hz]

λ：波長 [m]

そのため，周波数が高いときには波長は短い，周波数が低いときに
は波長は長いという関係にあります．

波長（wavelength）

周波数（frequency）

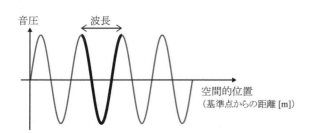

図 5.3　ある瞬間での音波の様子

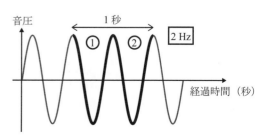

図 5.4　ある位置での音波の様子

(4) 屈折と回折

　空気中を進行してきた音波が壁に当たると，音波の一部は壁の表面で反射し，残りは進む方向を少し変えて壁の内部を進行します．このように波が異なる媒質を伝わる際に進行方向を変えることを屈折といいます．その際の入射角 θ_1 と屈折角 θ_2 との関係は（式5.4）に従います．

$$\frac{\sin \theta_1}{\sin \theta_2} = \frac{c_1}{c_2} \qquad\qquad (式5.4)$$

c_1, c_2：それぞれの媒質における音速

スネルの法則
　屈折における入射角 θ_1 と屈折角 θ_2 の間の関係性を示した法則（式5.4）

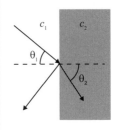

　夏の昼間のように，地表近くの気温が高く，上空の気温が低いと，地表近くで発生した音波は，気温の異なる空気層で**屈折**を繰り返しながら上空に向かって進行することになります（図5.5左）．一方，冬の夜に，放射冷却が起こり，地表近くの気温が低く，上空の気温が高いような場合には，地表近くで発生した音波は，地表に向かって進行することになります（図5.5右）．冬の夜に，遠くで発生した音が聞こえやすくなるのは，周囲が静かになるとともに屈折が原因です．

屈折（refraction）
　窓を夏は開けて，冬は閉めていることが多いため，夏の方が遠くの音がよく聞こえると考えている人が多いと思います．冬の夜に寒くても屋外に出て耳を澄ますと，夏には聞こえなかった遠くの音を聞くことができるでしょう．遠くのお寺で鳴らされた除夜の鐘の音が聞こえるかもしれませんよ．

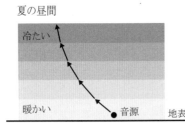

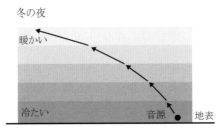

図5.5　音波の回折

　また，音波は進行方向に障害物があると，その障害物の背後に回り込むことがあり，この現象を**回折**といいます．たとえ塀の向こうにある音源が見えなくても，その音が聞こえるのはそのためです．また，波長が長い（周波数が低い）音波の方が回折を起こしやすくなります．

回折（diffraction）

図5.6　音波の回折

5.1.3　音の強さ

（1）音の強さ

　音波の進行方向に垂直な面の単位面積を単位時間に通過する音響エネルギーを**音の強さ**または**音響インテンシティ** I といい，単位は $[\mathrm{W/m^2}]$ で表されます．音波が最も基本的な**正弦波**である場合，ある空間的位置における，周波数が $f[\mathrm{Hz}]$ での音圧の時間的変動は以下で表されます．

$$p(t)=A\,\sin\,(2\pi ft+\phi) \qquad\qquad （式5.5）$$

　　$p(t)$：ある時刻 t における音圧 $[\mathrm{Pa}]$

　　A：振幅（最大音圧）$[\mathrm{Pa}]$

　　f：周波数 $[\mathrm{Hz}]$

　　t：時間 $[\mathrm{s}]$

　　ϕ：初期位相 $(0\sim 2\pi)$ $[\mathrm{rad}]$

　（式5.5）は，ある正弦波の変動する音圧の各瞬間の値（瞬時値）を表していて，その変化（初期位相 $\phi=0$）を横軸を時間として示したものが図5.7です．

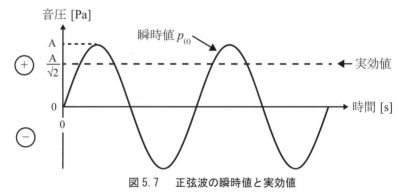

図5.7　正弦波の瞬時値と実効値

　この波をある時間的まとまりで考えて音圧の量的大小を表現しようとした場合，瞬時値では選択する時間によって大きさが変わってしまいます．また，ある一定時間内で音圧を平均すると，どのような波でもその値は0となってしまいます．そこで，ある時間的まとまりにおいて音圧の量的大小を代表する値として，以下の式で表される**実効値** p_{RMS} が用いられます．

$$p_{\mathrm{RMS}}=\sqrt{\frac{1}{T}\int_0^t p(t)^2 dt}=\frac{A}{\sqrt{2}} \qquad\qquad （式5.6）$$

音の強さ，音響インテンシティ
（sound intensity）

正弦波（sine wave）
　なめらかな周期的な曲線で描かれる波形．単一の周波数成分を持ちます．サイン波とも呼ばれます．

位相（phase）
　周期的変化において，一周期のうちのどの位置かを示す量．一般的に角度で表し，0から360°または0から 2π radで与えられます．一周期は360°または 2π radに相当します．周期的変化の原点（式5.5では時刻 $t=0$）での位相を初期位相といいます．

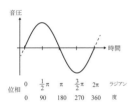

実効値（root mean square value）
　瞬時音圧を2乗して時間的に平均したものの平方根．RMS値とも呼ばれます．音圧だけでなく，交流電源の電圧や電流など正負が周期的に変化する他の信号でも大きさを表す量として使用されます．

また粒子速度についても同様に表すことができます．今後は，特に断りがない限り，音圧および粒子速度は実効値を示すこととし，記号の添え字 (RMS) も明記しません．

ここで，音波の進行方向に垂直な面を考え，音波の音圧（実効値）が p で，音波の進行方向にその面が粒子速度（実効値）v で運動したとすると，音の強さ I は両者の積で表され，（式5.2）と合わせると，（式5.7）が成り立ちます．

$$I = pv = \frac{p^2}{\rho c} \qquad (式5.7)$$

I：音の強さ [W/m²]

p：音圧（実効値）[Pa]

v：粒子速度（実効値）[m/s]

ρ：媒質の密度 [kg/m³]

c：音速 [m/s]

このように音の強さは，音圧の2乗に比例することが分かります．

(2) 音響エネルギー密度

単位体積当たりに存在する音響エネルギーを，**音響エネルギー密度** E といい，単位は [J/m³] を用います．音波が単位面積（1 m²）を単位時間（1 s）に通過した音響エネルギーが音の強さ I でしたが，音速を c [m/s] とすると，そのとき音波は c [m] 進んでいますので，音が存在する体積は c [m³] となります．従って，音響エネルギー密度と音の強さの間には（式5.8）の関係が成り立ちます．

$$E = \frac{I}{c} \qquad (式5.8)$$

(3) 音響出力（音響パワー）

音源から発せられる単位時間あたりの音響エネルギーを音響出力（**音響パワー**）W といい，単位は [W] を使用します．

5.1.4 レベルとその合成

(1) レベル表現

人間が聞くことが可能な音波の音の強さの範囲は $10^{-12} \sim 1$ W/m² 程度であり，音の強さがこの範囲以下だと音の感覚は生まれず，この範囲以上だと耳に痛みが生じます．また，この範囲を音圧で示すと $2 \times$

音響エネルギー密度
(sound energy density)

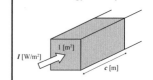

音響出力，音響パワー
(sound power)

　音圧は空間のある点における音響的特徴を表しますが，音響出力は音源の音響的特徴を示します．

$10^{-5} \sim 20\,\mathrm{Pa}$ となります. このように, 聞くことが可能な音波の音圧や音の強さなどの物理量の範囲は非常に広いので, そのまま使用しようとすると桁数が非常に多くなり, 取り扱いが不便です. さらに, 音の大きさの感覚についても, おおむねウェバー・フェヒナーの法則が当てはまり, 物理量の対数をとったものに比例します. これら2つの理由から, 基準物理量との比の対数をとった**レベル**と呼ばれる表現を使用します. さらに実用上使用しやすいように10倍した以下の式で表現するのが一般的で, 単位には**デシベル** [dB] を使用します.

$$L = 10\,\log_{10}\frac{Q}{Q_0} \qquad\qquad (式5.9)$$

L：レベル [dB]

Q：レベル化する物理量

Q_0：その量の基準量

(2) 音の強さのレベル

音の強さを I とすると, そのときの**音の強さのレベル（音響インテンシティレベル）** L_I は以下の式で表されます.

$$L_I = 10\,\log_{10}\frac{I}{I_0} \qquad\qquad (式5.10)$$

L_I：音の強さのレベル（音響インテンシティレベル）[dB]

I：音の強さ（音響インテンシティ）[W/m^2]

I_0：音の強さ（音響インテンシティ）の基準量 $(= 10^{-12}\,[\mathrm{W/m^2}])$

この基準量 I_0 の値は, 人間が聞くことができる最小の音の強さに相当するので, 音の強さ I が I_0 に等しい, つまり聞くことができる下限の音の強さのレベルは 0 dB となります.

(3) 音圧レベル

（式5.7）が示すように, 音の強さは音圧の2乗量に比例しますので, 音圧の2乗量についてのレベル表現が用いられます. 音圧を p とし, そのときの音圧レベル L_p は（式5.11）で表されます.

$$L_p = 10\,\log_{10}\frac{p^2}{p_0^2} = 20\log_{10}\frac{p}{p_0} \qquad\qquad (式5.11)$$

L_p：音圧レベル [dB]

p：音圧 [Pa]

レベル（level）と**デシベル**（decibel）

ある基準量との比の対数で表した量. 対数の底に10をとった場合の単位をベル[B] といいます. しかし, 多くの分野では, その1/10を示す単位のデシベル[dB]が使用されています. ベルの単位は電話を発明したことでも知られるアレクサンダー・グラハム・ベル(Alexander Graham Bell)の名前に由来します.

音の強さのレベル, 音響インテンシティレベル（sound intensity level）

音圧レベル（sound pressure level）

音圧と音圧レベルの対応とその音の大きさの例を以下に示します. レベル化することで扱いやすい数値となっています.

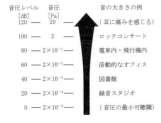

音圧レベル [dB]	音圧 [Pa]	音の大きさの例
120	20	（耳に痛みを感じる）
100	2	ロックコンサート
80	2×10^{-1}	電車内・飛行機内
60	2×10^{-2}	活動的なオフィス
40	2×10^{-3}	図書館
20	2×10^{-4}	録音スタジオ
0	2×10^{-5}	（音圧の最小可聴閾）

（日本建築学会編：建築環境工学用教材 環境編, p. 20, 丸善, 2011）

p_0：音圧の基準量 $(= 2 \times 10^{-5} [\text{Pa}])$

　基準量 p_0 は聞くことが出来る最小の音圧に相当します．一般的に音の強さのレベル L_I と音圧レベル L_p の値はほぼ同一となるため，両者の値は等しいものとして取り扱われます．

【例題 5.1】

　音圧が 2×10^{-1} Pa の音の音圧レベルを求めてみましょう．

【解　答】

　（式5.11）を用います．音圧 p に 2×10^{-1} を代入します．また，p_0 には 2×10^{-5} を用いることになっていますのでこの値を代入すると，以下の式のように音圧レベルは 80 dB となります．

$$L_p = 20 \ \log_{10} \frac{2 \times 10^{-1}}{2 \times 10^{-5}} = 20 \ \log_{10} 10^4 = 80 \ [\text{dB}]$$

（4）音響エネルギー密度レベル

　音響エネルギー密度 E に対してもレベル表現が適用され，音響エネルギー密度レベル L_E は（式5.12）で表されます．

$$L_E = 10 \ \log_{10} \frac{E}{E_0} \tag{式5.12}$$

音響エネルギー密度レベル（sound energy density level）

L_E：音響エネルギー密度レベル [dB]

E：音響エネルギー $[\text{J/m}^3]$

E_0：音響エネルギーの基準量 $(= I_0 \ / \ c \ [\text{J/m}^3])$

（5）音響出力レベル（音響パワーレベル）

　音響出力（音響パワー）W のレベル表現である音響出力レベル（音響パワーレベル）L_W は（式5.13）で表されます．

$$L_W = 10 \ \log_{10} \frac{W}{W_0} \tag{式5.13}$$

音響出力レベル，音響パワーレベル（sound power level）

L_W：音響出力レベル（音響パワーレベル）[dB]

W：音響出力（音響パワー）[W]

W_0：音響出力（音響パワー）の基準量　$(= 10^{-12} [\text{W}])$

(6) レベルの合成

　ある地点に2つの別々の音源から音波が到達しているとします．この地点の音圧レベルは，それぞれの音源からの音圧レベルを足したものになるでしょうか？

　レベル化した値をそのまま使って足し算を行うことはできません．レベルの合成を行うには，まず対数をとる元の量について加算した後，その対数をとる必要があります．

　例えば，ある音源からの音波の音圧レベルが L_1 [dB] だったとします．その音圧を p_1 [Pa] とすると，（式5.11）から，L_1 は以下のように表せます．

$$L_1 = 10 \log_{10} \frac{p_1{}^2}{p_0{}^2}$$

ここから，

$$10^{\frac{L_1}{10}} = \frac{p_1{}^2}{p_0{}^2}$$

が成り立つため，音圧 p_1 の2乗量は以下で表されます．

$$p_1{}^2 = p_0{}^2 \times 10^{\frac{L_1}{10}}$$

　同様に，もうひとつの音源からの音波の音圧レベルが L_2 [dB] だったとすると，その音圧 p_2 [Pa] は以下で表せます．

$$p_2{}^2 = p_0{}^2 \times 10^{\frac{L_2}{10}}$$

　そこで，音圧レベル L_1 と L_2 が合成された音圧レベル L_{1+2} は（式5.14）から求めることができます．

$$L_{1+2} = 10 \log_{10}\left(\frac{p_1{}^2}{p_0{}^2} + \frac{p_2{}^2}{p_0{}^2}\right) = 10 \log_{10}\left(10^{\frac{L_1}{10}} + 10^{\frac{L_2}{10}}\right) \quad \text{(式5.14)}$$

　合成する音圧レベルの値同士がどのような関係にあっても上記の式で合成後の音圧レベルが求まりますが，次に合成する音圧レベル（あるいは音の強さのレベル）同士が等しい場合を考えてみましょう．例えば，音圧レベルが L の音源があり，その音源の数が n 倍（音の強さが n 倍）になった場合の音圧レベル (L') は，

$$L' = 10 \log_{10} \left(10^{\frac{L}{10}} \times n \right) = L + 10 \log_{10} n \qquad \text{(式5.15)}$$

となります.

　反対に，音源の数が $1/n$ 倍（音の強さが $1/n$ 倍）に減少する場合の音圧レベルは,

$$L' = 10 \log_{10} \left(10^{\frac{L}{10}} \times \frac{1}{n} \right) = L - 10 \log_{10} n \qquad \text{(式5.16)}$$

となります.

　このように，同じ音圧レベルを n 倍する場合には，元の音圧レベルに関わらず $10 \log_{10} n$ [dB] 増加することになりますし，$1/n$ 倍すると $10 \log_{10} n$ [dB] 低下することになります.

【例題5.2】

　ある1つの音源の音圧レベルが 60 dB だったとします．この音源を2つ同時に鳴らした時の音圧レベルと，4つ同時に鳴らした時の音圧レベルを求めてみましょう.

【解　答】

　(式5.15)を用います．L に 60 を代入します．音源が2つの場合は，音源の数が2倍になっているので n に 2 を代入します．ここで $\log_{10} 2 = 0.3$ とすると，音圧レベルは 63 dB となります.

　　$L' = 60 + 10 \log_{10} 2 = 60 + 10 \times 0.3 = 63$ [dB]

　同様に，音源の数が4つの場合は n に 4 を代入します．ここで $\log_{10} 4 = 0.6$ とすると，音圧レベルは 66 dB となります.

　　$L' = 60 + 10 \log_{10} 4 = 60 + 10 \times 0.6 = 66$ [dB]

【例題5.3】

　同じ2つの音源が同時に鳴っている時の音圧レベルが 53 dB であったときに，音源を1つにしたときの音圧レベルを求めてみましょう.

【解　答】

　（式5.16）を用います．L に53を代入します．音源が 1/2 倍になっているので n に2を代入すると 50 dB となります．

$$L' = 53 - 10 \log_{10} 2 = 53 - 10 \times 0.3 = 50 \,[\text{dB}]$$

（7）　距離減衰

　音源からの距離が離れるに従って音の聞こえが小さくなることは体験的に知っているでしょう．それでは音の強さとしてはどのくらい小さくなるのでしょうか．ここで，**点音源**とそれを囲む球面を考えてみます．この点音源の音響出力を W [W] とします．点音源から距離 r [m] 離れたの球面の表面

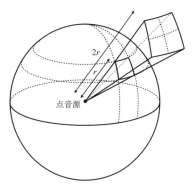

図5.8　点音源と距離減衰

積は $4\pi r^2$ [m^2] となりますので，その球面上での音の強さは（式5.17）になります．

$$I = \frac{W}{4\pi r^2} \tag{式5.17}$$

　これが示すように，音の強さは距離の2乗に反比例することが分かります．これを**逆二乗則**といいます．例えば，点音源からの距離が2倍になると，音の強さは 1/4 になります．

　常に車が連続して走行しているような交通量の多い直線道路は，**線音源**とみなすことができ，この場合には音の強さは距離に反比例します．そのため，点音源に比べて距離減衰しにくいことになります．

点音源

（point sound source）

　大きさが無視できるくらい小さく，全ての方向に音波を発する音源．

逆二乗則

（inverse square law）

　物理量の大きさが発生源からの距離の2乗に反比例して小さくなる法則．音の強さだけでなく，光の強さ（照度）など様々な物理現象においても成り立ちます．

線音源

（line sound source）

　物理量の大きさが発生源からの距離の2乗に反比例して小さくなる法則．音の強さだけでなく，光の強さ（照度）など様々な物理現象においても成り立ちます．

【例題5.4】

　ある点音源から1m 離れたところでの音圧レベルが60 dB であるとき，2 m 離れたところでの音圧レベルを求めてみましょう．

【解　答】

　（式 5.17）の逆 2 乗則から，点音源からの距離が 2 倍になると音の強さは 1/4 になります．次に（式 5.16）を用いて，L に 60 を代入し，n に 4 を代入します．すると，音圧レベルは 6 dB 低下することになり，音圧レベルは 54 dB となります．

$$L' = 60 - 10 \log_{10} 4 = 60 - 10 \times 0.6 = 54 \text{ [dB]}$$

5.2　聴覚

5.2.1　聴覚器官

　音の刺激を受け取る感覚器は耳です．空気中を伝搬した音波は耳に入り，その後の処理によって音の感覚が生じます．ここでは耳の仕組みについて見ていきましょう．

（1）　外耳

　最も外界側にある耳介から外耳道（いわゆる耳の穴）までを外耳と呼びます．耳介表面のくぼみによって，入ってくる音の特に高周波成分が変化することが，音波の到来方向を知る上で役立っていると考えられています．音波は外耳道を通過し，その先端にある鼓膜に到達します．

（2）　中耳

　鼓膜とそれにつながる小さな骨（耳小骨）までを中耳と呼びます．耳小骨は 3 つの骨からなっていて，鼓膜側からツチ骨，キヌタ骨，アブミ骨といいます．アブミ骨の底は内耳の前庭窓と呼ばれる開口部に接しています．外耳道を通った音波は鼓膜を振動させ，その振動を三つの耳小骨が内耳に伝えます．その際，鼓膜とアブミ骨底との面積比に加えて耳小骨のテコ運動によって振動が増幅され効率良く伝えられます．

外耳（external ear）

　耳介には，他の動物と同様に集音作用があると考えられていますが，人間でのその効果についてはあまり明らかにされていません．

中耳（middle ear）

　耳小骨は人体で最も小さい骨です．中耳の空間にある空気は，鼓膜を挟んで外側と気圧が等しくなるように調整されています．飛行機で上空に行った場合や海に潜った場合には，外耳側の気圧が低くなったり高くなったりして中耳側との圧力差ができるため，違和感や痛みが生じることがあります．

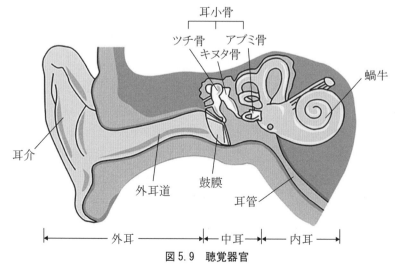

図 5.9　聴覚器官

（3） 内耳

中耳の奥には，硬い骨性の壁で覆われ，非常に複雑な構造をした器官があり，内耳と呼ばれます．内耳には，管が螺旋状に2回半巻いたような構造をした蝸牛と呼ばれる部位があります．蝸牛内はリンパ液で満たされており，管の進行方向に沿った2つの膜によって3つに仕切られています．膜のうち，基底膜と呼ばれる膜上には，有毛細胞と呼ばれる感覚細胞が多数配列されています．中耳の振動が蝸牛に伝わると基底膜も応答して振動しますが，入力の振動周波数によって基底膜上で大きく振動する位置が異なります．高周波数での振動に対しては，基底膜の基部が大きく振動します．一方，低周波数の振動に対しては，基底膜の頂部が大きく振動します．このように入力の周波数に応じて，大きく振動する基底膜上の位置が変わることから，蝸牛はある種の周波数分解機能を持っていると言えます．

基底膜の振動によって膜上の有毛細胞が活動し，発せられた神経信号が脳に伝わることによって，最終的に音としての感覚が生じるのです．

内耳（inner ear）

内耳の中の蝸牛は見た目がカタツムリ（蝸牛）に似ているのでこの名前がついています．哺乳類の蝸牛の機能に関する研究成果によって1961年にゲオルグ・フォン・ベケシー(Georg von Békésy)がノーベル医学生理学賞を受賞しました．

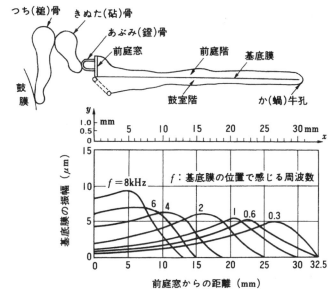

図5.10 聴覚の周波数分解機能

（日本建築学会編：建築環境工学用教材 環境編, p.20, 丸善, 2011）

5.2.2 聴覚の特性

（1） 音の三属性

音の主観的特徴は，「**大きさ（ラウドネス）**」，「**高さ**」，「**音色**」に分類でき，これらを音の三属性と呼びます．音を聞いたときに，主観的

音の三属性

大きさ(loudness)，高さ(pitch)，音色 (timbre)を指します．

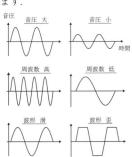

ラウドネス(loudness)

に「大きい」から「小さい」音に分類でき，また「高い」から「低い」音に分類できます．「音色」は「大きさ」と「高さ」以外の属性の総称で，「大きさ」や「高さ」のように一次元的に分類することはできません．

主観的属性の「大きさ」は物理量の音圧と，「高さ」は周波数と密接な関係があります．音圧が大きいほど大きい音と感じ，周波数が高いほど高い音と感じます．「音色」はその他の物理的特徴によって変化します．

(2) ラウドネス

音の主観的な大きさのことを**ラウドネス**と呼びます．先述の通り，物理量の音圧と密接な関係にありますが，周波数とも関係があります．つまり，音圧が全く同じ音でも，周波数が異なると音の大きさの感覚が異なります．

正常な聴力を持つ人が聞き取ることが出来る音の周波数（可聴周波数）の範囲は，おおよそ 20 ～ 20,000 Hz と言われていますが，その周波数によって大きく聞こえる音や小さく聞こえる音（つまり，聞こえやすい音や聞こえにくい音）があります．可聴周波数範囲外の音は聞こえの大きさの感覚が得られない，つまり聞こえないということになります．

それでは図 5.11 を見てみましょう．横軸は周波数，縦軸は音圧レベルを表しています．図中の曲線は，周波数ごとに，ラウドネスが等しい音圧レベルを結んだもので，**等ラウドネス曲線**と呼ばれます．

ある音と同じラウドネスになる 1,000 Hz の純音の音圧レベルをラウドネスレベルといい，単位は フォン [phon] を使用します．例えば，ラウドネスレベルが 40 phon の等ラウドネス曲線上の音は，周波数が 1,000 Hz で音圧レベルが 40 dB の音と同じラウドネスになることを意味して

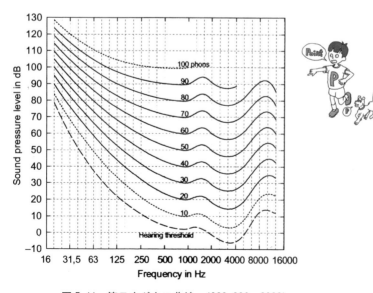

図 5.11　等ラウドネス曲線　（ISO 226：2003）

等ラウドネス曲線
（equal-loudness contours）

　人間の聴覚の周波数感度特性を表しており，最も基礎的な聴覚特性の一つと言えます．この特性を表したものとして，1930年代に米国のフレッチャーとマンソンによって行われた実験結果から得られたフレッチャー・マンソン曲線（Fletcher–Munson curves）が広く知られていました．その後，1950年代に英国のロビンソンとダッドソンによって得られたロビンソン・ダッドソン曲線（Robinson–Dadson curves）に基づいてISO226として国際規格化されました．しかし，低周波域で誤差があることが指摘されたため，日本を含む国際共同研究グループによって高精度の等ラウドネスレベル曲線が作成され，それに基づいて現在の規格(ISO 226:2003)に改正されました．

モスキート音
（mosquito alarm）

　音源からは周波数が15 kHzを超える非常に高い音が発せられているため，加齢によって高周波音に対する感度低下が生じていない若い人にしかに聞こえません．なお実際の蚊の羽音はこれほど高くはありません．

おり，周波数が100 Hzの場合には音圧レベルが約60 dBでラウドネスが等しくなります．また最も下方の曲線は，聞き取ることが可能な最も小さい音圧レベル（最小可聴値）を表しています．

等ラウドネス曲線上の点を考えると，上方に位置するほど高い音圧レベルで，下方に位置するほど低い音圧レベルでラウドネスが等しくなることを意味するので，等ラウドネス曲線は周波数による聴覚感度の違いを表しているとも言えます．従って，人間の聴覚は2,000〜4,000 Hz付近の音に対して最も感度が高く（よく聞こえる），それよりも周波数が低くなると感度が低く（聞こえにくく）なります．またそれ以上に周波数が高くなっても感度が低下しますが，この高周波数での感度は加齢によってさらに大きく低下することが知られています．

（3）　周波数スペクトル

音に含まれる成分を周波数ごとに強さを表示したものを**周波数スペクトル**といい，音を分析する際によく用いられます．**純音**（正弦波）のパワーの周波数スペクトルは，単一の周波数において成分を持ち，**白色雑音**（ホワイトノイズ）のパワーの周波数スペクトルは，広い周波数範囲にわたって成分が一様に分布しています．

（4）　オクターブバンド

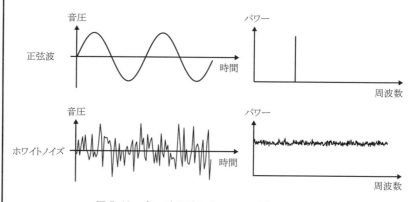

図 5.12　音の時間波形とその周波数スペクトル

2つの周波数f_1とf_2 [Hz]（$f_1 < f_2$）が$f_2 = 2 \times f_1$の関係にある場合，f_2はf_1より1オクターブ高いと表現します．ある音の周波数を2,000 Hzとすると，1オクターブ高い音の周波数は4,000 Hzで，1オクターブ低い音の周波数は1,000 Hzとなります．音楽ではオクターブ単位で周波数が離れている音同士は，高さは違いますが類似した音として感じられます．

騒音の周波数スペクトルは，パワーが広い周波数範囲にわたって連続的に分布することが多く，分析の際には，それぞれの周波数について分析をするよりも，1オクターブ（あるいは1/3オクターブ）ごと

周波数スペクトル
（frequency spectrum）
ある音をスペクトル解析すると各周波数における強さ（パワー）と位相の情報が得られますが，一般的には強さ（パワー）の図を用いてその特徴が示されます．

純音（pure tone）
単一の周波数の正弦波からなる音．

複合音（complex sound）
周波数の異なる複数の正弦波からなる音．基本となる正弦波の周波数の整数倍の成分を倍音と呼びます．

雑音（noise）
多くの周波数成分が規則性を持たずに含まれる音．可聴周波数帯に広く一様に強度を持つ雑音をホワイトノイズといい，周波数が高くなるに従って含まれる成分の強度が弱くなる雑音をピンクノイズといいます．それぞれ雑音に付いている色の名前は，周波数特性を可視光線で考えた場合に見える光の色に由来しています．

オクターブバンド
（octave band）
各オクターブバンドの下限周波数と上限周波数をそれぞれf_1，f_2とすると，それらの幾何平均$\sqrt{f_1 \times f_2}$がそのバンドの中心周波数f_mとなります．

の周波数帯域に分割して分析する方法がよく用いられ，これを**1オクターブバンド**（あるいは1/3オクターブバンド）分析と呼びます．

（5）マスキング

会話をしているときに，聞き取れていた相手の話し声が，隣で鳴り出した機械の動作音によって聞こえなくなったというような経験はないでしょうか？このように，ある音（信号音）が別の音（妨害音）によって聞き取れなくなる現象を**マスキング**と呼びます．特に信号音と妨害音が同時に存在する場合を同時マスキングといい，妨害音に信号音と近い，あるいは同じ周波数成分が含まれているとマスキングが生じやすいことが分かっています．

（6）方向定位

ある音が聞こえてきたとき，その音を発した音源の位置が分かっていなくても，音がどの方向から到来したかが分かります．この能力のおかげで，空間内のどこに注意を払うべきかをすぐに知ることができるのです．この音源の方向の判断を**方向定位**と呼びます．

方向定位には左と右のそれぞれの耳に入ってくる音情報の違いを利用しています．ある水平面上の正面からずれた位置に音源があるとすると，音源から左右それぞれの耳までの距離に違いが生じます．つまり，音源に近い方と遠い方の耳があることになります．音源から近い方の耳には，遠い方の耳に比べて，音が時間的に早く到達し，また到達する音は強くなります．これらの音の性質の違いをそれぞれ両耳間時間差と両耳間強度差と呼びますが，これらを手がかりとすることで音の方向定位が行えるのです．

図5.13　音の方向定位

マスキング（masking）
　同時マスキングとは異なり，時間的に信号音の前あるいは後に存在する妨害音によって起こるマスキングを経時マスキングといいます．

方向定位
（sound localization）
　方向定位の手がかりとなる両耳間時間差 (interaural time difference, ITD)と両耳間強度差 (interaural intensity difference, IID)ですが，低い音は回折しやすいため両耳間強度差は小くなりますが，周波数の高い音は直進しやすいため両耳間強度差は大きくなります．

図5.14 カクテルパーティー効果

（7）　カクテルパーティー効果

　周囲のたくさんの人の話し声の中から，自分の注目する人の話し声を選択的に聞き取れることをカクテルパーティー効果と呼びます．この効果には，様々な聴覚的情報に加えて，相手の口の動きなどの視覚的情報や経験なども手がかりとして使用していると考えられています．

5.3　騒音制御

5.3.1　騒音の評価

（1）　騒音

　私達が建築空間で生活をしているとき，空間の内外を含めその周囲では機械や人が様々な音を発生させています．その中には，聞こえることによって不快に感じたり，作業の妨げになったりする音もあります．そのような不必要な音のことを**騒音**と呼びます．

　一般的には大きな音ほど，多くの人が不快に感じたり，作業を邪魔したりするので騒音となりやすいですが，たとえ小さな音であっても騒音になり得ますし，ある人にとって何の問題もない音であっても，別の人にとって邪魔な音であればそれも騒音になります．騒音は，睡眠を妨害したり，音楽や会話あるいはテレビの音声を聞き取りにくくしたり，作業の効率を低下させたりと，日常生活の多くの行為に悪影響を及ぼします．また長時間にわたって騒音にさらされ続けることで聴力を損失する場合もあります．

　騒音として受け取るかどうかの主観的判断は，個人や生活場面，周囲の状況などによって変わることに加え，音は回折することや空気以外にも固体を媒質として伝わるため，音の発生側が想定していないような受け取られ方をされる可能性もあります．このような背景もあり，騒音の被害を受けることも多く，国や自治体によって騒音に関する基準や規制が設けていますが，現在でも毎年多くの件数の騒音苦情が寄せられています．従って，それぞれの生活者に騒音の発生側としての自覚や配慮が望まれるとともに，建築にも望ましくない音の侵入を防ぐための設計や施工が十分に行われる必要があります．

（2）　騒音レベル

　騒音のうるささや，不快さ加減を客観的にかつ簡単に測定できる値があると，騒音の評価や比較ができて便利です．ただし，騒音の受け取り方は様々な要因に影響を受けるので，一般的には聞き手が感じる音の大きさを反映させた騒音レベルという値を使用します．

カクテルパーティー効果
（cocktail party effect）
　カクテルパーティー（立食パーティー）のように複数の人が同じ空間に集まってそれぞれに会話をしている状況で生じることが名前の由来です．

騒音（noise）
　環境省による報告では，各都道府県等に寄せられた騒音に係る苦情の件数は2015年度では16,490件で，その内訳は以下のようになっています．

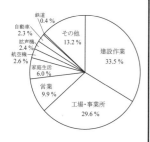

騒音レベル（A-weighted sound pressure level）
　騒音レベルの算出に用いるA特性は，等ラウドネス曲線の内のフレッチャー・マンソン曲線の40 phon曲線を元に作成されています．他の周波数重み特性として，ラウドネスレベルのより高い等ラウドネス曲線をもとに作成されたC特性があります．

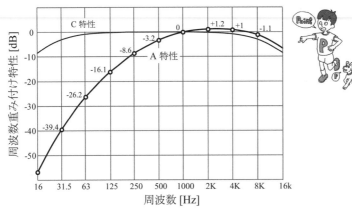

図 5.15　周波数重み特性

　音の大きさ（ラウドネス）は音圧レベルだけでなく，周波数によって
も変わってしまいますので，様々な周波数を含み，またその含み方も異
なる騒音の音圧レベルの値だけを求めても，騒音の大きさは比較出来ま
せん．しかし，音の大きさの周波数ごとの違い（周波数特性）
は等ラウドネス曲線に表されています．そこで，等ラウドネス曲線のう
ち，40 phonの曲線の逆特性を近似したA特性と呼ばれる周波数重み特
性（図5.15）を用います．

　この A 特性によって重み付けをした音圧をレベル表現したものを**騒
音レベル**（A 特性音圧レベル）といい，これによって，様々な周波数
を含む音に対する音の大きさを近似的に表すことができます．この騒音
レベルは（式 5.18）で表されます．

$$L_A = 10 \, \log_{10} \frac{p_A^{\,2}}{p_0^{\,2}} \tag{式5.18}$$

L_A：騒音レベル [dB]

p_A：A 特性による周波数重み付けをした音圧 [Pa]

p_0：音圧の基準量 ($= 2 \times 10^{-5}$ [Pa])

　単位は [dB] を用いますが，A 特性による補正をしていることを分か
りやすくするため，[dB(A)] や [dB$_A$] などと表記されることもあります．

（3）　騒音計

　騒音レベルは**騒音計**によって簡便に測定できます．騒音計には，マイ
クロホンとその信号の増幅器，周波数補正回路および騒音レベル演算回
路が備わっています．JIS C 1509-1：2017 で規定されている周波数補正
特性には，先述の A 特性の他にも C 特性があります（図5.15）．C 特性

騒音計
（sound level meter）

　騒音計は計量法によって
精密騒音計と普通騒音計に
区分され，測定周波数範囲
や測定精度に違いがありま
す．測定の際には周波数重
み特性や時間重み特性（速
いおよび遅い）などを用途
によって使い分けます．ま
た屋外での測定では，風雑
音を低減させるために先端
のマイク部分に防風スク
リーンをかぶせて使用しま
す．

精密騒音計（リオン株式会
社）

はもともと比較的大きな音の評価のために作成され使い分けられてき
ましたが，最近では大きな音に対しても A 特性を用いる方が適して
いるとされています．また，測定した騒音レベルを取引・証明に用い
る場合は検定に合格した騒音計を使用しなければなりません．

（4）　騒音の評価量

　騒音の対策を行うには，騒音レベルの値だけでなく，もう少し詳細
に周波数ごとの騒音の特徴を把握する必要があります．そのため 1 オ
クターブバンドや 1/3 オクターブバンドのように周波数帯ごとに分け
て騒音レベルを測定する方法が用いられています．また，道路騒音な
どの様に時間的に大きく変動する騒音の評価には，ある時間内での騒
音レベルのエネルギー的な平均値を表す**等価騒音レベル** (L_{Aeq}) が用い
られ（式 5.19）で表されます．等価騒音レベルは環境騒音を評価する
ための基本量として国際的に使用されています．

$$L_{Aeq} = 10\ \log_{10} \left\{ \frac{1}{T} \int_{t_1}^{t_2} \frac{p_A^2(t)}{p_0^2} dt \right\} \qquad \text{（式5.19）}$$

L_{Aeq}：等価騒音レベル [dB]

$p_A(t)$：A 特性で重み付けられた瞬時音圧 [Pa]

p_0：音圧の基準量 ($= 2 \times 10^{-5}$ [Pa])

T：測定時間 ($t_2 - t_1$) [s]

　（式 5.19）に従えば，A 特性音圧を測定時間内で積分することにな
りますが，（式 5.20）のように一定時間間隔ごとに求めた騒音レベル
のエネルギー平均値を計算することでも求めることができます．

$$L_{Aeq} = 10\ \log_{10} \frac{1}{n} \sum_{i=1}^{n} 10^{\frac{L_{Ai}}{10}} \qquad \text{（式5.20）}$$

L_{Aeq}：等価騒音レベル [dB]

L_{Ai}：各測定での騒音レベル [dB]

n：測定回数

　また，定常的な騒音で，広い周波数帯域の様々な音を含む騒音を 1
つの値で評価しようとしたものとして NC 値があります．これは，対
象とする騒音のオクターブバンドごとの音圧レベルを図 5.16 の **NC 曲
線**図上に記入し，すべての音圧レベル値が下回る基準曲線の数値（NC
値）を評価値とします．図には，ある場所で測定した 1 オクターブバ

等価騒音レベル

（equivalent continuous
A-weighted sound pressure
level）

　等価騒音レベルの意味とし
ては，図のように，騒音レベ
ルが時間的に変動する場合に
おいて，ある時間内（T）で
これと等しいエネルギーを持
つ定常音の騒音レベルを示し
ていることになります．

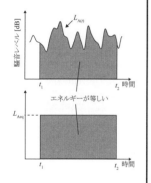

NC 曲線

（noise criterion curves）

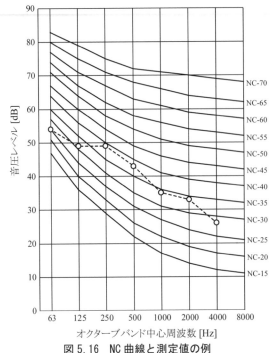

図 5.16　NC 曲線と測定値の例

ンドごとの音圧レベルを記入しています．この場合，音圧レベルが全て
の帯域において NC 値が 40 の基準曲線を下回っていますので NC-40 と
なります．

(5)　騒音基準

日本では，**環境基本法**において，人の健康の保護及び生活環境を保全
するうえで維持されることが望ましい基準として「**環境基準**」が定めら
れています．そのうち，表 5.1 に示すように「騒音に係る環境基準」では，

環境基本法
（Basic Environment Law）
　環境の保全に関する日本
の施策の基本となる事項を
定めた法律です．1993年に
施行されました．

表 5.1　騒音に係る環境基準（環境省）

地域の類型	基準値	
	昼間	夜間
AA	50 dB以下	40 dB以下
A及び B	55 dB以下	45 dB以下
C	60 dB以下	50 dB以下

（注）

1　時間の区分は，昼間を午前６時から午後１０時までの間とし，夜間を午後１０時から翌日の午前６時までの間とする．

2　ＡＡを当てはめる地域は，療養施設，社会福祉施設等が集合して設置される地域など特に静穏を要する地域とする．

3　Aを当てはめる地域は，専ら住居の用に供される地域とする．

4　Bを当てはめる地域は，主として住居の用に供される地域とする．

5　Cを当てはめる地域は，相当数の住居と併せて商業，工業等の用に供される地域とする．

　ただし，次表に掲げる地域に該当する地域（以下「道路に面する地域」という．）については，上表によらず次表の基
準値の欄に掲げるとおりとする．

地域の区分	基準値	
	昼間	夜間
a 地域のうち2車線以上の車線を有する道路に面する地域	60 dB以下	55 dB以下
b 地域のうち2車線以上の車線を有する道路に面する地域及び c 地域のうち車線を有する道路に面する地域	65 dB以下	60 dB以下

この場合において，幹線交通を担う道路に近接する空間については，上表にかかわらず，特例として下表の基準値の欄に掲げるとおりとする．

基準値	
昼間	夜間
70 dB以下	65 dB以下

備考
個別の住居等において騒音の影響を受けやすい面の窓を主として閉めた生活が営まれていると認められるときは，屋内へ透過する騒音に係る基準（昼間にあっては45dB以下，夜間にあっては40 dB以下）によることができる．

環境基準
（environmental quality standards）
　環境基準には騒音の他に，大気，水，土壌について保つべき目標が定められています．

　道路に面する地域とそうでない地域に分けて，地域の類型および時間の区分（昼間，夜間）ごとに基準値が定められています．評価値としては等価騒音レベルが用いられています．

　次に表5.2に，騒音を防止するための設計指針として用いられる室内騒音の許容値を表に示します．ここでの評価値は騒音レベルとNC値が用いられています．

表5.2　各建築物における室内騒音の許容値

dB(A)	20	25	30	35	40	45	50	55	60
NC	10〜15	15〜20	20〜25	25〜30	30〜35	35〜40	40〜45	45〜50	50〜55
うるささ	無音感―――――――非常に静か―――――――特に気にならない――騒音を感じる――騒音を無視できない								
会話・電話への影響			5m離れてささやき声が聞こえる――10m離れて会議可能――普通会話（3m以内）――大声会話（3m）電話は支障なし――――電話は可能―――電話やや困難						
スタジオ	無響室	アナウンススタジオ 音楽堂 聴力試験室	ラジオスタジオ 劇場（中） 特別病室	テレビスタジオ 舞台劇場 手術室・病室 書斎 重役室・大会議室 公会堂 音楽教室	主調整室 映画館・プラネタリウム 診察室 寝室・客室 応接室 美術館・博物館 講堂・礼拝堂 音楽喫茶店 宝石店・美術品店	一般事務室 一般事務室 検査室 宴会場 小会議室 図書閲覧 研究室・普通教室 書店	ホールロビー 待合室 ロビー 一般事務室 公会堂兼体育館 一般商店 銀行・レストラン	一般事務室 屋内スポーツ施設（拡） 廊下 商店 食堂	タイプ・計算機室

（日本建築学会編：建築環境工学用教材　環境編, p.27, 2011）

5.3.2　遮音

(1)　音響透過損失

建物外部の騒音のうち，室内に侵入する音を小さくする必要があります．そのため，建物の壁や窓などには音を遮断する，すなわち遮音する役割も求められます．ここで図5.17のように，ある1枚の壁に音が入射する場合を考えると，音

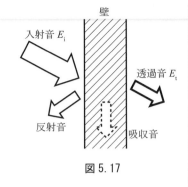

図5.17

遮音（sound insulation）

の一部は反射し，一部は壁内部に吸収され，一部は透過します．このときの入射音のエネルギーを E_i，透過音のエネルギーを E_t とすると，**音響透過率** τ は（式5.21）で表されます．

$$\tau = \frac{E_t}{E_i} \qquad (式5.21)$$

τ：音響透過率 [–]

E_t：透過音のエネルギー [J]

E_i：入射音のエネルギー [J]

音響透過率
（sound transmission coefficent）

この音響透過率は音の透過する割合を示し，値が小さいほど音が透過しにくい，つまり遮音性能が高いということになりますが，構造体や材料の遮音性能の高さを分かりやすく表現するために，（式5.22）で表される**音響透過損失** R が一般的に使用されます．

$$R = 10 \log_{10} \frac{1}{\tau} \qquad (式5.22)$$

R：音響透過損失 [dB]

τ：音響透過率 [–]

音響透過損失
（sound reduction index, transmission loss）
　音響透過損失の記号には R が用いられるようになってきていますが，現在でも従来の TL が用いられていることもあります．

【例題5.5】

音響透過率が1/1,000の壁の音響透過損失を求めてみましょう．

【解　答】

（式5.22）の τ に 10^{-3} を代入すると，音響透過損失は30 dB となります．

$$R = 10 \log_{10} \frac{1}{10^{-3}} = 30 \text{ [dB]}$$

この音響透過損失の値は，構造体や材料そのものの遮音性能を表し，それらを音が通過するときに音圧レベルが何デシベル減少するかを示します．そのため，音響透過損失の値が大きい材料ほど遮音性能が高い材料であるということになります．また，音響透過損失の値はレベル化された値ですが，遮音量としてそのまま引き算に使用することができます．例えば，音圧レベルが 70 dB の音は，音響透過損失 40 dB の壁を隔てることで，70 − 40 = 30 dB に減少することになります．

(2) 一重壁の音響透過損失

均質で平らな板状材料（一重壁）があり，その単位面積当たりの質量（面密度）を m [kg/m^2] とします．この壁に周波数 f [Hz] の音が垂直に入射する場合の壁の音響透過損失 R_0 [dB] は式 5.23 から求めることができます．

$$R_0 = 20 \log_{10}(f \times m) - 42.5 \qquad\qquad (式 5.23)$$

R_0：音が垂直に入射するときの音響透過損失 [dB]

f：音の周波数 [Hz]

m：壁の面密度 [kg/m^2]

質量則（mass low）

音が垂直入射する場合，壁の面密度が大きいほど音響透過損失が大きくなることを示しています．音が様々な方向から入射する場合の音響透過損失は式5.24で導かれますが，実際の測定から，垂直入射の場合に比べて約5dB低下することが知られています．

（式 5.23）が示すように，音の周波数 f が一定であれば壁を構成する材料が重いほど，また壁が厚いほど音響透過損失が大きくなる，つまり遮音性能が高くなります．これを**質量則**と呼び，遮音による騒音低下を考える上での基本的な考え方になります．例えば，壁の厚さが 2 倍になると，面密度 m も 2 倍になり，音響透過損失 R_0 は約 6 dB (20 $\log_{10} 2$ dB) 増加することになります．

【例題 5.6】

面密度が 200 kg /m^2 の壁に周波数が 500 Hz の音が垂直入射するときの音響透過損失 R_0 を質量則が成り立つとして求めてみましょう．また面密度が 2 倍になったときの透過損失 R_0 も求めてみましょう．

【解 答】

（式 5.23）の質量則から，以下のように f に 500 を，m に 200 を代入すると，音響透過

損失 R_0 は 57.5 dB となります.

$R_0 = 20 \log_{10}(500 \times 200) - 42.5 = 20 \log_{10}10^5 - 42.5 = 100 - 42.5 = 57.5$ [dB]

面密度が2倍になった場合は，m に 200 × 2 を代入すると，$\log_a MN = \log_a M + \log_a N$ から以下の式のように音響透過損失 R_0 は 63.5 dB となります.

$R_0 = 20 \log_{10}(500 \times 200 \times 2) - 42.5 = 20(\log_{10}10^5 + \log_{10}2) - 42.5$

$\qquad = 106 - 42.5 = 63.5$ [dB]

式5.23は音が壁に対して垂直に入射する場合について考えていますが，音が様々な方向から入射する場合の音響透過損失 R [dB] は以下の式によって導かれます.

$$R \approx R_0 - 10 \log_{10}(0.23R_0) \qquad (式5.24)$$

R：音が様々な方向から入射するときの音響透過損失 [dB]
R_0：音が垂直に入射するときの音響透過損失 [dB]

以下の図5.18に普通コンクリート壁（密度：2.3×10^3 kg/m^3）の音響透過損失の推定値を示します．中心周波数が 500 Hz の場合を見てみると，厚さが 15 cm 以上になると音響透過損失は 50 dB 以上となり，壁を隔てた隣の部屋のテレビや会話の音などはほとんど聞こえません．このようにコンクリート壁には高い遮音性能があることが分かります.

実際に一重壁の透過損失を測定してみると，質量則から求められる値に近い値を示しますが，実際の壁の構成は複雑であるため，質量則から

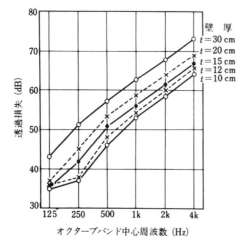

図5.18 普通コンクリート壁の透過損失（推定値）

（日本建築学会編：建物の遮音設計資料，p.96, 技報堂, 1988）

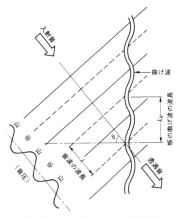

図 5.19　コインシデンス効果

（日本建築学会編：建築環境工学用教材
環境編, p. 23, 丸善, 2011）

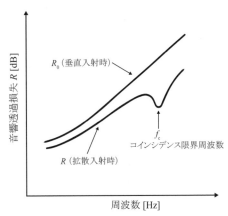

図 5.20　一重壁の音響透過損失の例（推
定値）

ずれることがあります.

　特に図 5.19 に示すように, 音が斜め方向から入射する場合には, ある特定の周波数で, 入射音の波の山と谷が, 板の振動の山と谷と一致すると, 板がより強く振動し, 透過する音が強くなることがあります. その結果, 図 5.20 にあるように, その周波数での音響透過損失は質量則の従わずに大きく低下します. これを**コインシデンス効果**と呼びます. コインシデンス効果は壁厚が薄い場合には高周波域で起こりますが, 壁厚が厚くなるに従って発生する周波数域が低下します.

（3）　二重壁の透過損失

　コンクリート造の建物に比べて木造の建物の壁の面密度はずいぶんと小さいため, 共に一重壁とした場合, 木造で得られる壁の音響透過損失はコンクリート造には全く及びません. そのため, 遮音性能を高める工夫が必要になります.

　一重壁の厚さを 2 倍にすると音響透過損失は約 6 dB 増加することになりましたが, 図 5.21 に示すように, 壁厚が同じ 2 枚の壁を独立させて設置したとすると, それら 2 枚の壁（**二重壁**）による音響透過損失は理想的にはそれぞれの音響透過損失の和となります. そのため, 壁の総重量は同じであっても, 一重壁の厚さを 2 倍にするより二重壁の方が透過損失は大きくなり, 高い遮音効果を得られることになります.

　しかしながら, 実際に 2 枚の壁を音響的に独立させて配置することは難しく, 壁間の空気層や支持材によって 2 枚の壁が音響的に連結されてしまうため, 音響透過損失は予想よりも低下することがありま

コインシデンス効果
（coincidence effect）
　コインシデンス効果が発生する周波数（コインシデンス限界周波数）は, 材料の厚さ, 密度, ポアソン比, ヤング率から求めることが出来ます.

二重壁（double wall）
　コンクリートのように比較的厚く面密度の高い材料で構成される壁は高い遮音性能が得やすいですが, ボード類など薄く面密度の低い材料では高い遮音性能を得るために二重以上の多層構造が必要になります.

建築の環境

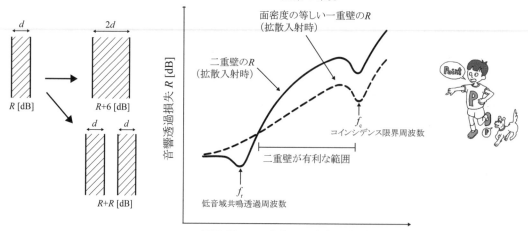

図5.21 壁の透過損失

図5.22　一重壁と二重壁の透過損失

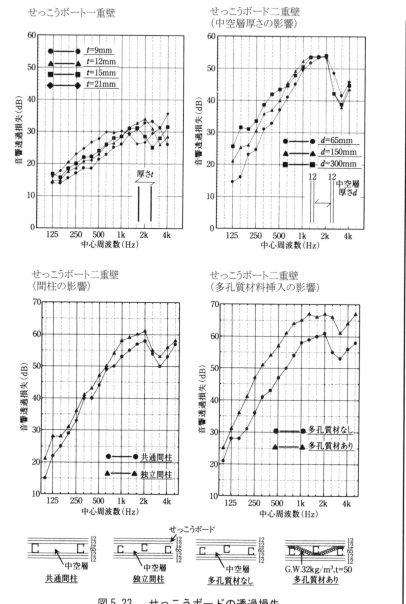

図5.23　せっこうボードの透過損失

（日本建築学会編：建築設計資料集成　環境, p. 24, 丸善, 2007）

共鳴透過
（resonance transmission）
　一般に低音域で起こるため，低音域共鳴透過とも呼ばれます.

ガラス窓の音響透過損失
　ガラス窓の音響透過損失も基本的には壁の場合と同じ考え方が適用できます. 単板ガラスの場合，透過損失は質量則に従いますが，高音域ではコインシデンス効果が生じ，板厚が厚いとコインシデンス周波数が下がってきます. 合わせガラスの音響透過損失は基本的には単板ガラスと変わりありませんが，ガラス間の中間膜によって，コインシデンス周波数より高い周波数で透過損失がやや改善します.
　複層ガラスの透過損失は，ガラス間の中空層によって低音共鳴透過が生じるため質量則を大きく下回ります. 断熱のための改修が遮音性能を低下させることがあり注意が必要です.
　窓を外側と内側で二重に並列して配置する二重窓（二重サッシ）は，窓（サッシ）間の空気層を十分にとれば透過損失は質量則を大きく上回り高い遮音効果が得られます.

吸音力
（sound absorption）

室間音圧レベル差（sound pressure level difference between two rooms）
　建物の現場での測定では，測定誤差等を考慮して，各周波数帯での測定値から2 dBを引くことが許されています. また，音響試験室での測定によって求められた音響透過損失に基づく遮音等級（TL_D）の壁を現場で施工しても，実際には壁以外からの音の回り込みなどによって得られる遮音等級は低下します.

す. 図 5.22 は面密度の等しい一重壁と二重壁の透過損失を比較したものですが，低音域で二重壁の透過損失が大きく低下しています. これは，二重壁の間の空気層がバネの役割を果たして共鳴系を形成することで，その共鳴周波数に一致する周波数の音に対して壁がよく振動し，その周波数付近の音響透過損失が低下するためです. この現象を**共鳴透過**と呼び，一般的に低音域でよく起こります.

　図 5.23 上段にせっこうボードの一重壁と二重壁の透過損失の比較を示します. 二重壁は図 5.23 下段左のように壁同士の構造的独立性を高めることで音響透過損失がさらに改善します. また，図 5.23 下段右のように，壁間の空気層に多孔質材料（吸音材）を挿入することで，全周波数域にわたって音響透過損失を向上させることができます.

（4）　室間音圧レベル差と遮音等級

　図 5.24 のように，ある 2 つの室が，透過損失が R で面積が S の間仕切り壁をはさんで隣り合っているとして，一方の室に音源を設置します. もう一方の室（受音室）の**吸音力**が A だとすると，室間の音圧レベルの差（**室間音圧レベル差**）は式 5.25 で表されます.

$$L_1 - L_2 = R + 10 \log_{10} \frac{A}{S} \qquad\qquad (式5.25)$$

L_1：音源室の平均音圧レベル [dB]
L_2：受音室の平均音圧レベル [dB]
R：間仕切り壁の音響透過損失 [dB]
A：受音室の吸音力 [m²]
S：間仕切り壁の面積 [m²]

　式 5.25 が示すように，室間の間仕切り壁の透過損失が大きい（音が透過しにくい）ほど室間音圧レベル差は大きくなります. また，壁の面積が小さいほど，受音室の吸音力が大きいほどこの差が大きくなることが分かります.

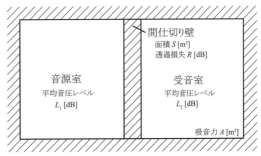

図 5.24　壁をはさんで隣合う二室の模式図

室間音圧レベル差は室間の遮音性能を表します. そこで, 実際の建物における2室間の遮音性能を評価する際には, 室間音圧レベル差を測定します. この室間音圧レベル差に基づいて, 建物の遮音性能をひとつの値によって評価するための尺度として**遮音等級**があります.

これを求めるには, オクターブバンドごとに測定した室間音圧レベル差を, 図5.25に示す遮音等級の基準が描かれた図上に記入し, すべての帯域で測定値が上回っている基準曲線のうち, 与えられている数値 (D値) が最大のものの値を遮音等級とします. 遮音等級のD値は値が大きいほど遮音性能が高いこと意味します. 図5.26にある界壁の遮音構造断面図と遮音等級を示します. また, 表5.3に建築物および室用途ごとの適用等級を示します.

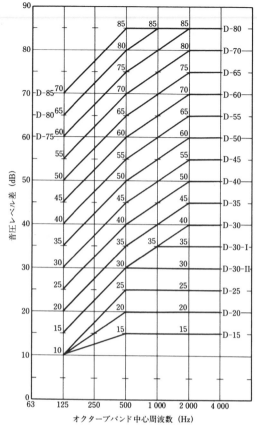

図5.25 音圧レベル差に関する遮音等級の基準周波数特性

(日本建築学会編:建築物の遮音性能基準と設計指針, p.3, 技報堂, 2014)

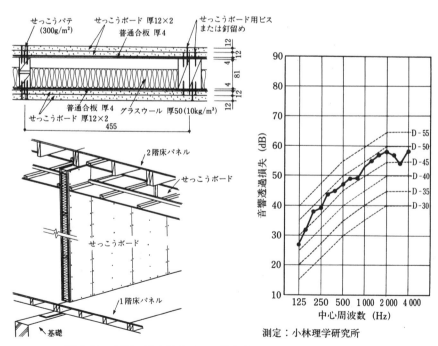

図5.26 界壁の遮音構造断面と等級等級 (TL_D-40 相当)

(日本建築学会編:建築物の遮音性能基準と設計指針, p.160, 技報堂, 2014)

表 5.3 室間音圧レベル差に関する適用等級とその意味

建 築 物	室 用 途	部 位	適 用 等 級			
			特 級	1 級	2 級	3 級
集合住宅	居 室	隣戸間界壁 〃 界床	D–55	D–50	D–45	D–40
ホテル	客 室	客室間界壁 〃 界床	D–55	D–50	D–45	D–40
事 務 所	業務上プライバシーを 要求される室	室間仕切壁 テナント間界壁	D–50	D–45	D–40	D–35
学 校	普通教室	室間仕切壁	D–45	D–40	D–35	D–30
病 院	病 室（個室）	〃	D–50	D–45	D–40	D–35

適用等級	遮音性能の水準	性能水準の説明
特 級	遮音性能上とくにすぐれている	特別に高い性能が要求された場合の性能水準
1 級	遮音性能上すぐれている	建築学会が推奨する好ましい性能水準
2 級	遮音性能上標準的である	一般的な性能水準
3 級	遮音性能上やや劣る	やむを得ない場合に許容される性能水準

（日本建築学会編：建築物の遮音性能基準と設計指針, p. 6, 8, 技報堂, 2014）

遮音等級
（sound insulation rank）
　建物の遮音性能を一つの値で評価するための方法です．D値とL値はそれぞれJIS規格で規定されており，D値はJIS A1419-1:2000の改定でD_rと，L値はJIS A1419-2:2000の改定でL_rとの表記に変更されています．日本建築学会では引き続きD値とL値を使用しており，それらを基にした適応等級を定めています．

固体音
（solid borne sound）
　固体伝搬音ともいいます．

(5) 床衝撃音の遮音等級

　集合住宅などでは，ある室で発生した振動が建物の躯体中を伝搬し，別の室の天井や壁を振動させることで空気中に音が放射されることがあります．このような固体を伝搬する音（**固体音**）のうち，上階の床に与えられた衝撃による振動によって主に直下の室に放射されるものを**床衝撃音**と言います．

　この床衝撃音は，子供の飛び跳ねや走り回りなどのように重たくて柔らかい衝撃源によって生じる重量床衝撃音と，固くて軽い物を落としたときや靴履きでの歩行によって生じる軽量床衝撃音とに分けて取り扱われます．

　軽量床衝撃音はカーペットや畳などの柔らかい床仕上げ材を用いることで低減されますが，重量床衝撃音の低減には効果がありません．重量床衝撃音は床スラブが厚いほど低減しますが，スラブ面積が大きいほど増加します．重量床衝撃音の低減にはこれら構造上の性質を考慮しておくことが必要です．また，床スラブ上の防振ゴムが床パネルを支持する二重床は重量床衝撃音の低減に有効ですが，施工方法によっては床パネルの振動が壁に伝わってしまうことがあり，その場合には遮音効果が低下してしまいます．

　床の遮音性能の評価を行うには，上階の床に衝撃を与えて振動させたときに下階で発生する音の音圧レベルを測定します．床の遮音性能が低いほど，下階での音圧レベルは大きくなります．測定の際の衝撃源ですが，重量床衝撃音の測定には，タイヤの落下を装置化したバン

グマシンがよく使用され，軽量床衝撃音の測定には，スチールハンマーを落下させるタッピングマシンを使用します．

床の遮音等級を求めるには，それぞれの衝撃源で床を加振したときに下階で測定されたオクターブバンドごとの音圧レベルを，図 5.27 に示す遮音等級の基準が描かれた図上に記入し，すべての帯域で測定値を下回る基準曲線のうち，与えられている数値（L 値）が最小のものの値を読み取ります．遮音等級の L 値は値が小さいほど遮音性能が高いことを意味します．表5.4 に建築物および室用途ごとの適用等級を示します．

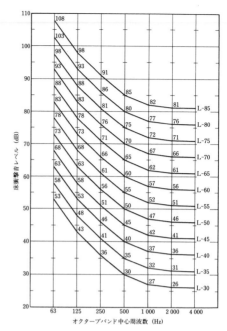

図5.27 床衝撃音レベルに関する遮音等級の基準周波数特性」
（日本建築学会編：建築物の遮音性能基準と設計指針，p. 4，技報堂，2014）

(6) 塀による遮音

騒音源と受音点の間に塀などの障壁がある場合，騒音は回折して受音点に到達しますが，その強さは減衰します．そのため，騒音防止を目的として障壁が設置されることがあります．図 5.28 は，両側に十分に（半無限に）広がった薄い障壁による点音源からの騒音減衰量を実験値から求めたものです．ただし，地面やその他の反射物は無い場合の値になります．横軸はフレネル数 N という 式 5.26 で与えられるものが使用されています．

$$N = \frac{2\delta}{\lambda} \qquad (式5.26)$$

N：フレネル数 [-]

δ：経路差 [m]

λ：波長 [m]

表 5.4 床衝撃音レベル差に関する適用等級

建築物	室用途	部　位	衝撃源	適　用　等　級			
				特　級	1　級	2　級	3　級
集合住宅	居　室	隣戸間界床	重量衝撃源	L-45	L-50	L-55	L-60, L-65*
			軽量衝撃源	L-40	L-45	L-55	L-60
ホテル	客　室	客室間界床	重量衝撃源	L-45	L-50	L-55	L-60
			軽量衝撃源	L-40	L-45	L-50	L-55
学　　校	普通教室	教室間界床	重量衝撃源	L-50	L-55	L-60	L-65
			軽量衝撃源				

* 木造，軽量鉄骨造またはこれに類する構造の集合住宅に適用する．

（日本建築学会編：建築物の遮音性能基準と設計指針，p. 7，技報堂，2014）

床衝撃音

（floor impact sound）

重量床衝撃音の測定には，重くて柔らかい衝撃源としてバングマシンが使用されます．また軽量構造物での測定では規定の衝撃力を持つゴムボールを用いることもあります．

バングマシン（リオン株式会社）

タッピングマシン（リオン株式会社）

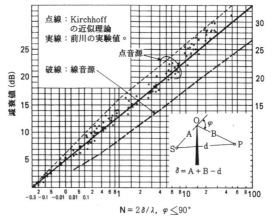

$$N = 2\delta/\lambda,\ \varphi \leqq 90°$$

図 5.28　自由空間の薄い半無限の塀による回折減衰値

（前川純一ら：建築・環境音響学，p. 99，共立出版，2018）

　図 5.28 を利用することで簡易に障壁による騒音減衰量が推定できます．音の経路差が大きくなるほど，音の波長が短くなる（周波数が高くなる）ほど，音の減衰量が大きくなることが分かります．

5.4　室内音響

5.4.1　吸音

(1)　吸音

吸音（sound absorption）

　室内で発生した音は，壁や床などの材料にぶつかる際にエネルギーの一部が吸収されます．これを**吸音**といいますが，室が吸音しにくい材料で囲われていると，発生した音のエネルギーが減少しにくく，結果として音が響きすぎることで聞き取りにくくなってしまうことがあります．一方で，吸音され過ぎると音の響きが弱くなり，音楽の聴取においては物足りなさを感じてしまいます．吸音を適切に行い，室の目的に合った音の響きに調整することが求められます．

　ここで吸音と遮音の違いを確認しておきましょう．吸音は音源のある部屋での反射を考えるのに対して，遮音は音源のない部屋での透過を考えます．壁や材料に入射した音のふるまいを考えることは共通ですが，目的が大きく異なります．

吸音率（sound absorption coefficient）

　材料の吸音性能を表す吸音率は，入射音のエネルギーに対する吸収音と透過音のエネルギーの和の比になります．つまり，入射音のうち，返ってこない（反射しない）音のエネルギーの割合を求めていることになります．吸音率は，材料はもとより，入射音の周波数や入射角度によっても変化します．一般に建築材料の吸音率としては，音があらゆる角度から入射した場合の値が使用されます．

(2)　吸音率

　材料に音が入射した場合，一部は反射し，一部は吸収され，残りは透過します．それぞれのエネルギーを図 5.29 のように示すと，**吸音率 α** は以下の式で表され，材料の吸音性能はこの吸音率で表されます．

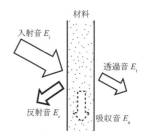

図 5.29　それぞれの音のエネルギー

$$\alpha = \frac{E_a + E_t}{E_i} = \frac{E_i - E_r}{E_i} \qquad \text{(式5.27)}$$

α：吸音率 [-]

E_i：入射音のエネルギー [J]

E_a：吸収音のエネルギー [J]

E_t：透過音のエネルギー [J]

E_r：反射音のエネルギー [J]

また，材料の吸音率と表面積の積を**等価吸音面積**または吸音力といい，単位は [m^2] を用います．異なる材料で構成されている室全体の等価吸音面積 A は，以下の式で表されるように，それぞれの材料の等価吸音面積の他に椅子や人体の等価吸音面積の全てを足し合わせたものになります．

> **等価吸音面積**
> （equivalent sound absorption area）
>
> **吸音力**
> （sound absorption）

$$A = \sum_i \alpha_i S_i + \sum_j A_j \qquad \text{(式5.28)}$$

A：室全体の等価吸音面積 [m^2]

α_i：室の各表面の吸音率 [-]

S_i：室の各表面の面積 [m^2]

A_j：椅子や人体の各等価吸音面積 [m^2]

さらに以下の式のように，室全体の等価吸音面積 A を室の全表面積 S で割って求めたものを**平均吸音率** $\bar{\alpha}$ と呼び，室の吸音の程度を表します．

> **平均吸音率**
> （average sound absorption coefficient）

$$\bar{\alpha} = \frac{A}{S} \qquad \text{(式5.29)}$$

(3) 吸音材料

吸音を目的として使用される材料を**吸音材料**と呼びます．吸音の原理によって主に以下の3種類に分類できます．

> **吸音材料**
> （sound absorbing material）

①多孔質材料

材料内に連続する細かい隙間が多数存在していると，侵入してきた音が材料を通過する際に空気と材料との間に摩擦が起こり，音エネルギーの一部が熱エネルギーに変換されることで吸音効果が生まれます．

代表的なものには，グラスウールやロックウールといった**繊維質材**

> **多孔質材料**
> （porous materia）
> 　グラスウールはガラスを高温で溶かしてマイクロメートル単位の細い繊維にしたものを集めて綿状にしたもので

料があります. また軟質ウレタンフォームのように, 内部に連続した気泡が多数存在するものもこれに属します. 一方, 発砲スチロールやスタイロフォームなどは内部の隙間が独立しているため, 多孔質材料としての吸音機能はありません.

多孔質材料を剛壁に密着させて設置した場合, 高音域での吸音率が高くなります. さらに, 材料の厚さが増加するほど中低音域での吸音率も高くなります. また, 材料と剛壁の間に設ける空気層を厚くするほど, 吸音効果が得られる周波数範囲が低音域まで広がります. 表面仕上げを施す場合には, 多孔質材料の通気性を損なわないようにしなければ吸音効果が得られません.

す. 様々な大きさ・厚さまたは形 (板状, 筒状) に成型・加工されたものが市販されています. また, ロックウールは鉱石を溶かして繊維状にして綿状にしたものを成型・加工したものです. 建築現場では断熱材, 吸音材として広く用いられています. 板状のものは防湿フィルムで覆われていることもあります. また共に不燃材料です.

穴あき板
（perforated panel）
　空洞部分とネック部分とを持つ容器に音が入射する場合, 空洞部分の空気がバネでネック部分の空気がある質量の物体のバネ・質量系とみなすことが出来ます. この系の共鳴周波数と同じ周波数の入射音に対してはネック部分の空気が激しく振動し, その周波数での音を発生させます. これはヘルムホルツ共鳴器として知られています. ネック部分での空気の激しい振動の際の摩擦によって音エネルギーが熱エネルギーに変換されることで結果的に吸音効果が得られます. 孔あき板はこのヘルムホルツ共鳴器が多数並んでいると考えることができます.

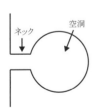

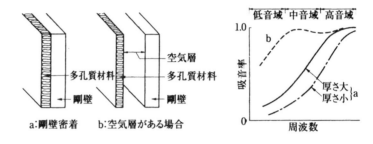

図 5.30　多孔質材料の構造と吸音特性

（日本建築学会編：建築環境工学用教材　環境編, p.8, 丸善, 1995）

②孔あき板

　合板やせっこうボードなどの板状材料に小さい孔を数多く開けたもので, 背後に空気層を設けて設置されます. 原理としては, ある特定の周波数の音に対して孔部分の空気が激しく振動（共鳴）し, 摩擦によって音エネルギーの一部が熱エネルギーに変換され, その周波数付近の音が吸音されます. 共鳴周波数（図中の f_0）は, 孔の径, 孔間の距離, 板厚, 空気層の厚さによって変化します. 共鳴周波数は空気層が厚いほど低く, 薄いほど高くなります. また, 背後空気層に多孔質材料を入れると共鳴周波数前後での吸音率が高くなります. その場合, 多孔質材料を孔あき板側に配置する方が高い吸音効果が得られます.

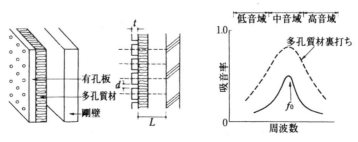

図 5.31　孔あき板の構造と吸音特性

（日本建築学会編：建築環境工学用教材　環境編, p.8, 丸善, 1995）

③板状材料

　合板やせっこうボードなどの板状材料を剛壁との間に空気層を設けて設置すると，ある周波数の音に対して板がよく振動し，材料内部や接合部での摩擦によって音エネルギーの一部が熱エネルギーとなり，その周波数付近で吸音がなされます．吸音効果は高くありませんが，空気層に多孔質材料を入れることで効果が高まります．主に音楽ホールなどで低音域の音の吸音を目的に使用されます．

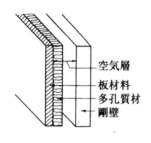
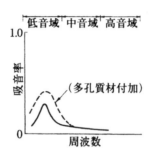

図 5.32　板状材料の構造と吸音特性

（日本建築学会編：建築環境工学用教材　環境編，p.8, 丸善，1995）

5.4.2　残響

(1)　残響

　室内で，音源から音の発生が止まった時，それと同時に室内の音のエネルギーが無くなるわけではなく，音が壁や天井などで反射を繰り返し，徐々にエネルギーが減衰していきます．このように室内に響きが残る現象を**残響**と呼びます．

(2)　残響時間

　室内の音源から時間的に一定な音が発生していて，その室内に音響エネルギーが均一に分布し，どの場所でも音圧レベルが一定の状態(定

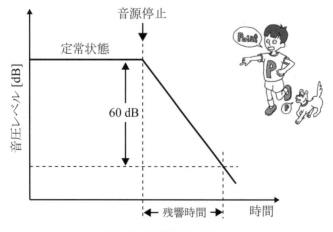

図 5.33　残響時間の概念

板状材料
（panel material）

　材料の板そのものには吸音性能はありません．板，空気層，壁と配置することで吸音効果が得られます．

残響（reverberation）

残響時間
（reverberation time）

　セイビン(Wallace Clement Sabine)は室の残響の持続時間が室の大きさおよび吸音物の量によって決まることを見つけ，残響時間(T)の概念とその公式（式5.30）を提案しました．また，アイリング(Carl Ferdinand Eyring)は音が壁で反射を繰り返す度に次第に減衰することを考慮した以下の式を提案しました．

$$T = \frac{0.161\ V}{-S \log_e (1-\bar{a})}$$

　この式は平均吸音率が大きい場合でも実際とよく合うことが知られています．

常状態）になっているとします．この状態から音源を停止させたとき
に，音圧レベルが60 dB減衰するまでに要する時間を**残響時間**と呼
びます．この残響時間は室内音響の最も基本的な指標となっています．
セイビンの残響式を用いると残響時間（T）は以下のように表すこと
ができます．

$$T = 0.161 \frac{V}{\overline{\alpha}S} = 0.161 \ \frac{V}{A} \tag{式5.30}$$

T：残響時間 [s]

$\overline{\alpha}$：平均吸音率 [－]

S：室内の全表面積 [m^2]

V：室容積 [m^3]

A：室内の全等価吸音面積（全吸音力）[m^2]

この式が示すように，残響時間は室の容積Vが大きいほど長くな
り，室の等価吸音面積Aが高くなるほど短くなることが分かります．
なお，セイビンの残響式は，平均吸音率が小さい場合には実際とよく
合いますが，平均吸音率が大きいと実際との誤差が大きくなります．

【例題5.7】

容積が6,000 m^{3}で全表面積が2,000 m^{2}のホールがあります．平均吸音率が0.3の場合，この
ホールの残響時間はいくらになるか求めなさい．

【解　答】

（式5.30）のセイビンの残響式の室容積，平均吸音率，全表面積にそれぞれ上記の値を代入
すると，残響時間は1.61秒となります．

$$T = 0.161 \times \frac{6,000}{0.3 \times 2,000} = 0.161 \times 10 = 1.61 \text{ [s]}$$

【例題5.8】

　容積が8,000 m^{3}のホールがあります．このホールの壁の表面積は1,500 m^{2}で吸音率が0.02
とし，天井の表面積は500 m^{2}で吸音率が0.8，床の表面積は500 m^{2}で吸音率が0.05としま
す．また，1席当たりの透過吸音面積が0.1 mの椅子が800席あります．このホールの空
席時の残響時間を求めなさい．

【解 答】

まず式5.28から全透過吸音面積 A を求めます．以下のように，壁と天井と床の透過吸音面積と全ての椅子の透過吸音面積を足し合わせます．

$A = 1{,}500 \times 0.02 + 500 \times 0.8 + 500 \times 0.05 + 0.1 \times 800 = 535\ [\mathrm{m}^2]$

次に（式5.30）のセイビンの残響式に容積と全等価吸音面積を代入すると，残響時間は約2.4秒となります．

$$T = 0.161 \times \frac{8{,}000}{535} = 2.407\ [\mathrm{s}]$$

(3) 最適残響時間

　室の用途と容積によって最適な残響時間の長さは変わってきます．コンサートホールなど音楽を聴くことを目的とする室では，残響時間はある程度長い方が，音楽がより豊かに聞こえます．一方，講演や会話を目的とした室では，音声が聞き取りにくくならないように，残響時間は比較的短めの方が適しています．図5.34は，室用途別に室容積と最適残響時間との関係を示したものです．

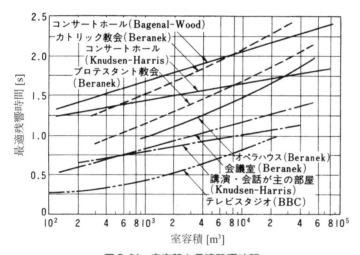

図5.34　室容積と最適残響時間

（日本建築学会編：建築環境工学用教材　環境編，p.33，丸善，2011）

5.4.3. 室内音響設計

(1) 直接音と反射音

　図5.35に示すように，室内で音源から音が発せられると，受音点には最初に音源からの**直接音**が到達します．続いて，壁

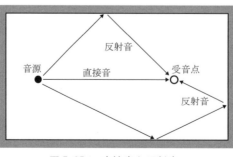

図5.35　直接音と反射音

無響室（anechoic room）
　遮音と吸音性能が非常に高い室で，室内部では外部騒音と内部での音の反射の影響なく音源からの音を測定できます．内部は四方にくさび状または層状の多孔質吸音材が配置されています．音の逆二乗法則が成り立ち，自由音場が実現された空間となっています．

　無響室に似ていますが，床などの一面が反射性の材料で構成されている室を半無響室と呼びます．このように反射面以外からの反射の影響を無視できる音場を半自由音場といいます．

（日本音響エンジニアリング株式会社）

残響室
（reverberation room）
　室内部が反射性の非常に高い材料で構成されており，内部で発生した音は吸収されずに様々な方向に拡散します．残響室は拡散音場を近似的に作り出しています．建築材料の吸音率や音響透過損失の測定の際に使用されます．

最適残響時間（optimum reverberation time）

や天井などで反射した音（**反射音**）が次々に到達します．反射音は受音点に到達するまでの経路が長いほど時間的に遅れて到達することになり，反射回数が多いほどそのエネルギーが減衰します．

（2）　エコー（反響）

反射音のうち，受音点に時間的に早く到達する成分を**初期反射音**と言います．直接音と初期反射音の時間間隔が概ね 50 ms 以内だと，直接音と初期反射音は一体化して聞こえます．この場合，初期反射音は直接音を増強する役割を果たすことになります．また，直接音と初期反射音が一体化して聞こえるとき，音の聞こえてくる位置は直接音が聞こえてきた位置に定位することが知られており，この現象は**先行音効果**や**ハース効果**と呼ばれます．

一方，直接音と初期反射音の遅れ時間が概ね 50 [ms] 以上になると，直接音と初期反射音が分離して聞こえる**エコー（反響）**と呼ばれる現象が生じます．エコーは音声や音楽を聞き取りにくくして音響障害の原因となるため，生じさせないことが必要です．

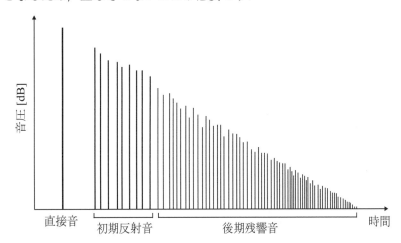

図 5.36　持続時間が短い音に対するある点での反射音の様子

（3）　壁面形状と反射音

図 5.37 のように凹面で音が反射すると，音が集中する点（音の焦点）や音が弱くなる点（デッドスポット）が生じてしまいます．これらを生じさせないためには，凸面や折れ面の使用によって音を拡散させる工夫が必要となります．また，反射性の高い平行な面あるいは音の焦点ができる面の間で，音が往復反射をしてエコーを繰り返すことがあり，この現象を**フラッターエコー**と言います．これは音響障害の一種になりますので，防止するために，拡散性を高める面形状を採用したり面の吸音性を高めたりすることが必要です．

直接音（direct sound）

反射音（reflected sound）

初期反射音
（early reflection）

先行音効果
（precedence effect）

ハース効果（Haas effect）

エコー，反響（echo）

　山で周辺の斜面から声が返ってくるやまびこは自然環境で起こる反響現象です．

フラッターエコー
（flutter echo）

　日光東照宮本地堂の竜の描かれた天井の下で拍手をするとその天井と床の間でフラッターエコーが生じ，拍手の音が竜の鳴き声のように聞こえることから，「鳴き竜」とも呼ばれます．

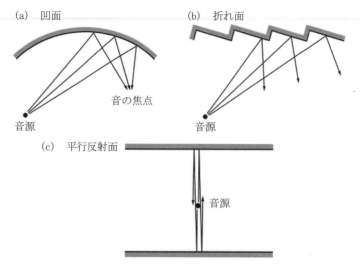

図 5.37　壁面での音の反射

（4）　室内音響設計の進め方

　室内音響設計においては，残響時間を主たる指標として進められることが多いですが，セイビンの残響式からも分かるように，残響時間は室容積と吸音力に依存します．室容積は，計画段階で決定された空間的条件を満たす必要がありますが，観客や座席が増加するほど吸音力が増加するので，客席が多いほど残響時間を確保するのに必要な室容積も増加します．室用途に応じて設定した最適残響時間を実現するように，吸音処理を施していくことになります．当然ながら，残響時間だけで音響の質が決定するわけではなく，十分な音圧が得られることも必要ですし，エコーやデッドスポット，フラッターエコーなどの音響障害の発生を抑えることも検討しなければなりません．また，室内に侵入する騒音や室内で発生する騒音を十分に小さくすることも必要不可欠です．

　講演や会話に使用する室では，音声の明瞭性を確保することが音響設計の主たる指針となります．しかし，コンサートホールのように音楽を聴くための室の音場の「良い」，「悪い」の判断には，聴取者の様々な主観的要素が含まれます．さらに，個人差も存在するため，考慮すべき音響指標も多くて複雑なものになり，一概に音響設計指針を定めることができません．それぞれのホールにおいて，建築主や建築家，音楽家，音響設計者など多くの関係者の意見や要望が集約される形で音響設計指針が決定されます．また，ホールが完成した後に，音響特性を変更することは簡単ではないため，設計段階でコンピューターシミュレーションや縮尺模型実験，さらにはモックアップを使用した材料の測定などよって音響的検討が入念に行われます．以下に，コンサートホールの音響設計の基本的考え方について簡単に触れておきます．

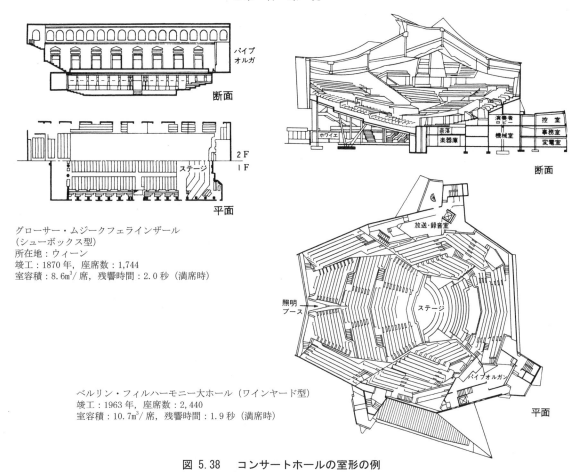

グローサー・ムジークフェラインザール
（シューボックス型）
所在地：ウィーン
竣工：1870 年，座席数：1,744
室容積：8.6m³/席，残響時間：2.0 秒（満席時）

ベルリン・フィルハーモニー大ホール（ワインヤード型）
竣工：1963 年，座席数：2,440
室容積：10.7m³/席，残響時間：1.9 秒（満席時）

図 5.38　コンサートホールの室形の例

（日本建築学会編：建築環境工学用教材　環境編，p.34, 丸善，2011 を基に作成）

シューボックス型
（shoebox style）
　形が靴を入れる箱に似ていることが名前の由来です．

ワインヤード型
（vineyard style）
　ステージを取り囲む，分割された客席が段々のブドウ畑に似ていることが名前の由来です．

両耳間相互相関度
（IACC: interaural cross-correlation coefficient）
　左右の耳に入ってくる音信号間の相関度を表す物理指標です．この値が低い，つまり左右それぞれの耳に入る音が似ていないほど，聴取者は特定の方向感を小さく，拡がり感を高く感じるとされています．

①室形

　古く（18 世紀）から用いられているものに直方体をした**シューボックス型**があります．長方形平面の短辺の一方にステージが設けられます．現在でも音響的評価の高いとされるホールの多くがこの形のものです．比較的新しい形として，ステージを取り囲むように客席が配置された**ワインヤード型**があります．形状が複雑になるので施工が難しいですが，ステージと客席との距離が短いことや大型化できるなどの利点があります．

②側壁面，天井面

　側壁面は客席に反射音を供給するのに重要な働きをします．直接音に加えて，十分な側方反射音があると左右の耳に入ってくる音の相関度（**両耳間相互相関度**）を小さくすることができ，これによって聴取者が得る空間的拡がり感を高くすることができます．また，ホール内部では音を拡散させることが重要だと考えられています．そのため，壁や天井には凹凸を設けて拡散形状にします．古典的なホールでは，

257

側壁に沿って並んだ彫像や列柱が音を拡散させる働きをしています.

③後壁面

後壁面で反射した音が前方の客席にまで強く返ってしまうと，**ロングパスエコー**を生じる可能性があります．これを防止するためには後壁面に吸音性あるいは拡散性を持たせておきます.

④座席と床面

観客からステージ上が見える必要があるとともに，ステージ上からの直接音が客席に十分に届く必要があります．前方の観客や客席が視覚的・音響的障害とならないように，床面には傾斜がつけられます.

⑤ステージ空間

ステージ上の音を客席に有効に届けるために，ステージ周辺の壁や天井は，反射性の素材にしたり，形状や設置角度を工夫したりします．また，演者にステージ上の音を返すことも目的として，ステージから適度な距離をとった位置にステージ上方の天井から反射板が吊り下げられることがあります．これはその見た目から浮雲と呼ばれます.

ロングパスエコー
（long-path echo）
　直接音と強い反射音の経路差が大きいとエコー（ロングパスエコー）が生じます.

ザ・シンフォニーホールの浮雲
（日本建築学会編：建築設計資料集成　環境，p. 43, 丸善, 2007）

【設計事例】コンサートホール

　18世紀以降，世界各地に多くのコンサートホールが建設されてきました．その間にコンサートホール音響学は目覚ましく発展し，ホールの音響特性を表す指標や測定技術が新たに開発され，響きをシミュレートする技術や調整する技術も大きく進歩しました．現在ではこれらの新しい技術を利用し，コンサートホールが新に建設されたり，音響改修工事が行われたりしています.

　以下に新しく作られたコンサートホールの一例を紹介します.

　『Elbphilharmonie　（エルプフィルハーモニー）』

　ドイツのハンブルグに2017年にオープンした施設で，既存のレンガ造の倉庫の外壁を残しつつ，その上部にコンサートホールやホテルなどが新設されました．上部の外壁は曲面ガラスで構成されており，その中心に大ホールが配置されています．建築設計はヘルツォーク＆ド・ムーロン (Herzog & de Meuron) が担当し，総工費が約8億ユーロの大規模プロジェクトです．また，大ホールの音響設計は永田音響設計が担当しています．大ホールはワインヤード型の形状をしており，周壁には複雑に成型されたせっこうファイバーパネルが用いられており，音を拡散させる作用をしています．また天井からステージ上部に伸びてきた反射板がステージでの音を全ての客席方向に届ける役割を果たしています.

外観

大ホールの周壁を覆う成型された石こうファーバーパネル

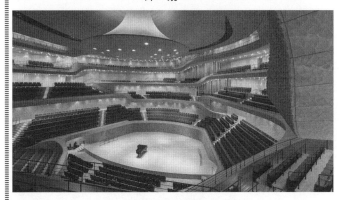

大ホール全景

座席数：2,100
室容積：11m³／席
残響時間：2.3秒（満席時）

【トピック】騒音を聞こえにくくする方法のいろいろ

　必要ではない音，つまり騒音を聞こえにくくするためにはどのような方法が考えられるでしょうか？まずは，本書でも説明してきたように，壁などの物体によって，音源がある空間と受音点がある空間とを仕切り，受音点側に音を侵入しにくくさせる方法（遮音）があります．これには，建築の壁の遮音性を高くして建築内に音が入りにくくしたり，塀によって受音点から音源までの音の伝達距離を長くしたり音の進行方向を変えることなどが挙げられます．また，音を吸収しやすい材料に音を当てることで，音のエネルギーを小さくする方法（吸音）もあります．これらは建築的工夫によって受音点に到達する騒音を減らそうとする，いわばパッシブな騒音制御方法だと言えます．

　これとは異なる騒音制御方法として，音を出すことで騒音を消そうとする方法があります．果たして音に音を加えて音を消すことができるのでしょうか？　音は圧力の変動と捉えることができました．そして圧力の変動が無い状態は無音ということになります．下の図aのような圧力の時間的変動を持つ音があったとします．これに，図のbのように圧力変動が正反対（逆位相）の音を加えるとどうなるでしょう．両者の音が打ち消し合い，結果的に図のcのように圧力変動が小さくなる，つまり無音に近づくことになります．このように，騒音の情報を取得して，それと逆位相の音を生成・発生させ，騒音に加えること

で打ち消そうとする方法をアクティブな騒音制御といいます．この方法は，排気ダクトから放出される騒音の低減や，ヘッドフォンやイヤフォンのノイズキャンセリング機能に用いられています．デジタル技術の進歩に伴って実用されてきた技術ですが，音を打ち消す精度や適応できる空間的広さなどにおいて課題も多く残されています．

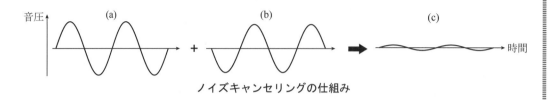

ノイズキャンセリングの仕組み

　その他にも，マスキング現象を利用して騒音を聞こえにくくしようという考え方もあります．上記の二つの方法は受音点での騒音の存在は無くそうとするものですが，この方法は別の音を聞かせることによって，騒音そのものを聞きとりにくくしようとするものです．余計にうるさくなるだけではないかと思いませんか？この方法では音の気になりやすさや不快感の違いに着目しています．一般的に，意味を持たない音よりも意味を持つ音の方が気になる傾向があります．例えば，空調機器から定常的に発せられる機械音よりも他人の会話音の方が気になり，邪魔や不快と感じる場合が多いということです．また，会話を周囲の人に聞かれることも気持ちよく思わないことも多いでしょう．つまり，人が不快に感じにくい音によって不快に感じやすい音を覆い隠すという発想です．オフィスで周りの会話が聞こえにくくなるように無意味な雑音を流す試みもありますし，カフェなどで流れているBGMはこの効果も果たしています．マスキング音は，不快感が小さくて含まれる周波数範囲が広い音が適してることから，自然環境音もその候補になります．右の写真は，ニューヨークにあるペイリーパークというポケットパーク（小さな公園）で，ロバート・

ペイリーパーク（Paley Park）

ザイオンによってデザインされ，市民の憩いの場として親しまれています．公園の奥には小さな滝が設けられていて，この滝を流れる水の音は，交通騒音や周りの会話音を聞こえにくくしてくれているのではないでしょうか．

演 習 問 題

【演習 5.1】

音圧レベルが 80 dB の音源が 2 つ同時に鳴ったときの音圧レベルを求めなさい.

【演習 5.2】

ある点音源から 2 m 離れた地点での音圧レベルが 80 dB であった. この点音源の音響出力を 2 倍にしたとき, 4 m 離れた地点での音圧レベルを求めなさい.

【演習 5.3】

周波数 1,000 Hz の 2 オクターブ高い周波数を求めなさい.

【演習 5.4】

室容積が 5,000 m^3 のホールの全表面積が 2,500 m^2 で平均吸音率が 0.2 であったとき, このホールの空席時の残響時間を求めなさい.

【演習 5.5】

ある材料の音響透過損失を測定したところ, オクターブバンド中心周波数が 125, 250, 500, 1000, 2000, 4000 Hz でそれぞれ 27, 38, 46, 52, 58 dB であった. この材料の遮音等級を表す D 値を求めなさい.

【演習 5.6】（二級建築士 平成 27 年出題）

音に関する次の記述のうち, 最も不適当なものはどれか.

1. 透過損失は, 同じ壁面であっても, 入射する音の周波数によって変化する.
2. 20 歳前後の正常な聴力をもつ人が知覚可能な音の周波数の範囲は, 20〜20,000 Hz 程度である.
3. 室内騒音の許容値は, 一般に, 「音楽ホール」より「住宅の寝室」のほうが小さい.
4. 日本工業規格(JIS)における床衝撃音遮断性能の等級 Lr については, その数値が小さくなるほど床衝撃音の遮断性能が高くなる.
5. 同じ音圧レベルの音であっても, 3,000〜4,000 Hz 程度の音が最も大きく聞こえる.

【演習 5.7】（二級建築士 平成 29 年出題）

音に関する次の記述のうち, 最も不適当なものはどれか.

1. 同じ厚さの一重壁であれば, 一般に, 壁の単位面積当たりの質量が大きいものほど, 透過損失が大きい.
2. 音が球面状に一様に広がる点音源の場合, 音源からの距離が 1/2 になると音圧レベルは, 約 3

dB上昇する．

3. 残響時間は，音源から発生した音が停止してから，室内の平均音圧レベルが60 dB低下するまでの時間をいう．

4. 多孔質材料の吸音率は，一般に，低音域より高音域のほうが大きい．

5. 気温が高くなるほど，空気中の音速は速くなる．

【演習5.8】（一級建築士 平成30年出題）

音響に関する次の記述のうち，最も不適当なものはどれか．

1. 音の強さのレベルを30 dB下げるためには，音の強さを1/1,000にする．

2. コンサートホール等の最適残響時間として推奨される値は，一般に，室容積が大きくなるほど長くなる．

3. 音の大きさの感覚量は，音圧レベルが一定の場合，低音域で小さく，3～4 kHz付近で最大となる．

4. カクテルパーティー効果は，周囲が騒がしいことにより，聞きたい音が聞き取りにくくなる現象をいう．

【演習5.9】（一級建築士 平成30年出題）

吸音・遮音に関する次の記述のうち，最も不適当なものはどれか．

1. 吸音率は，「壁へ入射する音のエネルギー」に対する「壁内部に吸収される音のエネルギー」の割合である．

2. 背後空気層をもつ板振動型吸音機構において，空気層部分にグラスウールを挿入した場合，高周波数域での吸音効果についてはあまり期待できない．

3. 音の反射性が高い面で構成された室に吸音材料を設置すると，壁を隔てた隣室で音を放射したときの2室の室間音圧レベル差（2室間の遮音性能）は大きくなる．

4. 空調用のダクト内の音の伝搬においては，音の強さの減衰が小さいことから，一般に，ダクト内に吸音材を貼る等の遮音上の対策が行われる．

この分野をさらに深く学ぶためのお薦めの図書

『聴覚心理学概論』 B. C. J. Moore 著，　大串健吾　監訳，誠信書房，1994

　聴覚心理学分野の著名な研究者であるケンブリッジ大学のムーア教授による "An Introduction to the Psychology of Hearing" の訳書．音を知覚するという現象を心理学のみならず物理学，生理学など幅広い側面から解説しています．

『聴覚生理学』 J. O. Pickles 著，　谷口郁雄　監訳，二瓶社，1995

　聴覚生理学の教科書として有名な "An introduction to the physiology of hearing" の訳書．蝸牛や聴神経の複雑な構造や機能を，図や写真を多く用いながら説明しています．

『環境騒音・建築音響の測定』　橘秀樹・矢野博夫　著，コロナ社，2012

　音環境の特性を物理的に把握するために必要となる各種の測定方法について，測定原理と基本的な手順を解説しています．

『コンサートホールとオペラハウス：音楽と空間の響きと建築』 L. L. Beranek 著，日高孝之・永田穂　訳，シュプリンガー・フェアラーク東京，2005

　音響学の専門家で数多くの音楽ホールの音響設計・評価を行ってきたベラネク氏による "Concert Halls and Opera Houses: Music, Acoustics, and Architecture" の日本語版．世界中の 100 のホールを内観写真と図面を添えて解説しています．また，本書には日本のホールの現状を記した章が追加されています．

論文検索

　この章に関連する論文が多く掲載されている学術雑誌を列記します．国内雑誌の論文は「J-Stage」や「CiNii」で検索できます．

　『日本建築学会』

　『日本音響学会』

　『日本騒音制御工学会』

　国際ジャーナルの論文検索は「Google Scholar」などが便利です．

　『The Journal of the Acoustical Society of America』

　『The Journal of Sound and Vibration』

　『Applied Acoustics』

索　引

【た】

（著者略歴）

小松義典（こまつ よしのり）
1963年　高知県生まれ
1987年　大阪市立大学卒業
1989年　東京工業大学大学院修了
清水建設（株）勤務を経て
現　在　名古屋工業大学大学院准教授

渡邊慎一（わたなべ しんいち）
1969年　静岡県生まれ
1991年　名古屋工業大学卒業
大成ユーレック（株）を経て
1999年　名古屋工業大学大学院修了
現　在　大同大学教授・副学長

石井　仁（いしい じん）
1970年　長野県生まれ
1994年　名古屋工業大学卒業
1996年　名古屋工業大学大学院修了
（株）PES建築環境設計等を経て
現　在　名城大学教授

岡本洋輔（おかもと ようすけ）
1977年　大阪府生まれ
2001年　神戸大学卒業
2007年　熊本大学大学院修了
（国研）産業技術総合研究所を経て
現　在　大同大学准教授

石松丈佳（いしまつ たけよし）
1964年　三重県生まれ
1988年　名古屋芸術大学大学卒業
1991年　武蔵野美術大学大学院修了
（株）名古屋三越を経て
現　在　名古屋工業大学大学院教授

（執筆分担）

小松義典（1章-1，4章）
渡邊慎一（1章-2，2章）
石井　仁（1章-3，3章）
岡本洋輔（1章-4，5章）
石松丈佳（1章-5，イラスト，表紙デザイン）

建築の環境 —— 基礎から学ぶ建築環境工学 ——

2022年3月30日　初版第1刷発行

著 作 者　　小松義典・渡邊慎一・石井　仁・岡本洋輔・石松丈佳
発 行 者　　柴山斐呂子
発 行 所　　理工図書株式会社
　　　　　　〒102-0082 東京都千代田区一番町27-2
　　　　　　電話 03-3230-0221(代表)　FAX 03-3262-8247
　　　　　　振替口座00180-3-36087番
　　　　　　http://www.rikohtosho.co.jp

検印省略

装幀・挿絵　　石松丈佳

印刷・製本　　藤原印刷株式会社

★自然科学書協会会員★工学書協会会員★土木・建築書協会会員